D

Bildung und Kompetenz

DIETRICH BENNER

Bildung und Kompetenz

Studien zur Bildungstheorie, systematischen
Didaktik und Bildungsforschung

Ferdinand Schöningh
Paderborn · München · Wien · Zürich

Umschlagabbildung:
Alexandre Abi-Ackel, *Abstrato geometrico I 1* (Ausschnitt)

Bibliografische Information der Deutschen Nationalbibliothek

Die Deutsche Nationalbibliothek verzeichnet diese Publikation in der Deutschen Nationalbibliografie; detaillierte bibliografische Daten sind im Internet über http://dnb.d-nb.de abrufbar.

Alle Rechte vorbehalten. Dieses Werk sowie einzelne Teile desselben sind urheberrechtlich geschützt. Jede Verwertung in anderen als den gesetzlich zugelassenen Fällen ist ohne vorherige schriftliche Zustimmung des Verlags nicht zulässig.

© 2012 Ferdinand Schöningh, Paderborn
(Verlag Ferdinand Schöningh GmbH & Co. KG, Jühenplatz 1, D-33098 Paderborn)

Internet: www.schoeningh.de

Einbandgestaltung: Evelyn Ziegler, München
Printed in Germany
Herstellung: Ferdinand Schöningh GmbH & Co. KG, Paderborn

ISBN 978-3-506-77125-4

INHALT

VORWORT   7

I. GRUNDLAGENTHEORETISCHE REFLEXIONEN

Warum öffentliche Erziehung in Demokratien nicht politisch
legitimiert werden kann   13

Wissensformen der Wissensgesellschaft   31

(gemeinsam mit Dariusz Stępkowski)
Die ‚Höhle' als Metapher zur Beschreibung von Bildungsprozessen.
Eine Studie zur Transformation von Platons Höhlengleichnis in
bildungstheoretisch relevanten Diskursen   45

(gemeinsam mit Zhengmei Peng)
Aufklärung und Bildung. Wilhelm von Humboldt und Cai Yuanpei
als Bildungstheoretiker und Modernisierer Preußens und Chinas   67

II. DIDAKTISCHE UND SCHULTHEORETISCHE VERGEWISSERUNGEN

Schule im Spannungsfeld von Input- und Outputsteuerung.   95

Bildung – Wissenschaft – Kompetenz. Über Erfahrung, Lehren
und Lernen in der Oberstufe   111

Auf der Suche nach einer Didaktik der Urteilsformen und einer
auf ausdifferenzierte Handlungsfelder bezogenen partizipatorischen
Erziehung   129

III. Allgemein- und bereichsdidaktische Konzepte

Negative Mimesis und radikale Konstruktion — 145

(gemeinsam mit Martina von Heynitz, Stanislav Ivanov, Roumiana Nikolova, Claudia Pohlmann, Claudia Remus) Ethikunterricht und moralische Kompetenz jenseits von Werte- und Tugenderziehung — 159

Zur Abgrenzung ‚fundamentaler' und ‚fundamentalistischer' Konzepte religiöser Bildung — 173

Religionsunterricht als Ort der Pädagogik und Ort der Theologie — 185

Literaturverzeichnis — 203

VORWORT

Wie die Beiträge des 2008 im Schöningh-Verlag erschienenen Bandes ‚Bildungstheorie und Bildungsforschung' bearbeiten auch die hier vorgelegten Studien Themen, die im Schnittpunkt von theoretischer Erziehungswissenschaft, systematischer Didaktik und empirischer Bildungsforschung liegen. Ihr gemeinsames Anliegen ist es, bildungstheoretische Traditionen der Pädagogik, Ansätze der systematischen Didaktik und Konzepte der Bildungsforschung so aufeinander zuzubewegen, dass erstere neue Anschlüsse an empirische Forschung und letztere vertiefte Zugänge zu pädagogischen Fragestellungen gewinnen.

Die in der Erziehungs- und Bildungsphilosophie derzeit geführten Diskurse distanzieren sich in weiten Teilen von der empirischen Bildungsforschung. Sie weisen auf tiefgreifende Problemverkürzungen und unerwünschte Nebenwirkungen einer bildungswissenschaftlichen Steuerung von Lehr-Lernprozessen und Bildungssystem hin und widersprechen der von Befürwortern der empirischen Bildungsforschung geäußerten Erwartung, die ungeklärten Theorieprobleme des neuen Forschungszweigs lösten sich im Fortgang der Forschungspraxis quasi von selbst.

Von didaktischer und schulpädagogischer Seite wird zudem beklagt, die aus der internationalen Schulleistungsvergleichsforschung hervorgegangene empirische Bildungsforschung habe bisher kaum Anschluss an Fragen der didaktisch-methodischen Konstitution von Unterricht und eine auf sie bezogene Lehrerbildung und Weiterbildung gefunden und daher zwar zur Veränderung von Rahmenbedingungen und Prüfkriterien der Praxis geführt, nicht aber zu einer Weiterentwicklung unterrichts- und schulpraktischer Konzepte beigetragen.

Den genannten Schwächen stehen zugleich Leistungen der empirischen Bildungsforschung gegenüber, die von ihren Kritikern oft übersehen oder nicht angemessen gewürdigt werden. Zu den Leistungen gehört aus bildungstheoretischer und -wissenschaftlicher Sicht, dass mit den Methoden der empirischen Bildungsforschung heute domänenspezifische Kompetenzmodellierungen und Ausdifferenzierungen von Kompetenzen in systematisch und empirisch ausweisbare Teilkompetenzen möglich geworden sind, die es erlauben, Problemstellungen bildungskategorialer Didaktik empirisch gehaltvoll und intersubjektiv nachprüfbar zu bearbeiten. Welche Kenntnisse für weiterführendes Wissen basal sind und welche Bedeutung Wissen für die Entwicklung grundlegender, im öffentlichen Bildungssystem zu vermittelnder und zu erwerbender Kompetenzen zukommt, lässt sich heute mit den Verfahren der empirischen Bildungsforschung tiefergehend als früher erforschen und klären. Voraussetzung ist allerdings, dass die Fragestellungen der Empirie bildungstheoretisch geschärft, die Konstruktion von Testaufgaben mit anspruchsvollen didaktischen Aufgaben abgestimmt und die Ergebnisse der Empirie so interpretiert werden, dass lineare Schlüsse von Leistungsvergleichen auf die Qualität von Unterricht oder von domänenspezifischen Kompetenzmodellierungen auf didaktische Problemstellungen und Lösungsmuster vermieden werden.

Die Bildungsforschung hat in den zurückliegenden Jahren zunehmend die Bedeutung domänenspezifischer Theorien und Konzepte erkannt und Kooperationen mit Fach- und Bereichsdidaktiken nicht nur in Feldern wie Lesekompetenz, naturwissenschaftlich-mathematische Kompetenz und fremdsprachliche Kompetenz, sondern auch darüber hinaus gesucht. Vergleichbare Kooperationen mit der Allgemeinen Pädagogik, Systematischen Didaktik und Bildungstheorie stellen demgegenüber immer noch eine Ausnahme dar. Dazu mag u. a. das Diskursklima zwischen Bildungstheorie und Bildungsforschung beigetragen haben, das nicht gerade als freundlich und interessiert an den Fragestellungen der jeweils anderen Seite beschrieben werden kann. Teildisziplinen wie die Allgemeine Pädagogik und Bildungstheorie auf der einen und die Bildungsforschung und Pädagogische Diagnostik auf der anderen Seite haben sich zudem in den zurückliegenden Jahren wechselseitig als Bedrohung erfahren. So wurden mancherorts Lehrstühle für Allgemeine Pädagogik/Erziehungswissenschaft in Stellen für empirische Bildungsforschung umgewidmet. Dieser Trend hat jedoch inzwischen seinen Zenit überschritten. Die empirische Bildungsforschung sieht sich zunehmend mit Kritiken konfrontiert, die darauf hinweisen, dass sich viele der von ihr selbst erzeugten oder von anderen in sie gesetzten Erwartungen nicht erfüllt haben und dass sich aus ihren Ergebnissen unmittelbar weder bildungspolitische Entscheidungen legitimieren, noch Reformen des Bildungssystems begründen lassen.

In dieser Situation ist Schadenfreude, von welcher Seite sie auch immer geäußert würde, keine adäquate Reaktion. Vielmehr ist zu hoffen, dass Kooperationen von Bildungstheorie und Bildungsforschung künftig an Bedeutung gewinnen und zu anspruchsvolleren Modellierungen von Kompetenzen und deren Niveaus beitragen werden. Bei der staatlichen Normierung von Bildungsprozessen wiederholen sich gegenwärtig zuweilen alte Irrtümer, die durch die neuen Ansätze der Bildungsforschung eigentlich überwunden werden sollten. So wird die ältere Bildungssemantik bei der Formulierung neuer Richtlinien und der Setzung von Bildungsstandards oft nur in eine modernistische Kompetenzsemantik überführt. Wie frühere Richtlinien und Lehrpläne stehen auch viele der neuen Standards in der Gefahr, Bildungsaufgaben postulatorisch zu umschreiben, statt sie didaktisch, bildungs- und schultheoretisch auszuweisen.

Inzwischen verbreitet sich die Einsicht, dass Bildungsforschung ihre pädagogischen und erziehungswissenschaftlichen Theoriedefizite nicht aus eigener Kraft beheben und die innerhalb der deutschen Erziehungswissenschaft durch Allgemeine Pädagogik, Systematische Didaktik, Fachdidaktiken und Bereichspädagogiken von der Vorschulerziehung über die Schul- und Sozialpädagogik bis hin zur Berufspädagogik und Erwachsenenbildung repräsentierten Theorietraditionen nicht ersetzen kann. Zu den bereits begonnenen Kooperationen zwischen Bildungsforschung und einzelnen Fachdidaktiken sollten daher verstärkt Kooperationen mit der Allgemeinen Pädagogik, Systematischen Didaktik, Schulpädagogik, Sozialpädagogik, Berufspädagogik und Erwachsenenbildung hinzukommen, da nur so erziehungswissenschaftliche Erkenntnisfortschritte zu erwarten sind.

Für solche Kooperationen versuchen die Beiträge dieses Bandes einen möglichen Rahmen zu entwickeln. Dieser legt nahe,
- domänenspezifische Kompetenzen durch die Trias von bereichsspezifischen Grundkenntnissen, Urteils- und Handlungskompetenz zu definieren,
- die von der Bildungspolitik propagierte Umstellung von einer Input- auf eine Output-Steuerung des Bildungssystems und die von bestimmten Richtungen der Bildungsforschung in Aussicht gestellte Überführung der traditionellen Wissens- in eine neuartige Kompetenzorientierung als eine bildungstheoretisch irrige, didaktisch unfruchtbare und auch in empirischer Hinsicht problematische Strategie zurückzunehmen,
- Input- und Output-Steuerung stärker aufeinander zu beziehen und in ihren jeweiligen Reichweiten zu begrenzen,
- das Bildungsziel Wissen mit Blick auf ausdifferenzierte Wissensformen zu rehabilitieren und zugleich um eine auf die Aufgaben öffentlicher Erziehung und Bildung zugeschnittene Kompetenzorientierung zu erweitern
- und den vermeintlichen Dual von sogenannten harten und weichen Fächern mit Blick auf die übergreifenden, nicht-hierarchisierbaren Aufgaben der verschiedenen Lernfelder des öffentlichen Bildungssystems zu überwinden.

Die in diesem Band unter dem Titel ‚Bildung *und* Kompetenz' zusammengestellten Beiträge sind diesen Anliegen verpflichtet. Sie sind untereinander durch übergreifende systematische Problemstellungen sowie Bezugnahmen auf gemeinsame theoretische Referenzpositionen verbunden und weisen von daher Überschneidungen auf, die durch die redaktionelle Bearbeitung reduziert, nicht aber gänzlich getilgt werden konnten.

Für die Präsentation der Texte wurde eine Gliederung in „grundlagentheoretische Reflexionen", „didaktische und schultheoretische Vergewisserungen" sowie „allgemein- und bereichsdidaktische Konzepte" gewählt. Die grundlagentheoretischen Überlegungen beginnen mit einem Beitrag, der zu begründen versucht, warum öffentliche Erziehung in Demokratien nicht einseitig politisch legitimiert werden kann. Der Text geht auf Vorträge an der ECNU Shanghai, der Universität Erfurt und der UKSW Warschau zurück, in denen Fragen der Eigenlogik der Erziehung, ihrer Abgrenzung gegenüber der Logik des Politischen sowie die besonderen Beziehungen von Erziehung, Bildung und Politik in demokratischen Gesellschaften thematisiert wurden. Es folgt ein Essay, der verschiedene Wissensformen der Wissensgesellschaft unterscheidet, die in allen Lehr- und Lernfeldern für eine domänenspezifische Wissens- und Kompetenzorientierung bedeutsam sind. Der dritte Beitrag stellt eine gemeinsam mit Dariusz Stępkowski von der UKSW Warschau erarbeitete Neuinterpretation von Platons Höhlengleichnis vor. Sie legt Platons ‚Höhle' als eine Metapher zur Beschreibung von Bildungsprozessen aus und untersucht deren Transformationen in ausgewählten bildungstheoretisch relevanten Diskursen von der Antike bis zur Gegenwart. Der vierte Beitrag wurde gemeinsam mit Zhengmei Peng von der ECNU Shanghai für den 2011 von der Stiftung Mercator in Peking veranstalteten Salon ‚Aufklärung und Bildung' verfasst. Er thematisiert Beziehungen zwischen Aufklärung und Bildung und würdigt Wilhelm von Humboldt und Cai Yuanpei als Aufklärer und Modernisier Preußens und Chinas.

Die didaktischen und schultheoretischen Vergewisserungen untersuchen Zusammenhänge von Bildung, Wissen und Kompetenz. Sie verorten schulische Lehr-Lernprozesse in einem Spannungsfeld von Input- und Outputsteuerung und skizzieren Umrisse für eine bildungstheoretisch ausgewiesene Kooperation von Allgemeiner Didaktik, Fachdidaktik und Bildungsforschung, die sich Fragestellungen einer Didaktik der Urteilsformen und einer auf ausdifferenzierte Handlungsfelder bezogenen partizipatorischen Erziehung verpflichtet weiß. Die aus einem Vortrag am Bielefelder Oberstufenkolleg hervorgegangene Studie „Zusammenhänge von Erfahrung, Lehren und Lernen in der Oberstufe" habe ich in der hier vorgelegten Fassung Hartmut von Hentig gewidmet, der in den von ihm begründeten Bielefelder Experimentaleinrichtungen von Anfang an didaktische mit bildungs- und kompetenztheoretischen Fragestellungen verknüpft hat.

Die allgemein- und bereichsdidaktischen Versuche legen die grundlagentheoretischen und historischen Überlegungen auf konkrete Vorhaben aus. Sie stehen in einem engeren oder weiteren Zusammenhang zu den DFG-Projekten RU-Bi-Qua (Bildungsstandards und Qualitätssicherung im Religionsunterricht am Beispiel des evangelischen Religionsunterrichts) und KERK (Konstruktion und Erhebung von religiösen Kompetenzniveaus im Religionsunterricht) sowie ETiK I und II (Entwicklung eines Testinstruments zu einer didaktisch und bildungstheoretisch ausgewiesenen Erfassung moralischer Kompetenzen, bezogen auf den Ethikunterricht an öffentlichen Schulen) und konzentrieren sich darauf, die Vermittlung ethischer sowie religiöser Grundkenntnisse und die Entwicklung von moralischer Urteils- und Handlungskompetenz sowie religiöser Deutungs- und Partizipationskompetenzen als zentrale Aufgaben öffentlicher Erziehung und Bildung auszuweisen. Über die inzwischen abgeschlossene Arbeit an einem religiösen Kompetenzmodell informiert der 2011 im Schöningh-Verlag erschienene Band „Religiöse Kompetenz als Teil öffentlicher Bildung"; für den Abschluss von ETiK II ist ein analoger Band geplant.

Berlin im Januar 2012
Dietrich Benner

I. Grundlagentheoretische Reflexionen

WARUM ÖFFENTLICHE ERZIEHUNG IN DEMOKRATIEN NICHT POLITISCH FUNDIERT WERDEN KANN[1]

Von Aristoteles bis Montesquieu, aber auch in Verfassungen, Schulgesetzen und Bildungsprogrammen moderner Staaten, finden sich immer wieder Auffassungen wie die folgenden:
- Der „Gesetzgeber" muss die „Verwaltung" des Staates und die „Erziehung der Jugend" so einrichten, dass der „eigentümliche Charakter der Verfassung" durch die Erziehung und Bildung des Charakters der Menschen und Bürger gesichert werde. Auf diese Weise erhalte der „demokratische Charakter die Demokratie, der oligarchische die Oligarchie" (Aristoteles: Politik 1337 a, 14-18).
- Da die „Gesetze der Erziehung sich nach den Prinzipien der Regierung richten", müssen diese Gesetze in den verschiedenen „Regierungsformen verschieden sein: in der Monarchie müssen sie auf die Ehre, in der Republik auf die Tugend und in der Despotie auf die Furcht ausgerichtet sein." (Montesquieu 1748, S. 47)

Die zitierten Überlegungen aus dem 4. Jahrhundert vor unserer Zeitrechnung und der Mitte des 18. Jahrhunderts verknüpfen auf eigentümliche Weise überhistorische Vorstellungen von einer ewigen Ordnung der Beziehungen zwischen Politik und Erziehung mit Vorstellungen von historisch differenten Bezügen zwischen geschichtlich-konkreten Staatsverfassungen und pädagogischer Praxis. Übergreifend soll gelten, dass sich die Ordnung der Erziehung nach der Verfassung der Staaten richtet, speziell sollen die Ordnungen der Erziehung und ihre Gesetze in diktatorischen, monarchischen, oligarchischen, aristokratischen und demokratischen Staatsverfassungen sein. Das muss nicht bedeuten, dass alle speziellen Ordnungen gleichwertig wären. Vielmehr führt schon Aristoteles in seiner Platon-Kritik aus, dass die besten unter den politischen Ordnungen des Staates nach einer Abgrenzung zwischen privater Erziehung in der Familie und gemeinsamer Erziehung im Staate verlangen; wenn nämlich der Staat sich in alle Formen der Vergemeinschaftung ausdehne und die Familie und die Freundschaft staatlich normiere, höre er auf, eine von anderen Gemeinschaften abgrenzbare Einrichtung zu sein. Und bei Montesquieu steht, dass „Liebe zur Gleichheit" keine allgemeine Orientierung der Erziehung darstelle, sondern nur in Demokratien ein mögliches und notwendiges Ziel der Erziehung sein könne (Montesquieu 1748, S. 63).

---

[1] Der Text schließt an Vorträge an der ECNU Shanghai und der UKSW Warschau an und wurde am 20.01.2011 auf der im Augustinerkloster Erfurt veranstalteten interdisziplinären Fachtagung „Bildung heute: Theorie, Geschichte, Politik" zur Diskussion gestellt. Er erscheint parallel in dem von B. Frischmann hrsg. Tagungsband.

Von grundlegender Bedeutung ist in diesem Zusammenhang, dass Aristoteles und Montesquieu die Beziehungen von Staatsverfassung und Erziehung nicht etwa mit einer Eigenlogik der Erziehung abstimmten, sondern aus der Sicht besonderer Staatsverfassungen und einer generellen Abhängigkeit der Erziehung von der Politik definierten. Auch dass sich die Erziehung nach Staatsformen unterscheide, begründeten sie nicht mit Verweis auf eine spezielle pädagogische Logik, sondern leiteten sie unmittelbar aus einem allgemeinen Primat der Politik gegenüber der Erziehung sowie speziellen Ausprägungen dieses Primats ab.

Von dieser auch noch zu Beginn des 19. Jahrhunderts vertretenen Auffassung sagt Johann Friedrich Herbart 1810 in seiner Rede „Über Erziehung unter öffentlicher Mitwirkung", der in ihr beschrittene „Weg von der Politik in die Pädagogik" sei „ein verkehrter Weg" (Herbart 1810, S. 146). Zur Begründung führt er aus, Politik und Pädagogik seien nicht ein und derselben, sondern unterschiedlichen Ordnungen und Handlungslogiken verpflichtet. Diese aber ließen sich weder aufeinander reduzieren, noch auseinander ableiten und auch nicht in eine hierarchische Gesamtordnung bringen. „Will die Pädagogik kein Gesetz von der Politik annehmen, so läßt sich noch weniger die Politik der Pädagogik unterordnen." (ebd., S. 146) Mit Blick auf die eigene Zeit der Preußischen Reformen fährt er dann fort, „niemals lernt derjenige eine Sache recht kennen, der damit anfängt, sie als Mittel zu etwas anderem zu betrachten. Und ebenso wenig verstehen diejenigen sich auf Erziehung, die, nachdem sie lange vorher mit staatskünstlerischen Theorien und frommen Wünschen sich getragen hatten, ... eine neue Pädagogik erfinden wollen, so wie sie sein müßte und müßte sein können, um für jene politischen Theorien einen Strebepfeiler abzugeben." (ebd., S. 145)

Was bedeutet Herbarts Korrektur an der von Aristoteles bis Montesquieu vertretenen Auffassung vom Primat der Politik vor der Erziehung? Wie ist eine allgemeine Ordnung der Beziehungen zwischen Politik und Pädagogik heute zu denken, die weder der Politik noch der Pädagogik einen Primat zuerkennt? Was lässt sich über konkrete Beziehungen zwischen der Verfassung eines Staates und der Ordnung der Erziehung noch sagen, wenn die Verfassungen zwar Einfluss auf die Ordnung der Erziehung nehmen, diese jedoch ihre Wirksamkeit gemäß einer eigenen Logik entfaltet? Soll die Ordnung der Erziehung nicht aus einer überhistorischen, quasi naturrechtlichen Abhängigkeit der Pädagogik von der Politik abgeleitet werden und auch nicht linear aus den Verfassungen der Staaten folgen, sondern in einer eigenen Logik begründet sein, dann könnte es theoretisch wie empirisch sinnvoll sein, von konkurrierenden, aneinander zuweilen anschlussfähigen, zuweilen aber auch einander widerstreitenden Ordnungen zu sprechen. Insbesondere aber wäre dann genauer zu untersuchen, wie sich die Ordnungen von Demokratie und Erziehung in modernen Staaten zueinander verhalten. Damit sind wir beim Thema der folgenden Überlegungen und der in ihrem Titel bereits angesprochenen Schlussthese angelangt. Sie besagt, dass Erziehung in vielen Staatsverfassungen unter der Prämisse eines Primats der Politik normiert wird, dass es aber zur Eigenlogik der Erziehung ebenso wie zur Eigenlogik demokratischer Verfassungen gehört, dass Erziehung in Demokratien nicht länger als ein der Politik untergeordneter Bereich angesehen werden kann.

Diese Auffassung wird in vier Schritten entwickelt. Zunächst wird auf Differenzen zwischen den Ordnungen vormoderner und moderner Gesellschaften hingewiesen, die es nicht erlauben, moderne Erziehung von einem überhistorischen politischen Primat her zu konzipieren. Dann werden sozialistische Normierungen der Erziehung aus der Zeit der Deutschen Demokratischen Republik (DDR) herangezogen, auf deren Grundlage kein angemessener Begriff der Erziehung entwickelt werden konnte. Anschließend werden Grundbegriffe zur Beschreibung der Eigenlogik der Erziehung vorgestellt, die an bestimmte Traditionen vormoderner und moderner Erziehung anschließen. Sie legen zusammen mit modernen Unterscheidungen zwischen Gemeinschaft, Gesellschaft und Staat die im letzten Teil vorgestellte, von Aristoteles und Montesquieu abweichende Beantwortung der Frage nahe, ob Erziehung in Demokratien politisch fundiert werden kann.

1. Über einige Differenzen zwischen vormodernen und modernen Gesellschaftsformationen und ihre Bedeutung für die Eigenlogik der Erziehung

Zu den Besonderheiten moderner Gesellschaften gehört, dass sie in sich Teilsysteme unterscheiden, deren Beziehungen nicht mehr durch eine übergreifende Gesamtlogik, sondern über eine Vielzahl kategorial ausdifferenzierter Handlungs- und Eigenlogiken reguliert werden. So produziert das Wirtschaftssystem unter der Maxime eines sparsamen Mitteleinsatzes Güter für den Markt, wobei über den Wert und die Bedeutung der Güter für die Einzelnen nicht allein nach ökonomischen, sondern auch nach außerökonomischen – unter anderem ästhetischen und moralischen Kriterien – entschieden wird. Und das öffentliche Erziehungssystem zielt auf eine Bildung der Heranwachsenden, welche an der Vermittlung allgemeiner Grundkenntnisse und der Entwicklung von Urteilskraft und Partizipationskompetenz ausgerichtet ist, die sich der Tendenz nach auf alle gesellschaftlichen Handlungsfelder und Teilsysteme bezieht. Aufgabe moderner Erziehung ist es, wie Klassiker der deutschen Pädagogik von Herbart über Schleiermacher bis Hegel Anfang des 19. Jahrhunderts immer wieder ausgeführt haben, die Einzelnen fähig zu machen, ein individuelles Leben zu führen und am öffentlichen Leben teilzunehmen (siehe hierzu Benner/Kemper 2010, S. 259-320; Benner/Brüggen 2011, S. 122-231).

Die Ausgliederung unterschiedlicher Handlungsformen und gesellschaftlicher Teilsysteme hat dazu geführt, dass die Beziehungen und Verflechtungen zwischen diesen heute weder im Sinne antiker Ordnungsmodelle mit Aristoteles als hierarchisch-teleologische noch im Sinne neuzeitlicher Ordnungsvorstellungen mit Bacon als kausale, sondern angemessen nur als wechselseitige Abhängigkeiten interpretiert werden können. In modernen Staaten und Gesellschaften gibt es keine überhistorische Rangordnung menschlicher Tätigkeiten und Güter mehr, welche nach dem Vorbild der antiken Ethik der Arbeit den niedrigsten und den in Muße auszuübenden theoretischen und politischen Tätigkeiten den höchsten Rang zuerkennte. Und es gibt auch keine übergreifende Gesamtlogik, die in der Tradition von Bacon (1620) bis Popper (1991) Fortschritte in allen Bereichen des Erkennens und Handelns auf eine szientifisch herzustellende Einheit von Wissen und Macht zu gründen vermöchte.

Einige Folgen der Ausdifferenzierung menschlicher Handlungsformen und gesellschaftlicher Teilsysteme lassen sich bis in den Raum der Erziehung hinein beobachten. Die traditionelle Selbstverständlichkeit, dass sich die Ziele der Erziehung aus den Zwecken und Anforderungen der Gemeinschaften, der Gesellschaft oder des Staates ableiten lassen, in welche die Heranwachsenden hineingeboren werden, verliert in modernen Gesellschaften zunehmend an Überzeugungskraft und Geltung. In dem Maße, in dem menschliches Wissen und Können in permanentem Umbruch begriffen sind, kann Erziehung ihre Ziele nicht mehr unmittelbar aus vorgegebenen Wissensbeständen und Praktiken ableiten. Sie muss vielmehr den Heranwachsenden elementare Kenntnisse und Fertigkeiten vermitteln, die es ihnen später erlauben, die sich verändernde Welt zu verstehen und in verschiedenen sich wandelnden gesellschaftlichen Kontexten individuell und mit anderen rational urteilen und handeln zu können.

Alle modernen Staaten sehen heute in der Erziehung und Bildung der nachwachsenden Generation ein wichtiges Instrument zur Sicherung internationaler Konkurrenzfähigkeit, zur Mehrung gesellschaftlichen Reichtums und individuellen Wohlstands, aber auch zur Tradierung von für überlieferungswert erachteten Wertordnungen und Kulturen. Der Grund hierfür liegt nicht mehr in einem Primat der Politik, sondern darin, dass moderne Gesellschaften ihre Selbsterhaltung und ihren Fortbestand nicht mehr allein durch Sozialisation sichern können, sondern zunehmend auch auf künstliche, d.h. professionelle Formen der Tradierung angewiesen sind (vgl. Ritter 1963; Benner 2011). Eine Gesellschaft aber, die sich durch künstliche Tradierung und professionelle Erziehung erhält, kann das Erziehungssystem und die Erziehungspraxis nicht mehr nach den Mustern vormoderner Gesellschaften regulieren. Sie muss um ihrer eigenen Selbsterhaltung und Weiterentwicklung willen mit einer veränderten Eigenlogik der Erziehung rechnen und diese auch institutionell absichern. Die Herausbildung einer spezifisch pädagogischen Handlungslogik hatte für das, was in der Moderne unter Erziehung verstanden wird, sowohl individuelle als auch institutionelle und nicht zuletzt professionelle Konsequenzen. Sie machen zusammengenommen das aus, was im Folgenden allgemein als Errungenschaften moderner Gesellschaften und speziell als bleibende Bedeutung der Pädagogik der Moderne umschrieben wird.

Traditionelle Gesellschaften wiesen den Einzelnen ihre Bestimmung, Lebensaufgabe und gesellschaftliche Stellung durch den Stand zu, in den die Heranwachsenden hineingeboren werden. Die Bestimmung der Menschen ging gleichsam von den Eltern auf die Kinder über. Sie wurde nicht von den Einzelnen selbst gewählt, sondern stellvertretend von den Eltern gesetzt und antizipiert. Erziehung und Sozialisation waren in vormodernen Gesellschaften so eng miteinander verknüpft, dass es einer professionellen Erziehung für die Meisten nicht einmal bedurfte. In traditionellen Gesellschaften lernten nur die gebildeten Stände, was durch Sozialisation unmittelbar nicht vermittelt und angeeignet werden kann: Lesen und Schreiben, Rechnen und Zeichnen, Geometrie, Naturwissenschaft, fremde Sprachen und Geschichte. In modernen Gesellschaften sind dagegen alle Heranwachsenden auf professionell organisierte Lehr-Lernprozesse angewiesen. Alle müssen der Tendenz nach heute lernen, was früher einer gebildeten Oberschicht vorbehalten war. Die professionalisierte Erziehung aber wird nicht mehr durch Eltern oder von diesen beauftragten privaten Hauslehrern veranstaltet, sondern findet in öffentlichen Institutionen wie Schulen, sozialpädagogischen Einrichtungen und Universitäten unter der Anleitung hierfür eigens ausgebildeter Pädagogen statt.

Die Unterschiede zwischen vormodernen und modernen Gesellschaften hängen damit zusammen, dass die Zukunft der Heranwachsenden, die in vormodernen Gesellschaften in gewissem Sinne bekannt und vorbestimmt war, in modernen Gesellschaften weitgehend unbekannt und kontingent ist. Zwar haben der Beruf, das Einkommen und die Bildungsaspirationen von Eltern weiterhin großen Einfluss auf den Bildungsgang der Heranwachsenden. Aber dieser Einfluss ist nicht mehr eine unhinterfragte und selbstverständliche Größe, sondern wird zunehmend als legitimationsbedürftig angesehen. Das gilt insbesondere für die Sozialisation von Kindern aus bildungsfernen Schichten und die Integration von Zuwanderern aus fremden Kulturen. Deren Bildungs- und Aufstiegschancen sind in der Regel geringer, die Gefahren dagegen, dass Kinder aus diesen Schichten später nicht für sich selbst sorgen können und daher vom Staat und der Gesellschaft unterstützt werden müssen, größer. Auch hinsichtlich des Einflusses, den Eltern mit Abitur und Studium auf den Bildungsgang ihrer Kinder ausüben, zeichnen sich heute zunehmend Legitimationsprobleme ab. Die Vorteile, die Heranwachsende aus der Schicht der sogenannten Gebildeten im Erziehungssystem genießen, lassen sich nicht mehr ohne Weiteres als selbstverständliche Privilegien rechtfertigen, die mit Hilfe von Privatschulen weiter ausgebaut werden können, sondern konkurrieren zunehmend mit Ansprüchen sozialer Koedukation. Wie auf diese und andere Probleme schulorganisatorisch zu antworten ist, kann aus der Logik der Erziehung allein nicht abgeleitet, sondern muss politisch entschieden werden. Pädagogisch kann allerdings mit guten Gründen gefordert werden,

- dass das, was alle angeht und was gemeinsam gelernt werden kann, auch gemeinsam gelernt werden soll (vgl. Aristoteles: Politik 1337 a 22-24),
- dass das Bildungssystem in die aufeinander folgenden Stufen der Elementarschule, der Kunden und des wissenschaftspropädeutischen Lehrens und Lernens zu gliedern ist
- und dass die Übergänge zwischen diesen Stufen so zu gestalten sind, dass die Heranwachsenden auf den Eintritt in berufsbildende Lehr-Lernprozesse und ausdifferenzierte Handlungsfelder eines gemeinsamen Lebens vorbereitet werden (vgl. Benner 2010, S. 182ff. und S. 307ff.).

Nicht nur aus ethischen und politischen, auch aus ökonomischen Gründen wird die sozialisatorisch vermittelte Reproduktion gesellschaftlich verursachter Ungleichheit heute nicht mehr als naturgegeben hingenommen. So werden in modernen Gesellschaften immer wieder Programme aufgelegt, welche die Mechanismen der Reproduktion gesellschaftlich verursachter Ungleichheit klären, Spielräume für Korrekturen ermitteln und durch professionelle pädagogische Interventionen bessere Bildungschancen für benachteiligte Heranwachsende anbahnen sollen. Wo entsprechende Reformen gelingen, korrigieren oder mildern die Schulen und die sozialpädagogischen Formen der Hilfe und Unterstützung die über Herkunft angestammte Ungleichheit der Einzelnen. Als Einrichtungen, in denen die individuelle Leistung eines jeden zählt und Heranwachsende um die besten Leistungen miteinander konkurrieren, erzeugen Schulen jedoch zugleich unvermeidlich eine neue Ungleichheit (vgl. Tenorth 1994, S. 142ff.). Sozialisatorisch tradierte Ungleichheit soll durch öffentliche und gemeinsame Erziehung abgebaut, individuelle Ungleichheit aber nicht nur zugelassen, sondern im Rahmen schulisch organisierter Lehr-Lernprozesse auf der Grundlage allgemeiner Curricula sogar gefördert werden. Aufgabe sozialpädagogischer Maßnahmen ist es in diesem Kontext nicht, schulisch erzeugte Ungleichheit aufzuheben, sondern die Ungleichen dazu zu befähigen, mit ihrer Ungleichheit solidarisch umzugehen und sich gegenseitig in ihren Ansprüchen auf Partizipation und die Führung eines individuellen Lebens anzuerkennen (siehe hierzu die Beiträge in Ludwig/Luckas/Hamburger/Aufenanger 2011).

Zwar ist Erziehung auch in modernen Gesellschaften nur möglich, weil ihre Ziele und Anforderungen durch außerpädagogische Instanzen vor- und mitbestimmt werden. Aber die Erziehungsziele können nun nicht mehr linear aus nicht-pädagogischen Anforderungen und deren ökonomischer, politischer, philosophischer oder theologischer Durchdringung hergeleitet werden. Um Eingang in Erziehungsziele zu finden, müssen die externen Anforderungen in allen Bereichen eine Transformation durchlaufen, in der Ansprüche, welche Arbeit und Ökonomie, Sitte und Moral, Politik und Staat sowie Glaube und Religion, aber auch Wissenschaft und Geschichte an die Erziehung stellen, in Ziele pädagogisch organisierter Lehr-Lernprozesse überführt werden. Die Transformation außerpädagogischer Anforderungen in Aufgaben für pädagogisch zu verantwortende Lehr-Lernprozesse ist kein einfacher, sondern ein komplexer Vorgang. In ihm verlieren die außerpädagogischen Instanzen in gewissem Sinne jene normstiftende Kraft, die ihnen in vormodernen Gesellschaften zuerkannt worden war. Darüber, ob und wie von außen an die Erziehung herangetragene Ziele als Ziele der Erziehung fungieren können, wird nun nicht mehr unmittelbar nach Maßgabe der Anforderungen selbst, sondern unter Mitwirkung der Erziehung entschieden. Was sich in den Bereichen des Wissens und Könnens, der Kenntnisse und Fertigkeiten, des Urteilens und Handelns sowie eines intergenerationellen Partizipierens nicht mehr als durch Erziehung vermittelbar erweist, scheidet als durch sich selbst legitimiertes Ziel öffentlicher und gemeinsamer Erziehung zunächst einmal aus. Erst durch Transformation kann aus ihm ein legitimes Erziehungsziel werden.

Für moderne Transformationen gilt nicht nur, dass alles, was lehrbar und durch Beratung vermittelbar sein soll, zunächst einmal lernbar gemacht werden muss, sondern zugleich, dass alles, was durch öffentliche Erziehung vermittelt werden soll, zunächst einmal lehrbar und durch Beratung thematisierbar zu machen ist. Vieles, was durch Sozialisation erlernbar und vermittelbar ist, kann im Rahmen einer öffentlichen und gemeinsamen Erziehung nicht auf gleiche oder ähnliche Weise vermittelt werden. Unterrichtliche Lehr-Lernprozesse gehen mit einer distanzierten Aneignung von Kenntnissen, Fertigkeiten und Kompetenzen einher, die durch ein Lernen aus Erfahrung und im unmittelbaren zwischenmenschlichen Umgang nicht angeeignet werden könnten. Dies gilt nicht nur für didaktische Arrangements sondern auch für sozialpädagogische Interventionen. Beide, Unterricht und Beratung, stellen künstliche Interaktionen dar, in denen professionelle Pädagogen Heranwachsenden eine Unterstützung und Hilfe gewähren, die ihnen im sonstigen Leben unmittelbar nicht zuteil wird. An vielen Beispielen lässt sich dies verdeutlichen. Wer ein Zentimetermaß anlegen kann, erlernt dadurch ebenso wenig den Zehnersprung und die hinter diesem stehende mathematische Logik, wie jemand durch das Bedienen von Stromschaltern oder die Indienstnahme von Maschinen die physikalischen Gesetzmäßigkeiten kennenlernt, nach denen diese funktionieren. Alles, was die Gesellschaft durch Sozialisation nicht tradieren kann, was aber grundlegend für das Verstehen der modernen Welt ist, muss in Schulen diskursiv angeeignet und vermittelt werden: nicht nur Lesen und Schreiben, sondern auch Mathematik und Naturwissenschaften, Fremdsprache und Geschichte sowie Kunst, Literatur und Religion.

Für die Transformation außerpädagogischer in innerpädagogische Erziehungsziele gilt noch heute, was John Dewey bereits 1916 in seiner erziehungsphilosophischen Hauptschrift „Democracy and Education" auf den Begriff gebracht hat: „der Vorgang der Erziehung (educational process)" hat „kein Ziel (end) außerhalb seiner selbst; er ist sein eigenes Ziel" (Dewey 1916, S. 54; 1964, S. 75). Mit dieser Feststellung wollte Dewey nicht die Existenz außerpädagogischer Anforderungen an die Erziehung leugnen, wohl aber darauf hinweisen, dass diese im Prozess der Erziehung in innerpädagogische Aufgaben transformiert werden müssen. Es wäre zu kurz gegriffen, pädagogische Transformationen nur als eine Transformation externer Ziele in interne Prozessziele zu interpretieren. Die Transformation bezieht sich nicht nur auf die zeitliche Struktur des Bildungsprozesses, sondern immer auch auf die zu vermittelnde Sache und die Erweiterung der Formen des zwischenmenschlichen Umgangs. Damit die zu vermittelnde Aufgabe zu einem didaktischen Gegenstand von Lehr-Lernprozessen (vgl. Prange 2010, S. 23ff.) und zu einem Gegenstand sozialpädagogischer Beratung (vgl. Thole 2011) gemacht werden können, müssen sie auf Anknüpfungsmöglichkeiten an schon erworbene Wissenszusammenhänge im Horizont der Heranwachsenden hin untersucht, für die Lernenden fragwürdig gemacht (vgl. Rumpf 2010) und in eine zeitlich aufeinander folgende Aufgabenstruktur (Gruschka 2009, S. 14ff.) gebracht werden.

Wird die didaktische und sozialpädagogische Transformationsaufgabe nicht ernst genommen und werden äußere Ziele der Erziehung unvermittelt zu deren inneren Zielen erhoben, so kommt es, wie Klaus Prange in seiner „Ethik der Pädagogik" ausgeführt hat, zu einer „Koppelung mit erwünschten Anwendungen". Diese verkürzt die mögliche „Anschlüsse" für Lehr-Lernprozesse auf normierte „Abschlüsse". Wird die Eigenlogik moderner Erziehung auf diese Weise missachtet, so entsteht die Gefahr, dass die für pädagogische Prozesse unverzichtbaren Spielräume und „Freiheitsgrade" auf Seiten der pädagogischen Akteure wie auf Seiten der Heranwachsenden verkürzt und am Ende womöglich zerstört werden. Im „Grenzfall" degeneriert Erziehung dann zur „Fehlform der Manipulation" (Prange 2010, S. 26). Was dies bedeutet, lässt sich stellvertretend für andere Beispiele am Schicksal des Erziehungszieles der DDR aus dem Jahre 1952 und an den systemimmanenten Schwierigkeiten zeigen, dieses in der Praxis umzusetzen.

2. Über Schwierigkeiten der Abstimmung zwischen den Ordnungen der Politik und der Erziehung in der DDR

Politische Okkupationen der Pädagogik gehen in der Regel mit einer Überschätzung der Wirksamkeit der Erziehung einher. So wies das offizielle Erziehungsziel der DDR der Schule die Aufgabe zu, die Heranwachsenden zu „Patrioten zu erziehen, die ihrer Heimat, ihrem Volke, der Arbeiterklasse und der Regierung treu ergeben sind, ... das sozialistische Eigentum mehren und schützen, zur Festigung der volksdemokratischen Grundlagen der Staatsmacht mit allen Kräften beitragen und erfüllt sind von Liebe und Vertrauen zur Volksarmee" (zitiert nach: Erklärung des Redaktionskomitees 1952, S. 795). Die Zielformulierung unterstellt nicht nur, dass der Staat der Erziehung normative Ziele vorgeben kann, sondern auch, dass das Erziehungssystem über geeignete Mittel verfügt, vorgegebene Ziele umzusetzen und zu erreichen. Zur

Überschätzung der Wirksamkeit der Erziehung kam eine Überschätzung der Möglichkeiten der Wissenschaft hinzukommen. Von der Erziehungswissenschaft wird dann erwartet, dass sie gemeinsam mit der Praxis Technologien entwickeln kann, die in der Lage sind, vorhandene Mängel der Praxis abzustellen und die Einlösbarkeit staatlich verordneter Erziehungsziele selbst bei auftretenden Umsetzungsproblemen zu garantieren.

Die zweifache Überschätzung von Wissenschaft und Praxis lässt sich an Anlass, Verlauf und Ergebnis eines Ende der 70er, Anfang der 80er Jahre an der Humboldt-Universität zu Berlin durchgeführten Projekts zur Erforschung der „sozialistischen Lebensweise" illustrieren, das Probleme in der Entwicklung sozialistischer Einstellungen und Verhaltensweisen erforschen und lösen helfen sollte (vgl. hierzu Kirchhöfer/Merkens 2005; Benner/Kemper 2009, S. 213-230). Anlass für das Projekt waren vermehrt auftretende Disziplinprobleme in den Schulen sowie die Zunahme von abweichenden Verhaltensweisen bei Jugendlichen, die in Neubaugebieten von Ost-Berlin wohnten. Sie zeigten damals an, dass die nachwachsende Generation damit begann, sich von den staatlichen Jugendorganisationen zu entfernen und außerhalb der Sphären sozialistischer Kontrolle und Betreuung mit eigenen Lebensformen zu experimentieren. Das auf diese Vorgänge Bezug nehmende Projekt wurde als ein Vorhaben zur Entwicklung einer sozialistischen Lebensweise konzipiert. Es brachte die Forscher in eine prekäre Situation. Sie sollten die Gründe für die zunehmende Abwendung der Jugend von der sozialistischen Ideologie und Weltanschauung klären und Strategien für eine erfolgreiche Verankerung sozialistischer Lebensformen und Überzeugungen im Bewusstsein und in den Verhaltensweisen der Heranwachsenden entwickeln, durften aber in ihrer Arbeit weder die Gründe, welche die Jugendlichen selber für ihre Ablehnung staatlicher Bevormundung anführten, noch die hinter diesen stehenden gesellschaftlichen Zusammenhänge offen mit ihrer Klientel thematisieren. In ihren Berichten stellten die Forscher fest, dass viele Heranwachsende
- nicht mehr an die Überlegenheit der Gesellschaftsordnung der DDR glaubten,
- die Differenz zwischen der vom Staat behaupteten Fortschrittlichkeit der sozialistischen Produktionsweise und der Ineffektivität des sozialistischen Wirtschaftssystems erkannten,
- sich zunehmend für individualisierte Lebensformen interessierten,
- sich von der staatlichen Gemeinschaftsideologie abwandten
- und nach Lebensformen suchten, in denen sie zwischen privater Existenz, freier Geselligkeit und staatsbürgerlichen Aktivitäten unterscheiden konnten.

Eine Besonderheit des „Lebensweiseprojekts" bestand darin, dass es nicht zentral und auch nicht überwiegend im Bereich der außerschulischen Jugendarbeit, sondern im Schnittpunkt von Unterricht, Schulleben und Stadtteilarbeit angesiedelt war. Als Institution für künstliche Erfahrungserweiterung aber hätte der Schulunterricht in diesem Projekt nur wirksam werden können, wenn die ideologischen Ziele, die mit seiner Hilfe erreicht werden sollten, im schulischen Unterricht und im Projekt selbst hätten diskursiv thematisiert werden können. Das Scheitern des Lebensweiseprojekts, das 1983 ergebnislos beendet wurde, war vor diesem Hintergrund dreifach bedingt, einmal durch die fehlenden Spielräume der pädagogischen Praxis im Bereich der schulischen und außerschulischen Erziehung, welche die Erfahrungen der Jugendlichen und ihre Kritik an der sozialistischen Gesellschaftsordnung nicht ergebnisoffen thematisieren durften, dann durch den staatlich erteilten Forschungsauftrag, der eine ernsthafte Auseinandersetzung mit den Gründen und eine weiterführende Analyse der Ursachen nicht zuließ, und schließlich durch den Widerstand der Jugendlichen, die sich einer Rückkehr in sozialistische Lebensformen widersetzten.

Welche Schwierigkeiten bei der unterrichtlichen Umsetzung des Erziehungsziels der DDR schon in den 70er Jahren auftraten, hat Henning Schluß (o. J.) in einem Forschungsvorhaben untersucht, das sogenannte Musterlektionen aus in Bild und Ton aufgezeichneten Unterrichtsstunden aus Archivbeständen konserviert und die Kontexte, in denen die Lektionen geplant und aufgezeichnet wurden, rekonstruiert hat. Zu den vor dem Vergessen geretteten Materialien gehört u. a. eine Unterrichtsstunde über die Grenzbefestigungen der DDR, die im ostdeutschen Sprachgebrauch „antifaschistischer Schutzwall" genannt wurden. In der Ende der 70er Jahre aufgenommenen Stunde sucht eine Lehrerin ihren Schülern die in den staatlichen Lehrplänen vorgegebene Einsicht zu vermitteln, dass die von der DDR 1961 zwischen beiden deutschen Nachkriegsstaaten sowie zwischen Ost- und West-Berlin errichteten Grenzanlagen die Funktion hatten, die Bürger der DDR vor den Angriffen des Kapitalismus zu schützen. In der aufgezeichneten Unterrichtsstunde widersprach ausgerechnet ein Schüler dieser Auffassung, der sich offen zur Ideologie des sozialistischen Staats bekannte und von dieser aus argumentierte. Der Schüler äußerte die Überzeugung, Grenzwall und Mauer seien ganz und gar überflüssig und hätten niemals gebaut werden dürfen. Wenn nämlich der Sozialismus die Gesellschaftsordnung der Zukunft sei und sein Sieg zweifelsfrei feststehe, dann schützten die Grenzanlagen nicht die Bürger der DDR vor Angriffen aus dem Westen. Vielmehr hinderten sie die vom Kapitalismus geknechteten Menschen in Westdeutschland daran, die Rückschrittlichkeit der Gesellschaftsordnung des Westens und die Fortschritte der sozialistischen Entwicklung in der DDR kennenzulernen. Die Lehrerin ließ alle Schüler zu Worte kommen, auch die von der Staatsdoktrin abweichenden Meinung des vom Sozialismus überzeugten Schülers, vervollständigte dann jedoch das von ihr vorbereitete Tafelbild, indem sie in dieses nur die mit der offiziellen Interpretation der Grenzanlagen übereinstimmenden Antworten eintrug. Am Ende der Stunde hielt das Tafelbild fest, was als Ergebnis herauskommen sollte. Eine Rekonstruktion der Kontexte durch Interviews mit den noch lebenden Schülern ergab, dass zur Zeit der Aufzeichnung zwischen dem Tafelbild und dem, was sich in den Köpfen nicht nur des einen Schülers, sondern auch seiner Mitschüler entwickelte, keine Deckungsgleichheit bestand. Die inzwischen gestorbene Lehrerin achtete durch ihr Vorgehen die Meinungsfreiheit ihrer Schüler, indem sie von der Staatsdoktrin abweichende Meinungen zuließ und diejenigen, die sie äußerten, durch Nicht-Aufnahme ihrer Argumente in das Tafelbild zugleich schützte. Sie wurde nicht zuletzt deshalb von ihren Schülern besonders geschätzt und verehrt.

Die beiden Beispiele – das Projekt zur Erforschung der sozialistischen Lebensweise und die Unterrichtsstunde über den Bau der DDR-Grenzanlagen – zeigen, dass sozialistische Staaten der öffentlichen Erziehung und Unterweisung eine Erfahrungserweiterungs- und Tradierungsfunktion zuwiesen, um Lehr-Lernprozesse in Gang zu bringen oder zu unterstützen, die sie aus eigener Kraft nicht im alltäglichen Leben der Menschen absichern konnten. Wo immer aber Staaten Unterricht und pädagogische Beratung zu Hilfe rufen, um in öffentlichen Schulen mit pädagogischen Mitteln außerpädagogische Ziele zu erreichen, die durch Sozialisation im unmittelbaren Horizont von Erfahrung und Umgang nicht zu realisieren sind, müssen sie der Erziehung beträchtliche Freiräume zuerkennen, weil diese ohne sie nicht erfolgreich arbeiten kann. Öffentliche Erziehung muss, ob ein Staat dies will oder nicht, zumindest eine gewisse Gedanken- und Argumentationsfreiheit gewähren und für sich in Anspruch nehmen können. Ohne diese Freiheit sind die Zeiten überdauernden Grundkenntnisse nicht zu vermitteln, kann sich in Schülern und Heranwachsenden keine rational argumentierende Urteilskraft ausbilden und lässt sich eine domänenspezifisch sowie übergreifend wirksam werdende Partizipationskompetenz nicht entwickeln.

3. Grundbegriffliche Vergewisserung über die Eigenlogik pädagogischen Denkens und Handelns

Will man nicht länger bei der irrigen Auffassung stehen bleiben, dass alle Erziehung einem Primat der Politik zu unterstellen ist, so muss man nach der Eigenlogik pädagogischen Denkens und Handelns fragen und zeigen, wodurch sich äußere von inneren Zielen der Erziehung unterscheiden und wie sich diese in jene transformieren lassen. Eine entsprechende grundbegriffliche Vergewisserung kann sich auf vier in der Tradition pädagogischen Denkens ausgearbeitete Grundbegriffe stützen (vgl. Benner 2010, S. 58-126).

Der erste Grundbegriff ist der schon von Herbart hervorgehobene Begriff der Bildsamkeit. Er verweist auf die Tatsache, dass Lernen vor, während und nach der Erziehung stattfindet. Die Fähigkeit, lernend Fähigkeiten zu entwickeln, wird nicht etwa durch Erziehung erzeugt, sondern gehört zu den Voraussetzungen der Erziehung. Hieran erinnert nicht nur das deutsche Wort „Bildsamkeit", sondern auch dessen französisches Pendant, der von Rousseau geprägte Begriff der „perfectibilité". Beide bringen zum Ausdruck, dass die menschliche Lernfähigkeit zunächst ganz unbestimmt ist und offen lässt, was in Lernprozessen angeeignet wird. Die Evolution hat beim Menschen das Lernen-Können, nicht aber jeweils Gelerntes erblich gemacht (vgl. Benner/Brüggen 2004). Keine Generation kann von ihr Gelerntes einfach an die nächste Generation weitervererben, jeder Einzelne und jede Generation müssen vielmehr immer wieder von neuem mit dem Lernen anfangen.

Der Begriff der Bildsamkeit definiert Erziehung als eine Praxis, die zwischen bildsamen Wesen stattfindet, von denen die einen erwachsen und schon erzogen und die anderen der Erziehung bedürftig sind. Bildsamkeit im pädagogischen Sinne bezeichnet darum nicht einfach die Lernfähigkeit des Menschen, sondern stellt eine pädagogische Relationskategorie dar, die von den Erziehenden verlangt, dass sie die unter pädagogischen Einwirkungen Lernenden als bildsame Wesen anerkennen und behandeln (vgl. Prange 2010, S. 56ff.; Benner 2010, S. 70ff.).

Darauf, dass sich Erziehung auf eine unter pädagogischer Anleitung stehende Form des Lernens bezieht, verweist auch der zweite Grundbegriff pädagogischen Denkens und Handelns. Er besagt, dass in pädagogischen Interaktionen die Erziehenden die Zu-Erziehenden zum selbsttätigen Lernen auffordern und hierdurch ein Lernen in Gang setzten, das ohne entsprechende Aufforderungen nicht – nicht zum aktuellen Zeitpunkt, nicht so schnell oder überhaupt nicht – stattfände. Der Begriff der Aufforderung zur Selbsttätigkeit darf weder mit Blick auf den Pädagogen noch mit Blick auf den Heranwachsenden aktivistisch missverstanden und verkürzt werden. Der Lernende muss mit der Aufforderung erst einmal konfrontiert werden, damit er ihr anschließend in eigenen Aktivitäten nachgehen kann. Als eine Technik des Aufforderns hat sich das systematisch verfahrende Fragen bewährt, durch das Pädagogen etwas in den Fragehorizont der Lernenden rücken und für diese fragwürdig werden lassen sowie später überprüfen, ob etwas, das gelernt werden sollte, auch gelernt und verstanden worden ist (vgl. Petzelt 1963, S. 29-36; Derbolav 1970, S. 56ff.). Pädagogisch fragen aber kann nur, wie Klaus Prange in seiner operativen Pädagogik ausführt, wer durch Fragen zu irritieren und anschließend zu zeigen versteht, wie Heranwachsende mit der Irritation lernend vernünftig umgehen können (vgl. Prange 2005; siehe auch English/Stengel 2010).

Das verweist auf einen dritten Grundbegriff, von dem bereits die Rede war. Ganz gleich, was durch Erziehung vermittelt werden soll, es muss in einen durch Erziehung zu vermittelnden Sachverhalt transformiert werden. Pädagogische Transformationen stellen Koppelungen zwischen außerpädagogischen Sachverhalten und Anforderungen, der Bildsamkeit der Lernenden und den Aufforderungen der pädagogischen Akteure her. Sie nehmen eine Sache aus dem Zusammenhang, in dem sie sonst steht, heraus und machen aus ihr einen Gegenstand, der über Erziehung vermittelt und angeeignet werden soll. Dies gilt für das Erlernen des dritten Satzes der Thermodynamik ebenso wie für die Aneignung und das Verstehen von Artikeln der Verfassung eines Staates. Hier wie dort muss der Gegenstand, der durch Erziehung vermittelt werden soll, seine Selbstverständlichkeit, Wahrheit und Geltung erst einmal ablegen und zu einem Lehr-Lerngegenstand gemacht werden. Dessen Gehalt muss vom Lehrer fragend und zeigend in Auseinandersetzung mit den Aneignungsproblemen seiner Schülers übermittelt und von jedem einzelnen Schüler irrend, suchend, findend und antwortend angeeignet und bei erfolgreichem Verlauf des Lehr-Lernprozesses schließlich lernend eingeholt werden.

Bildsamkeit und Aufforderung zur Selbsttätigkeit sind Grundbegriffe pädagogischen Denkens und Handelns, die sich weit in die Geschichte des pädagogischen Nachdenkens zurückverfolgen lassen. Der Sachverhalt einer explizit pädagogischen Transformation verweist dagegen auf moderne Problemkon-stellationen. Solange sich Erziehungs- und Bildungsprozesse in den Formen einer intergenerationellen Wechselwirkung von Vormachen, Nachmachen und Mittun vollzogen, waren Lernprozesse in lebensweltliche Kontexte eingebettet, in denen auf spezielle pädagogische Transformationen weitgehend verzichtet werden konnte. Alles, was nicht in einer Einheit von Denken und Tun gelernt wird, war und ist dagegen auf pädagogische Transformationen angewiesen. Fremdsprachen werden in Schulen auf andere Weise als während eines Auslandaufenthaltes erlernt, Geschichte – man denke nur an die Geschichte der Kriege – muss anders als durch unmittelbare Teilnahme oder Nachahmung des Anzueignenden erlernt und erinnert werden, und Sexualkunde ist in der Form schulischen Unterrichts nur erlaubt, wenn Lehrende und Lernende sich theoretisch mit dem Thema befassen und nicht etwa gemeinsam sexuelle Praktiken einüben und vollziehen.

Der Zusammenhang der vorgestellten drei Grundbegriffe ist über einen vierten Grundbegriff vermittelt, der für die Beantwortung der Frage, warum Erziehung in Demokratien nicht politisch fundiert werden kann, eine besondere Bedeutung gewinnt. Er besagt, dass die Beziehungen zwischen Erziehung und Pädagogik und den anderen gesellschaftlichen Tätigkeiten und Handlungsfeldern angemessen weder als ein Unter- noch als ein Überordnungsverhältnis gedacht werden können. Lernprozesse sind nicht weniger bedeutsam als ihre Resultate, also auch nicht von geringerem Wert als die außerpädagogischen Verwendungszusammenhänge für das im Unterricht Gelernte. Die Erziehung hat eine konstitutive und nicht eine bloß dienende Funktion für das Subjekt und für die Welt. Freilich gilt auch das Umgekehrte. Auch die außerpädagogischen Handlungsformen und Handlungsfelder dürfen nicht zu Gehilfen der Erziehung reduziert werden. Ihr Sinn ist niemals allein der, eine gelingende Erziehung zu unterstützen.

Zwischen den Handlungslogiken von Arbeit, Moral, Erziehung, Politik, Kunst und Religion besteht in der Moderne ein Verhältnis der Nicht-Hierarchizität. Sie lassen sich nicht mehr in eine für alle gleichermaßen geltende hierarchische Gesamtordnung bringen. Zwar kann die Politik temporär ein bestimmtes Handlungsfeld besonders unterstützen, z. B. nach einem Krieg die Landwirtschaft, damit das Volk nicht verhungert. Aber temporäre Hierarchien begründen nicht mehr legitime Dauer-Hierarchien. Es wäre unsinnig zu sagen, Arbeit sei wichtiger als Religion oder Erziehung ursprünglicher als der Tod oder Kunst bedeutsamer als Moral. Sinnvoll dagegen könnte es sein, die Möglichkeiten von Bildung heute daran zurückzubinden, dass die Einzelnen lernen, urteils- und partizipationsfähig in allen Bereichen menschlichen Handelns zu werden.

4. Zur Bedeutung der Unterscheidungen zwischen Staat, Gemeinschaft und Gesellschaft für die Legitimationsproblematik von Erziehung und Bildung

Die historisch vermittelte, prinzipielle Nicht-Hierarchizität der Beziehungen zwischen den verschiedenen Handlungslogiken und -feldern hat weitreichende Konsequenzen für die Beziehungen und Abgrenzungen von Staat, Gemeinschaft und Gesellschaft. Staaten sind Macht habende Einheiten, die Rechtsordnungen stiften, Gemeinschaften sind im Wesentlichen Kultur- und Sprachgemeinschaften, in die man sich lernend einhausen muss. Sie gliedern sich in eine Vielzahl geselliger Kommunikationsformen, denen man durch Sozialisation oder Wahl beitreten kann. Die moderne Gesellschaft aber ist jener Raum, in dem individuelle und übernationale sowie überstaatliche Gemeinschaften entstehen können. Was dies bedeutet, wird deutlich, wenn man Humboldts „Versuch über die Gränzen der Wirksamkeit des Staates" von 1792 zu Deweys Analyse der Beziehungen zwischen „Demokratie und Erziehung" aus dem Jahre 1916 in Beziehung setzt und beide zu Rate zieht.

Humboldt siedelt fast alles, was mit den Lebensformen des modernen Menschen zusammenhängt, außerhalb staatlicher Wirksamkeit in besonderen Gemeinschaften oder in der Gesellschaft an:
- Liebe und Moral verortet er in individuellen Verbindungen bzw. menschheitlichen Gemeinschaften,
- Erziehung, Kunst und Wissenschaft in nationalen und weltbürgerlichen Einrichtungen,
- Arbeit und Ökonomie in bürgerlichen Gesellschaften,
- Religion bei einzelnen nicht staatlich definierten Religionsgemeinschaften,

Nur Verwaltung, Recht, Regierung und Polizei ordnet er dem Staat zu. Von diesem verlangt er, sich mit der Gesetzestreue der Bürger zufrieden zu geben und deren Gesinnung weder zu beeinflussen noch zu kontrollieren. Jenseits der ausdifferenzierten gesellschaftlichen Teilsysteme siedelt er eine Öffentlichkeit an, welche die Aufgabe hat, querliegende Fragen und Probleme zu diskutieren, die den einzelnen Praxisfeldern nicht überlassen werden können.

Ziel der genannten Unterscheidungen ist es, die Freiheiten der individuellen Wahl der Lebensform, des Berufes und der Religion ebenso wie die Freiheit von Kunst und Wissenschaft gegenüber erziehungsstaatlichen, staatspädagogischen und theokratischen Ordnungssystemen abzusichern sowie zwischen individuellen, öffentlichen und staatlichen Angelegenheiten zu unterscheiden. Für die Erziehung bedeutet dies, dass das Erziehungssystem als Ort der gemeinsamen Erziehung der nachwachsenden Generation unter modernen Bedingungen angemessen weder rein privat noch rein staatlich organisiert werden kann, sondern nach staatlichen Gesetze so einzurichten ist, dass Schulen öffentliche Einrichtungen sind, die für jeden unabhängig von seiner Religion, Volkszugehörigkeit oder Staatsbürgerschaft offen stehen.

Zu den Errungenschaften moderner Bildungstheorie gehört in diesem Zusammenhang, dass die Bestimmung jedes Menschen nicht mehr in einem umfassenden und übergreifenden Sinne staatlich oder auf den Staat hin ausgerichtet werden kann. Die Einzelnen sollen zu Menschen erzogen werden, die individuell auf mannigfaltige Weise urteils- und partizipationskompetent sind. Sie sollen zu Staatsbürgern erzogen werden, die die Rechtsordnung des Staates, dem sie angehören, kennen, beachten und diskursiv über ihre Weiterentwicklung nachdenken. Und sie sollen zu Weltbürgern erzogen werden, die über die Grenzen einzelner Staaten hinweg über Probleme, die die Menschheit als ganze betreffen, miteinander kommunizieren. Das Überwölbende von individueller, staatlicher und menschheitlicher Existenz aber kann weder die Individualität eines einzelnen Menschen, noch ein einzelner Staat, noch die Gemeinschaft aller Staaten sein.

Zu den Errungenschaften moderner Bildungstheorie und Pädagogik gehört darum auch die Einsicht, dass auf eine alles überwölbende Instanz verzichtet werden kann. Jeder soll in sich eine individuelle Originalität, eine Anschlussfähigkeit an andere und eine Partizipationsfähigkeit entwickeln, die ihn zur Mitwirkung an Arbeit und Sitte, Erziehung und Politik sowie Kunst und Religion befähigt. Und die Erziehung soll in den Heranwachsenden nicht eine Identität ausbilden, in der die Abgrenzungen zwischen Gemeinschaft, Gesellschaft und Staat sowie die Unterschiede zwischen den Eigenlogiken der verschiedenen Denk- und Handlungsweisen menschlicher Koexistenz verschwunden sind. Sie soll vielmehr in jedem Einzelnen die Entwicklung einer Vielseitigkeit unterstützen, die es ihm erlaubt, eine eigene Lebensform zu wählen und an den verschiedenen gesellschaftlichen Teilsystemen sowie am öffentlichen Leben teilzunehmen.

Überhaupt darf diejenige Identität, die sich im Widerstreit unterschiedlicher Handlungslogiken sowie im Spannungsfeld individueller und gesellschaftlicher Erfahrungen in den Einzelnen entwickelt, nicht ein unmittelbares Resultat oder Werk der Erziehung sein. Der individuelle Charakter der Menschen soll sich aus ihrem selbstverantworteten Handeln entwickeln. Als ein solcher zeigt er sich weder bei Fünfzehnjährigen am Ende der obligatorischen Schulzeit noch mit Erlangung der Volljährigkeit. Er tritt vielmehr erst bei dem hervor, der die Stürme des Lebens gemeistert hat. Wären nicht die Menschen selbst, sondern die Erzieher die Charakterbildner der Einzelnen, so wären die Pädagogen die Herrscher im Staat. Dies aber ist in der Geschichte nur in Erziehungsstaaten propagiert worden, die Völker staatspädagogisch in allen Bereichen menschlichen Denkens und Handelns zu durchherrschen suchten. Es kann unter demokratischen Bedingungen auf keinen Fall erlaubt werden. In Demokratien, in denen die Regierung durch die Opposition und beide durch eine diskutierende Öffentlichkeit kontrolliert werden, sind Staatserziehung und Staatspädagogik gleichermaßen unerwünscht und verboten (vgl. Oelkers 2006).

So haben die Kultusminister der Bundesrepublik Deutschland 1976 im sogenannten Beutelsbacher Konsens nicht nur die Grundlinien der politischen Bildung in Deutschland festgelegt, sondern zugleich Prinzipien aufgestellt, die für die gesamte öffentliche Erziehung Geltung beanspruchen können. Sie legten allen an öffentlicher Erziehung Beteiligten ein Überwältigungsverbot, ein Indoktrinationsverbot und ein Pluralitätsgebot auf. Von den drei Maximen besagt die erste, dass kein Lehrer und Erzieher Schüler oder Heranwachsende im Prozess der Meinungsbildung überwältigen darf, die zweite, dass Aufgabe gemeinsamer öffentlicher Erziehung nicht in der Indoktrination, sondern darin liegt, die Schüler zum Denken, Urteilen und selbständigen Handeln zu befähigen. Die dritte Maxime verlangt über die beiden ersten hinausgehend, dass Fragen, über die in Staat, Gesellschaft und Wissenschaft gestritten wird, durch Schule und Erziehung nicht entschieden werden dürfen. Erziehung muss in die Kontroversen der eigenen Zeit einführen und diese auch dort sichtbar machen, wo sie nicht ohne Weiteres mehr zu erkennen sind, aber sie darf und kann Kontroversen weder aus eigener Kraft noch nach Maßgabe externer Instanzen schlichten. Darum gehört, wie Jörg Ruhloff formuliert, die Einführung und Einübung in einen „problematisierenden Vernunftgebrauch" zu den unverzichtbaren Aufgaben moderner Erziehung (vgl. Ruhloff 1996).

Was das bedeutet, habe ich in meinem eigenen Schulunterricht eindrucksvoll im Fach Gemeinschaftskunde/Politische Bildung erfahren. Unser Klassenlehrer Dr. Günther Braun behandelte das „Grundgesetz der Bundesrepublik Deutschland" (GG), indem er alle vom Deutschen Bundestag beschlossenen Änderungen in den Unterricht einbezog und auf diese Weise rekonstruierte, worüber bei der Erarbeitung, Ergänzung und Auslegung des GG gestritten wurde. Eindrucksvoll war auch die Art und Weise, in der er mit uns die beiden Wege bearbeitete, die das GG für die Vereinigung der beiden Nachkriegsstaaten in Deutschland vorsah: den Beitritt der DDR zur BRD oder die gemeinsame Ausarbeitung einer neuen Verfassung. Wie über die beiden Wege gestritten wurde und wie sie Eingang ins Grundgesetz fanden, war Thema des Unterrichts; welcher der beiden Wege zu beschreiten sei und ob die Wiedererlangung eines gemeinsamen Staates überhaupt zu erreichen sei, ließ der Unterricht offen.

Vergleicht man vordemokratische Staatsverfassungen mit sozialistischen und demokratischen Verfassungen, so kann man vielleicht als Ergebnis festhalten, dass demokratische Staatsverfassungen dem Staat mit Blick auf die Erziehung nicht erlauben, was andere Verfassungen vorschreiben und als erwünscht ansehen, wenn sie von der öffentlichen Erziehung verlangen, dass sie die Bürger nach den Staatszielen bildet und formt. John Dewey, welcher der Ausdifferenzierung gesellschaftlicher Teilsysteme noch nicht die ihr zukommende Aufmerksamkeit widmete, gleichwohl streng zwischen Staat, Gesellschaft und Gemeinschaft sowie verschiedenen Formen von Gemeinschaft unterschied, sah in der Demokratie nicht nur eine Staats-, sondern darüber hinaus auch eine Lebensform. Von letzterer sagte er:

„Eine Gesellschaft ..., die für die gleichmäßige Teilnahme aller ihrer Glieder an allen Gütern und für immer erneute biegsame Anpassung ihrer Einrichtungen durch Wechselwirkung zwischen den verschiedenen Formen des Gemeinschaftslebens sorgt, ist insoweit demokratisch. Eine solche Gesellschaft braucht eine Form der Erziehung, die in den einzelnen ein persönliches Interesse an sozialen Beziehungen und am Einfluß der Gruppen weckt und diejenigen geistigen Gewöhnungen schafft, die soziale Umgestaltungen sichern, ohne Unordnung herbeizuführen." (Dewey 1916, S. 105; 1964, S. 136)

Dewey weist hier der Erziehung die Aufgabe zu, nicht den Charakter der Bürger entsprechend der Verfassung eines demokratischen Staates zu festigen, sondern die Einzelnen dazu zu befähigen, an der Weiterentwicklung und Umgestaltung moderner Gesellschaften so mitwirken zu können, dass Chaos und Umstürze vermieden werden. Was in anderen Staatsformen und Staatsverfassungen selbstverständlich ist, dass die Erziehung den Charakter der Menschen nach staatlichen Vorgaben formen soll, kann darum in Demokratien nicht als erlaubt angesehen werden. Die von Aristoteles bis Montesquieu vertretene These, dass die Staatsverfassungen legitimerweise den Charakter der Bürger normieren, besitzt in Demokratien keine Geltung. Das Leben der Bürger, ihr Denken, Urteilen und Handeln, soll sich ohne staatliche Bevormundung entwickeln. Darum müssen wir heute, stärker noch als Dewey zu seiner Zeit, zwischen der demokratischen Lebensform und der Demokratie als Staatsform und gesellschaftlichem Teilsystem unterscheiden.

Diese Feststellung ist freilich für sich genommen noch unvollständig. Sie muss um die weitere ergänzt werden, dass unter allen bekannten Staatsverfassungen die Demokratie die einzige ist, die sich selbst ein Verbot auferlegt und dieses in ihren besseren Zeiten auch beachtet, das Verbot nämlich, den Charakter und die Lebensform der Menschen positiv zu normieren. Dieses aber ist ein wesentlicher Grund dafür, warum die Erziehung in Demokratien nicht politisch fundiert werden kann.

WISSENSFORMEN DER WISSENSGESELLSCHAFT[1]

Heinz-Elmar Tenorth hat im Anschluss an Wolfgang Brezinkas programmatische Streitschrift „Von der Pädagogik zur Erziehungswissenschaft" immer wieder zwischen pädagogischen und erziehungswissenschaftlichen Wissensformen unterschieden und dabei professionstypischen Wissensformen eine besondere Bedeutung zuerkannt, die in der Abgrenzung pädagogischer und erziehungswissenschaftlicher Wissensformen und der Ausdifferenzierung letzterer in empirische, historische und erziehungsphilosophische Formen des Wissens nicht ohne Weiteres unterzubringen ist. Zu den professionstypischen Kompetenzen von Pädagogen könnte u. a. gehören, zwischen Wissensformen, die quer zur Unterscheidung zwischen Pädagogik und Erziehungswissenschaft liegen, unterscheiden und Heranwachsende in ihre verschiedenen Logiken einführen zu können. Die folgenden Überlegungen fragen, welche Wissensformen hierbei zu berücksichtigen sind.

1. Hinweise auf eine in den Medien weit verbreitete Wissensform und die Frage, um was in dieser gewusst und nicht gewusst wird

Keine Gesellschaft definiert sich allein über Wissen. Jede Gesellschaft differenziert in sich Handlungsfelder und Teilsysteme von der Arbeit, über die Sitte bis hin zu Erziehung, Politik, Kunst und Religion aus, deren Ordnungen erfahren, problematisiert, reflektiert und im individuellen und gesellschaftlichen Handeln ausgelegt und interpretiert werden können. Will man Zusammenhänge dieser Art beschreiben und untersuchen, so empfiehlt es sich, nicht einfach vom Wissen der Wissensgesellschaft, sondern von unterschiedlichen Wissensformen sowie quer zu diesen liegenden Diskursen zu sprechen.

In Zeitungen und anderen Medien finden sich immer wieder Meldungen wie die folgenden:

(1) In einer mehrjährigen Untersuchung hat Gil Greengross, Anthropologe an der Universität von New Mexico, in Video-Experimenten mit Studentinnen herausgefunden, was Männer in sexueller Hinsicht für Frauen interessant macht. Die größte Wirkung bei Frauen erzielen nach dieser Untersuchung

---

[1] Der Text gibt die Heinz-Elmar Tenorth gewidmete Fassung eines Vortrags wieder, den ich anlässlich der Verleihung des Titel eines Dr. h. c. durch die Danish School of Education (Universität Aahus) am 10.09.2009 in Kopenhagen gehalten habe. Er ist erschienen in: E. Keiner et al. (Hrsg.): Metamorphosen der Bildung. Bad Heilbrunn 2011, S. 29-42.

nicht Männer mit den Merkmalen gutes Aussehen, Macht und Reichtum, sondern Männer mit Humor und Selbstironie (www.zeit.de/online/2008/31/flirt-humor-selbstironie).

(2) Der Bielefelder Erziehungswissenschaftler Klaus Hurrelmann hat herausgefunden, dass Autorität eine Kunst ist, auf die in der Erziehung nicht verzichtet werden kann. (Der Tagesspiegel vom 29. August 2008)

(3) Dass Tiere lernen können, wissen wir seit Pawlows Experimenten, der Hunde darauf dressierte, bei bestimmten Glockentönen Speichel abzugeben. Der Neurobiologe Björn Brembs und seine Kollegen an der Freien Universität haben nun bei Taufliegen ein Gen identifiziert, nach dessen Ausschaltung die Lernformen des klassischen und des operanten Konditionierens nicht mehr funktionieren. (ebd.)

(4) In einer Studie an der University Californina konnte die Hypothese erhärtet werden, dass die Aktivität sogenannter Spiegelneuronen im Gehirn darüber entscheidet, ob Lebewesen sich in andere Lebewesen hineinversetzen können. Forscher vom University College London fanden heraus, dass die Funktion von Spiegelneuronen bei autistischen Jugendlichen und Erwachsenen nur auf deren eigene, nicht aber auf fremde Tätigkeiten hin aktiviert wird. (vgl. www.heise.de/tp/artikel/32/32444/1html)

(5) Auf den Spuren von Benjamin Libet konnten Forscher in neuen Experimenten nachweisen, dass die Willensfreiheit eine Chimäre ist. Es ist nicht der Wille, der entscheidet, was wir tun, sondern das Gehirn, das die Wahl eines Verhaltens längst vorgenommen hat, wenn eine bestimmte Willensäußerung auftritt und wahrgenommen wird. (diverse Quellen)

Fragen wir einmal, um was in Forschungsergebnissen wie den zitierten gewusst bzw. nicht gewusst wird.

Dass Humor und Selbstironie für zwischenmenschliche Kommunikation förderlicher sind als andere Eigenschaften und Verhaltensweisen, ist ebenso wenig neu wie die Erfahrung, dass Autorität in der Erziehung eine Rolle spielt. Und dass Tiere lernen können, wissen die Menschen nicht erst seit Pawlows Experimenten aus dem Jahre 1905, sondern seit Beginn der Haustierzucht im 9. Jahrtausend vor unserer Zeitrechnung. Dass Mitleiden-Können für moralische Bildungsprozesse konstitutiv ist, stellt eine Einsicht dar, die man schon aus Homers Ilias gewinnen kann und um die bereits Aristoteles wusste. Vergleichbares lässt sich auch über die menschliche Willensfreiheit sagen. Der freie Wille wird von Menschen ja nicht als ein Wille erfahren, der sich erst als ein Gespenst äußert, um dann körperliche Reaktionen hervorzubringen, sondern als ein Wollen, das sich in Wechselwirkung mit sinnlich vermittelten Welt- und Selbsterfahrungen artikuliert. Immer gehen der Artikulation einer konkreten Willensregung leiblich vermittelte Erfahrungen voraus, an die wir uns erinnern oder die wir neu machen, ohne dass solche Zusammenhänge gegen die Willensfreiheit sprechen.

Was uns die Medien als neue Erkenntnisse der Wissenschaften präsentieren, muss also keineswegs in jedem Fall neu sein, sondern hat in der Regel eine lange Geschichte, um die in wissenschaftlichen Forschungsprozessen und deren medialer Vermarktung oft nicht gewusst wird. Dieses Nicht-Wissen und Vergessen muss für das wissenschaftliche Wissen selbst keineswegs abträglich sein, sondern ist in gewissem Sinne sogar unvermeidbar. Das Wissen um die Jahrtausende alten Traditionen von Haustierzucht und Mitleidsfähigkeit ist keine Instanz, von der her man neuen Forschungsergebnissen jeglichen Wert aberkennen dürfte. Und es kann, wie das Beispiel des Zusammenhangs zwischen der Aktivität von Spiegelneuronen und Autismus oder Gehirntätigkeit und der Ausführung von Körperbewegungen zeigt, zuweilen hilfreich sein, um psychosomatische Zusammenhänge besser zu verstehen und illusorische von realistischen Freiheitsbegriffen zu unterscheiden.

Dass die historischen und biographischen Zusammenhänge jedoch keineswegs erst nachträglich zu den Erkenntnissen wissenschaftlicher Forschung und ihrer medialen Verbreitung hinzugedacht werden müssen, sondern im Forschungsprozess selbst wirksam sein können, lässt sich an einer Episode zeigen, die Daniel Kehlmann in seinem Roman „Die Vermessung der Welt" rekonstruiert hat.

2. Wie Carl Friedrich Gauß am 9. Oktober 1805 auf das Gesetz der trägen Massen kam und welche Wissensformen dabei eine Rolle spielten

Kehlmanns Roman berichtet über eine Vermessung der Welt, an der sich auf sehr verschiedenen Wegen zu Beginn des 19. Jahrhunderts u. a. der Mathematiker Carl Friedrich Gauß und der Naturforscher und vergleichende Geograph Alexander von Humboldt beteiligten. Während Humboldt die Flussläufe des Amazonas erforschte, einer bestimmten Pinguinart in Südamerika zu einem neuen Namen verhalf und mit gerade entwickelten Instrumenten für Berge die Höhe berechnete und in Landkarten eintrug, nahm Gauß für seine Forschungen weitaus kleinere Bewegungsräume in Anspruch. Meist reichte ihm ein Blatt Papier, auf das er seine Einfälle notierte, oder eine Kladde, in die er seine Ableitungen schrieb. Wie eng die Räume waren, die er für seine Forschung benötigte, und zu welchen Komplikationen es dabei kommen konnte, lässt sich an Kehlmanns Beschreibung seines Hochzeitstags und gewisser Komplikationen in der anschließenden Hochzeitsnacht illustrieren.

In der Ansprache, die Gauß anlässlich seiner Vermählung mit Johanna Elisabeth Rosina Osthoff, der Tochter eines Weißgerbers, am 9. Oktober 1805 hielt, lässt Kehlmann den Mathematiker sagen, „er habe nie erwartet, daß er etwas wie Glück finden würde, und im Grunde glaube er auch jetzt nicht daran. Es komme ihm wie ein Rechenfehler vor, ein Irrtum, von dem er nur hoffe, keiner werde ihn aufdecken" (S. 148). Auf Unterschiede zwischen mathematischen und umgänglichen Formen des Wissens hindeutend, fährt Kehlmann fort: „Er [Gauß] nahm wieder Platz und wunderte sich über die fassungslosen Blicke. Leise fragte er Johanna, ob er etwas Falsches gesagt habe." (ebd.)

Wie sich die Fassungslosigkeit in der Brautnacht vom 9. auf den 10. Oktober dann von den Gästen auf Johanna übertrug, beschreibt Kehlmann anschließend so:

„Im Schlafzimmer zog er die Vorhänge zu, trat zu ihr, spürte, wie sie zurückweichen wollte, hielt sie sanft fest und begann, die Bänder ihres Kleids zu öffnen. [und etwas später] Als er seine Hand über ihre Brust zum Bauch und dann [...] weiter hinabwandern ließ, tauchte die Mondscheibe bleich und beschlagen zwischen den Vorhängen auf, und er schämte sich, daß ihm ausgerechnet in diesem Moment klar wurde, wie man Meßfehler der Planetenbahnen [mit Hilfe der nicht-euklidischen Geometrie durch eine Theorie der trägen Massen] approximativ korrigieren konnte. Er hätte es gern notiert, aber jetzt kroch ihre Hand an seinem Rücken abwärts. So habe sie es sich nicht vorgestellt, sagte sie in einer Mischung aus Schrecken und Neugier, so lebendig, als wäre ein drittes Wesen mit ihnen. Er wälzte sich auf sie, und weil er fühlte, daß sie erschrak, wartete er einen Moment, dann schlang sie ihre Beine um seinen Körper. Doch er bat um Verzeihung, stand auf, stolperte zum Tisch, tauchte die Feder ein und schrieb, ohne Licht zu machen: *Summe d. Quadrat. d. Differenz zw. beob. u. berechn.* → *Min.*, es war zu wichtig, er durfte es nicht vergessen. Er hörte sie sagen, sie könne es nicht glauben und sie glaube es auch nicht, selbst jetzt, während sie es erlebe. Aber er war schon fertig. Auf dem Weg zurück stieß er mit dem Fuß gegen den Bettpfosten, dann spürte er sie wieder unter sich, und erst als sie ihn an sich zog, bemerkte er, wie nervös er eigentlich war, und für einen Augenblick wunderte er sich sehr, daß sie beide, die kaum etwas von einander wussten, in diese Lage geraten waren. Doch dann wurde etwas anders, und er hatte keine Scheu mehr, und gegen Morgen kannten sie einander schon so gut, als hätten sie es immer geübt und immer miteinander." (S. 149f.)

Was Gauß in der Hochzeitsnacht entdeckte, war das Gesetz der trägen Massen, das Newtons Revolutionierung der aristotelischen Lehre von den Bewegungen noch einmal revolutionieren und zum Brückenglied zwischen der klassischen Mechanik und Einsteins Relativitätstheorie werden sollte. An der Formulierung dieses Gesetzes waren unterschiedliche Formen der Erfahrung und des Wissens beteiligt. Einige möchte ich kurz nennen und anschließend in mehreren Exkursen genauer bestimmen.

Zunächst sind die leiblich zentrierten, lebensweltlichen Erfahrungen von Carl Friedrich und Johanna zu nennen, die einen merkwürdigen Verlauf nehmen, weil sich in sie andere Erfahrungen hineinschieben, die Gauß auf den Mond, Johanna hingegen auf Gauß zurückführt. Denn das Gesetz der trägen Massen bezieht sich nicht, wie Kehlmanns Beschreibung zunächst vielleicht suggeriert, auf irgendwelche Beziehungen zwischen den Leibern des jung vermählten Paares, sondern auf physikalische Ordnungszusammenhänge, an denen wiederum verschiedene Wissensformen beteiligt sind.

Die erste beteiligte Wissensform ist die der Physik des Aristoteles. Sie besagt, dass Körper sich nur dann bewegen, wenn auf sie eine Kraft einwirkt, die die Bewegung in Gang hält. Hört die Einwirkung einer solchen Kraft auf, so verlangsamt sich die Bewegung, bis sie schließlich zum Stillstand kommt. Am Wurf eines Steines lässt sich dies verdeutlichen. Wir setzen den Stein durch die Kraft in Bewegung, die von unserer Hand ausgeht, und können verfolgen, wie sich diese verändert, sobald der Stein unsere Hand verlässt und in einem Bogen zur Erde fällt, um dort bewegungslos liegen zu bleiben.

Die zweite beteiligte Wissensform ist die der klassischen Mechanik Newtons. Sie besagt, dass in Bewegung begriffene Körper ihre Bewegung unendlich fortsetzen, wenn diese durch keine Kraft gebremst wird. Das klassische Beispiel für diese Sichtweise ist die Bewegung der Planeten, die Newton auf mathematische Gesetze brachte. Sie dauert gleichsam ewig an.

Was Gauß in der Hochzeitsnacht mit Johanna aufs Papier brachte, waren Zusammenhänge, die zwar an die aristotelische und newtonsche Bewegungslehre anschließen, über beide jedoch hinausführen. Die dritte, über Aristoteles und Newton hinausweisende Wissensform ist diejenige, die Gauß in der fraglichen Nacht auf einen vorläufigen Begriff brachte. Gauß nahm nämlich an der Lehre Newtons eine wegweisende Korrektur vor. Newtons klassische Mechanik war schon zu Beginn des 18. Jahrhunderts dadurch erschüttert worden, dass bei der Beobachtung der Himmelskörper gewisse Abweichungen (aberrationes) festgestellt wurden, denen zufolge bei Sonnenfinsternissen Sterne gesehen werden, die nach der euklidischen Geometrie des dreidimensionalen Raums von der Sonne verdeckt sein müssten. Die von Gauß notierten Hinweise stützten vor diesem Hintergrund die Hypothese, dass die Bewegung träger Massen, die sich mit hoher Geschwindigkeit bewegen, durch die euklidische Geometrie nicht erfasst wird. Dem von Gauß entdeckten Zusammenhang zufolge bewegt sich das aus dem fernen Weltraum von hinter der Sonne liegenden Sternen ausgehende Licht nicht geradlinig. Vielmehr wird es vom Mond angezogen, so dass Sterne sichtbar werden, die nach der euklidischen Geometrie des dreidimensionalen Raums hinter der Sonne liegen. Gaußens eigentliche Entdeckung aber reichte noch weiter. Zuvor hatte er nämlich Grundzüge einer nicht-euklidischen Geometrie entwickelt, mit der sich Räume mit mehr als drei Dimensionen, so genannte gekrümmte Räume, vermessen lassen. Diese neue Geometrie aber erlaubte es nun, Vorgänge, an denen träge Massen beteiligt sind, mathematisch zu berechnen.

Neben dem aristotelischen, dem newtonschen und dem durch Gauß vorbereiteten und später von Einstein auf mathematische Formeln gebrachten naturwissenschaftlichen Wissensformen kommt in der Geschichte, die Kehlmann erzählend rekonstruiert, noch eine vierte Wissensform vor. Sie bezieht sich auf lebensweltliche Bewegungen, auf jene Bewegung nämlich, die Gauß vollzog, als er sich aus dem Ehebett an den Schreibtisch und von diesem wieder ins Bett zurück begab. Über sie lässt Kehlmann Johanna sagen: „sie könne es nicht glauben", was da zwischen Gauß und ihr passiert, „und sie glaube es auch nicht, selbst jetzt, während sie es erlebe". Und selbst Gauß, dessen Denken sich vorübergehend ganz auf den physikalischen Raum konzentrierte, ist der lebensweltliche Raum nicht völlig fremd. Kehlmann lässt ihn denken, er hätte die Formel „gern" schon ein paar Augenblicke früher „notiert, aber jetzt kroch ihre Hand an seinem Rücken abwärts", so dass er den Schreibtisch erst aufsucht, nachdem er seine gerade angetraute Frau zuvor für die hierzu erforderliche Unterbrechung des Liebesakts „um Verzeihung" bat.

Vernachlässigen wir an dieser Stelle die Unterschiede, die zwischen der Newtonschen und der Einsteinschen Physik bestehen, so können wir festhalten, dass in Kehlmanns literarischer Rekonstruktion drei Wissensformen eine Rolle spielen, die Wissensform der antiken Physik, die Wissensform der neuzeitlichen und neuesten Physik und eine lebensweltliche Wissensform.

Von diesen bezieht sich
- die erste auf wissenschaftliche Erkenntnisse, die Menschen in einem alltäglichen Leben gewinnen, das noch nicht über neuzeitliche Wissenschaft vermittelt ist (Aristoteles),
- die zweite auf hypothetische Experimente, die neuzeitliche Wissenschaft durchführt, um Naturerscheinungen durch mathematische Gesetze zu erklären und technisch beherrschbar zu machen (Newton, Gauß, Einstein),
- die dritte auf leibzentrierte Erfahrungen, in denen deutlich wird, dass unsere Welt und unser Selbst nicht in dem aufgehen, was wir in der zweiten, im engeren Sinne wissenschaftlichen Wissensform über sie aussagen.

3. Warum Aristoteles und Bacon die Welt verschieden interpretierten, erläutert an den Lachsen und an der Freundschaft

Die Unterschiede zwischen der antiken und der neuzeitlichen Form von Wissenschaft reichen weiter, als bisher angedeutet. Aristoteles lehrte, nur diejenigen verstünden die Dinge, die Welt und die menschlichen Angelegenheiten, die sich über die Sphäre des zwischenmenschlichen Umgangs und des unmittelbaren Gebrauchs von Sachen hinausbewegen und nach den Zweckursachen des Kosmos, der Psyche und der Gesellschaft zu fragen verstehen. Wer um die Ordnungen der Zwecke wisse, der könne lehren und andere darin unterstützen, ebenfalls Blickwechsel von der Erfahrung und den Fakten zu den Ursachen und Zwecken zu vollziehen. Erfahrung und Wissen stehen bei Aristoteles in einer gewissen Opposition. Die bloß Erfahrenen wissen nicht um die Zwecke, sondern nur darum, dass etwas sich so verhält, wie es sich verhält. Sie können daher nur aus Erfahrung lernen, nicht aber andere aus Einsicht belehren. Diejenigen hingegen, die um die zweckhaften Gründe wissen und den Blickwechsel von der Welt der Erfahrung zur Welt der Gründe vollzogen haben, können sich und andere über die Ordnungen der Natur, der Psyche und der Gesellschaft unterrichten.

Uns Modernen ist die aristotelische Sichtweise heute noch in bestimmten Situationen vertraut, in anderen hingegen fremd. An Erfahrungen aus dem Umgang mit dem Automobil lässt sich dies zeigen.

Wenn jemand z. B. behauptete, nicht die Arbeiter bei BMW verstünden etwas vom Umgang mit dem Fahrzeug, wohl aber der Professor, der nichts von der Technik seines Wagens versteht, diesen aber zweckmäßig gebraucht, um zu einer Konferenz zu fahren, so nennen wir eine solche Einstellung heute arrogant und ignorant. Aristoteles war hingegen der Meinung, dass Auffassungen wie die von mir gerade konstruierte – im antiken Kontext jedenfalls, in dem es freilich noch keine PKWs gab – durchaus sinnvoll und stimmig seien. An der Handlungskette von Pferdezüchtern, Sattlern, Reitern, Feldherrn und Politikern lässt sich dies verdeutlichen.

In ihr stellten die Sattler Sättel her, während andere Pferde züchten, ohne dass beide etwas mit den Sätteln und den Pferden anzufangen wissen. Sie übergeben daher die von ihnen erzeugten Güter den Reitern, die geschickt sind, vom Pferd aus zu kämpfen, ihrerseits aber mit ihrer Reitkunst nichts anfangen können und sich darum einem Feldherrn unterstellen, der die Reiterei im Kampf gegen einen angreifenden Feind zum Sieg führt. Mit dem Sieg wiederum weiß auch der Feldherr nichts anzufangen, jedenfalls dann nicht, wenn er ein vernünftiger Feldherr ist und eine Militärdiktatur ablehnt. Er übergibt daher den Sieg der Politik, damit diese einen gerechten Frieden aushandelt.

In der vorgestellten Handlungsreihe sind nach Platon und Aristoteles allein die politische Praxis und der von dieser auszugestaltende gerechte Friede in sich selbst zweckmäßig und stellen die anderen Tätigkeiten nur Güter bereit, ohne über deren zweckvollen Gebrauch zu verfügen. Diese Auffassung ist uns heute eher fremd, obwohl sich auch für sie aktuelle Beispiele finden lassen. Dass die Erfahrenen nicht lehren und andere nicht angemessen unterrichten können, diejenigen, die um den Zweck wissen, hingegen sehr wohl, zeigt sich zuweilen an Erfahrungen, die Autofahrer in unbekanntem Terrain machen.

Wer bei einer PKW-Reise schon einmal einen Ortskundigen nach dem richtigen Weg zu einem Ziel – zum Beispiel zu einer Klosterruine – gefragt hat, erhielt womöglich die gut gemeinte Antwort, er solle erst bis zum Bäcker Schulze und dann bis zum Schneider Müller und von dort am Bauer Meier vorbei fahren, dann sei es nicht mehr weit bis zum fraglichen Ziel. Wer einen Ratsuchenden so belehrt, argumentiert aus seiner eigenen Erfahrung, bedenkt aber nicht, dass der Fragende vielleicht gar nicht über dasselbe Vorwissen verfügt und mit der Antwort womöglich nichts anzufangen weiß. Hätte unser Informant Aristoteles studiert, wäre seine Antwort vielleicht ganz anders ausgefallen. Er hätte sie nicht aus der Erfahrung, sondern aus seiner Einsicht in den Zweck abgeleitet und vielleicht folgendes gesagt: Die Mönche haben das

Kloster, nach dem Sie suchen, an einer Stelle errichtet, an der es Wasser gibt, mit dem die beim Kloster gelegenen Ländereien bewässert werden können. Fahren Sie nur die Straße am Fluss weiter aufwärts, bis Sie zu dem Bach kommen, an dem die Ruine steht. Folgen Sie diesem und Sie werden die Ruine mühelos finden.

Als Bürgern des Informationszeitalters sind uns heute noch andere Antworten als jene vertraut, die Aristoteles entwickelte und seinen Zeitgenossen empfahl. Wir fragen auf einer Autofahrt, die uns durch unbekanntes Terrain zu einem für uns noch fremden Ziel führt, weder einen Ortsansässigen noch wie Aristoteles, sondern geben das Ziel einfach in ein Navigationsgerät ein. Dieses weiß nicht um den Zweck unserer Reise und zeigt doch den Weg zum Ziel verlässlich an. Dass Navigationsgeräte uns keine Ziele vorschreiben, empfinden wir dabei nicht als einen Mangel, sondern als einen Ausdruck unserer Freiheit. Und hieran ändert auch nichts, dass Gehirnforscher angefangen haben, Tätigkeiten im Gehirn zu messen, die einer Handlung vorausgehen. Neuzeitliche Wissenschaft und Technik haben uns frei gemacht, die Ziele unsers Handelns auch jenseits von Orientierungen an einer die Zeiten überdauernden Zweckordnung zu entwickeln. Das hängt in unserem Beispiel damit zusammen, dass das konsultierte Gerät seine Entstehung nicht einem Wissen um irgendwelche Zweckordnungen verdankt, sondern ein Produkt neuzeitlicher Wissenschaft und der durch sie geleisteten Vermessung der Welt ist.

Schalteten wir ein Navigationsgerät ein und fragte uns dieses, warum willst du denn jetzt Auto fahren und zu welchem Zweck, so wäre das für uns eine Situation, wie sie in der Sendung „Verstehen Sie Spaß?" vorkommen könnte, nicht aber eine ernst zu nehmende Kommunikation zwischen dem Gerät und uns über eine anspruchsvolle, womöglich auch ökologisch zu beurteilende Frage. Wir denken und urteilen heute in der Regel nicht mehr so, wie Aristoteles gedacht und geurteilt hat, sondern sind in unseren Erfahrungen, Denkweisen und Handlungen stärker der modernen Aufklärung verpflichtet. Diese hat uns darüber belehrt, dass neuzeitliche Wissenschaft nicht zur Einsicht in zweckmäßige Gründe der Welt und des Handelns führt, sondern, wie Max Weber Anfang des 20. Jahrhunderts formuliert hat, die Welt entzaubert, kausal erklärt und für technisches Handeln verfügbar macht. Insofern neuzeitliche Wissenschaft die Frage nach den Gründen und Zwecken der Natur, der Geschichte und unseres Handelns unbearbeitet und unbeantwortet zurücklässt, konnte Max Weber von ihr sagen, sie sei schlechterdings *„sinnlos"*. Das war nicht abwertend gemeint, sondern sollte nur anzeigen, dass neuzeitliche Wissenschaft und Technik kein Orientierungswissen bereitstellen, sondern eine universelle technische Handlungsrationalität entwickeln, die unvermeidbar ambivalent ist und für verschiedene Zwecke genutzt werden kann.

Nicht erst in unseren Tagen weisen Kritiker darauf hin, dass neuzeitliche Wissenschaft und Technik nicht so unschuldig sind, wie Webers Sinnlosigkeitsdiagnose unterstellt. Dies könnte ein Anlass sein, die Unterscheidung zwischen an Zwecken orientierten oder teleologischen und an Kausalität und

Macht orientierten szientifischen Wissensformen noch etwas genauer zu betrachten und weitere Wissensformen einzubeziehen, die in dem Dual von teleologischem und technischem Wissen nicht unterzubringen sind.

Innere Zweckursachen orientieren nach Aristoteles nicht nur die Bewegungen in der Natur, sondern auch das vernünftige Handeln der Menschen und die Selbsterhaltung staatlicher Gemeinschaften. Niemand versteht etwas richtig, wenn er sich damit begnügt, es zu äußeren Zwecken zu gebrauchen. Nach dem Guten fragen, heißt für Aristoteles nicht, nach willkürlichen Zwecken zu urteilen, sondern verlangt, nach dem Wozu oder dem Zweck der zu erkennenden Sache selbst zu fragen. Hierunter verstand Aristoteles Zwecke, die angeben, was in einem verlässlichen Sinne nicht gut für etwas, sondern an und für sich gut ist. An zwei Beispielen lassen sich solche Zusammenhänge verdeutlichen. Das eine stammt aus dem Bereich der Natur, das andere aus dem der Ethik.

Beobachtet man die Bewegungen frei lebender Lachse, so stellt man fest, dass die Fische in der Nähe von Flussquellen aus befruchteten Eiern schlüpfen und dann eine Reise antreten, auf der sie nicht nur den gesamten Lauf des Flusses bis zur Mündung, sondern anschließend auch noch Meere und Ozeane durchqueren, um eines Tages an den Ort zurückzukehren, an dem ihr Leben begann. Dort angekommen, sterben sie, nachdem sie zuvor durch das Ausscheiden von Eiern und Samen für den Fortbestand ihrer Art gesorgt haben. Den Sinn der Bewegung der Lachse begreift nach Aristoteles nur, wer diese von dem ihr zugrunde liegenden Zweck der Erhaltung der Art her interpretiert. Ein Wissen hierum findet sich z. B. in kanadischen Gesetzen, die es Anglern am Oberlauf der Flüsse zwar auch im Spätsommer noch erlauben, Lachse zu fangen, ihnen dann jedoch auferlegen, die gefangenen Fische wieder in den Fluss zurückzuwerfen, damit diese ihre Reise fortsetzen und die Orte erreichen, an dem sie ihren Beitrag zur Erhaltung ihrer Art erbringen. Nach der teleologischen Betrachtungsweise, welche die Zwecke von Bewegungen reflektiert, wäre es ganz und gar abwegig, zu meinen, die Lachse schwämmen deshalb durch die Meere, damit die Europäer sie vor Grönland fangen und entsprechend zubereitet verzehren. Die Bewegung der Lachse versteht nach Aristoteles nicht der, der weiß, wie man diese Fische fängt, kocht und verzehrt, sondern nur der, wer den Zweck ihrer Bewegung kennt und diesen Zweck anzuerkennen versteht.

Aristoteles hat diese Denkungsart zwar nicht an den Lachsen, wohl aber an den Jahresringen von Bäumen, den Bewegungen der Gestirne, am Fallen des Steines und am Verhalten von Lebewesen illustriert. So führt er aus, dass wir einem Stier sein Geschlecht wegschneiden und ihn als Ochsen vor einen Karren spannen können, dass aber kein Ochse, lässt man ihn wieder frei, von sich aus in den Schlachthof läuft, sondern auf die Wiese oder in den Stall, weil er dort die für seine Selbsterhaltung notwendigen Dinge findet. Eine ähnliche Ordnung beobachtet er an den Steinen, deren zweckmäßiger Ort unten liegt, z. B. unten im Fluss oder am Fuße eines Berges. Nehmen wir einen solchen Stein in die Hand und schleudern wir ihn auf ein von uns gewähltes Ziel, so gehorcht er in seiner Bewegung anfangs unserer Willkür, geht dann aber in eine Eigenbewegung über, die ihn dem für ihn selbst zweckmäßigen Ort näherbringt. Auf die Zweckursache, nach der alle Körper in ihren Eigenbewegungen die für sie zweckmäßigen Orte aufsuchen, führt Aristoteles zurück, dass Steine nicht Gewässer durchqueren oder über die Erde fliegen, dass sich hingegen der Blütenstaub von einer Pflanze zur anderen bewegt. Er fällt nicht unter den Baum, der die Blüte hervorbringt, sondern bewegt sich horizontal im Wind und trägt dadurch zur Selbsterhaltung der Pflanzen bei.

Genauso betrachtet Aristoteles die Freundschaft unter Menschen, wenn er sie nach ihren Zwecken ordnet und in Nutzen-, Lust- und Tugendfreundschaften unterscheidet. Nutzenfreundschaften enden, wenn der Nutzen erreicht ist oder aus der Freundschaft mit einem Geschäftspartner eine Belastung wird. Lustfreundschaften werden auf Zeit eingegangen und enden, wenn die Lust, die sie befriedigen, schwindet oder durch eine andere Lust überboten wird. Beide haben ihren Zweck nicht in sich, sondern in etwas Drittem, dem Nutzen bzw. der Lust. Unter den bekannten Formen von Freundschaft hat nur die Tugendfreundschaft ihren Zweck in sich selbst. Denn sie wird nicht um der Tugend als eines Dritten willen eingegangen, sondern basiert auf einem Wohlwollen, das Freunde und Freundinnen einander ohne jedes äußere Motiv schenken. Zur Logik der Freundschaft gehört darum, dass man dem Freund der Freundschaft und des Freundes wegen und nicht deshalb wohl will, weil man ein außerhalb der Freundschaft liegendes Ziel im Auge hat. Natürlich ist es angenehm, wenn zur Tugend auch die Lust und zur Lust auch noch Nutzen hinzukommen, zwingend erforderlich ist dies nach Aristoteles jedoch nicht; es kann sogar problematisch sein und den Zweck der Freundschaft gefährden.

Wer Freundschaft beispielsweise einsetzt, um sein Einkommen oder Ansehen zu steigern, der nutzt eine Freundschaftsbeziehung, um persönlich Vorteile zu erlangen. In modernen Rechtsverhältnissen nennt man dies Vetternwirtschaft oder Korruption. Freundschaft selber aber besteht im Unterschied zur Kumpanei und Protektion gerade darin, dass man dem Freund ohne solche Motive wohl will. Darum definiert Aristoteles die selbstzweckhafte Freundschaft als ein Wohlwollen ohne Nebengedanken. Nur wer um diesen Zweck des Wohlwollens weiß, kann an einer Freundschaft auch dann noch festhalten, wenn diese in eine Krise gerät. Denn er wird auf diese Krise mit verstärktem Wohlwollen und nicht mit einem Entzug von Wohlwollen reagieren.

4. Zur Ausdifferenzierung der Wissensformen einer selbstreflexiven Wissensgesellschaft

Die teleologischen Denk- und Erfahrungsformen der Antike werden seit dem Beginn der Neuzeit durch neue Wissensformen erweitert. Die Vielzahl heutiger Wissensformen erlaubt Orientierungen, die sich nicht mehr vorrangig im Horizont geschlossener kosmologischer und politischer Ordnungsvorstellungen bewegen. Ohne die in der Renaissance einsetzende Erweiterung der antiken Denkformen hätte sich die in Naturwissenschaft, Technik, aber auch in den Künsten hervortretende frei konstruierende Schöpferkraft des Menschen nicht entwickeln können. Eine frühe begriffliche Fixierung der neuzeitlichen Wissenschaftsauffassung geht auf den englischen Philosophen und Staatsmann Francis Bacon zurück. In seiner „Neuen Ordnung der Wissenschaften" von 1620 und in seiner Erzählung „Neu-Atlantis" von 1627 stellt er eine Ordnung des Wissens vor, welche die aristotelische Frage nach den Zweckursachen als hinderlich für den Fortschritt der Wissenschaften zurückweist und sie durch „Interpretationen der Natur" zu ersetzen sucht, welche die Richtigkeit jeglichen Wissens daran ausrichten, dass Wissen Macht verleiht. Wahrheit gründet Bacon darauf, dass Wissen technisch brauchbar und wirkungsvoll einsetzbar ist. Bacons „Neue Ordnung der Wissenschaften" ist nicht in Zweckursachen begründet, sondern an Kausalität orientiert. Von der neuen Wissensform, welche die gesamte Welt, den Menschen eingeschlossen, durch ein Wissen, das Macht verleiht, zu erklären verspricht, heißt es bei Bacon, sie werde nicht nur für die Beherrschung der Natur, sondern auch für die Beziehungen zwischen den Menschen und nicht zuletzt für das Selbstverhältnis eines jeden zu sich selbst folgenreich sein. In der Ordnung der Zukunft werde es weder Könige noch Untertanen im traditionellen Sinne geben, sondern nur Kommunikationsformen und Technologien, in denen Wissen Macht verleiht und Macht auf Wissen basiert.

Bacons neue Ordnung des Wissens kommt ohne Zweckursachen aus. Sie setzt auf ein Wissen und Können, das aus der Aufarbeitung von Irrtümern entsteht und sich an seinen eigenen Erfolgen überprüft. Wohin dies führen wird, zeigt er in seiner Abhandlung „Neu-Atlantis". In ihr stellt er eine perfekte Gesellschaftsordnung vor, in der es keine Könige und Untertanen gibt und ein und derselbe kausal argumentierende Verstand alles Denken und Handeln der Menschen bestimmt.

Auch die neuen Zusammenhänge von Wissen und Können lassen sich am Beispiel der Lachse und der Freundschaft verdeutlichen. So verfügt „Neu-Atlantis" über Anlagen, in denen Fische aufwachsen, ohne dass sie Flussläufe und Ozeane durchqueren. Die Erhaltung dieser Fische wird nicht mehr auf natürliche, sondern auf künstliche Weise gesichert und in den Dienst ihrer industriellen und ökonomischen Nutzung gestellt. Von Fischzucht versteht nun der etwas, der gesunde und wohlschmeckende Fische auf rentable und effektive Weise züchtet bzw. zubereitet und dabei die Gesetze der Biologie und der Ernährungswissenschaften beachtet. Ob Fische einen Zweck in sich selbst haben, interessiert zunächst nicht mehr. Es wird erst wieder interessant, wenn die Ausbeutung der Natur dazu führt, dass wir ihre und unsere Lebensgrundlage gefährden. In der modernen Ökologieproblematik meldet sich die zwischenzeitlich vergessene aristotelische Denkform neuerlich zu Wort und klärt uns darüber auf, dass Bacons Gleichsetzung von Wissen und Macht keine absolute, sondern eine durchaus begrenzte Wahrheit formuliert.

Analoge Zusammenhänge lassen sich auch an der Freundschaft illustrieren. Bacons Paradigma ist nicht nur zur Beherrschung der Natur, sondern auch zur Ausübung von Herrschaft über psychische und soziale Prozesse herangezogen worden. Analog zur Fischzucht wurden Konzepte zur Sicherung von Zuneigung entwickelt und ausprobiert. Sie binden Zuneigung an Herrschaft und weniger an Wohlwollen zurück. Unter einer durch Herrschaft zu sichernden Zuneigung wird nicht mehr ein auf freie Anerkennung gegründetes, sondern ein kausal verursachtes Verhalten verstanden. An Donizettis Oper „Der Liebestrank" lässt sich dies verdeutlichen. In dieser versucht ein bei seinem Liebeswerben Abgewiesener dadurch Macht über die von ihm angebetete Frau zu gewinnen, dass er nicht weiter um ihre Zuneigung wirbt, sondern ein Elixier zu sich nimmt, das ihn in den Augen nicht nur dieser, sondern gleich aller Frauen liebenswert erscheinen lassen soll. Der Zaubertrank erweist sich in der Oper als nicht wirksam. Aber es gelingt dem Mann trotzdem, die begehrte Frau auf andere Weise für sich zu gewinnen. Die Erzeugung von Eifersucht und die Streuung des Gerüchts, er habe eine reiche Erbschaft gemacht, führen schließlich zum Erfolg. Nach Bacons Formel „Wissen = Macht" lassen sich offenbar nicht nur beim Fischfang, sondern auch bei der Liebe nicht alle Probleme lösen. Zwar ist die Forschung auf dem Gebiet der Gefühle und ihrer Abhängigkeit von biologischen Prozessen inzwischen weiter fortgeschritten als in Bacons Neu-Atlantis und in Donizettis Oper. Aber die Aussage, der eigene Hormonspiegel sei gerade gestiegen, wird immer noch nicht von jeder Frau – und auch nicht von jedem Mann – für eine Liebeserklärung gehalten.

Das soll uns Anlass sein, im Folgenden über die Gegenüberstellung zweckgebundener teleologischer und machtbezogener technologischer Wissensformen hinaus zu gehen und auch jene Wissensformen zu Wort kommen zu lassen, die durch den Dual von zweckorientiertem oder kausaltechnologischem Wissen nicht erfasst werden.

Zu den teleologischen Wissensformen der Antike und den szientifischen Wissensformen der Neuzeit sind im 19. und 20. Jahrhundert weitere Wissensformen getreten, darunter ideologiekritische, historisch-hermeneutische und pragmatische Wissensformen. Die Geschichte der Wissensformen ist weder die Geschichte eines immer deutlicheren Hervortretens einer die Zeiten überdauernden teleologischen Gesamtordnung des Wissens noch die Geschichte eines fortschreitenden Abbaus von Vorurteilen und einer stetigen Annäherung an eine in göttlichen Gesetzen verankerte, den Menschen ermächtigende Wahrheit. Die Geschichte handelt vielmehr von erwarteten und unerwarteten Wirkungen und Nebenwirkungen sowie von Kontinuitäten und Diskontinuitäten menschlicher Weltdeutungen und gesellschaftlicher Entwicklungen, die sich in kein geschlossenes Kontinuum eintragen lassen. Dies hat nicht zuletzt Folgen für pragmatische Abwägungen, die keiner der bisher unterschiedenen Wissensformen folgen, sondern sich mit Abstimmungsproblemen befassen, die über die Logiken der genannten Wissensformen ebenso wie über die spezifischen Aufgaben und Funktionen ausdifferenzierter Handlungsfelder und gesellschaftlicher Teilsysteme hinausführen. Pragmatische Wissensformen, zu denen alltägliche nicht-professionelle Wissensformen, aber auch das Professionswissen handelnder und reflektierender pädagogischer Akteure gehören, sind etwas anderes als angewandte Teleologie, ausgeübte szientifische Macht, positive oder negative Ideologie oder angewandtes lebensweltliches und historisches Bewusstsein. Sie weisen zwar Bezüge zu allen genannten Wissensformen auf, versuchen jedoch mit zwischen diesen auftretenden Abstimmungsproblemen mehr oder weniger besonnen denkend und handelnd umzugehen.

Was hierunter zu verstehen ist, sei abschießend an einem intergenerationellen Gender-Beispiel aus dem Roman „Eine Geschichte von Liebe und Finsternis" von Amos Oz angedeutet, der in der bei Suhrkamp erschienen deutschen Ausgabe auf Seite 200f. von sich und seinem Großvater berichtet:

„Mit dreiundneunzig, drei Jahre nach dem Tod meines Vaters, fand Großvater, die Zeit sei gekommen und ich alt genug für ein Gespräch unter Männern. Er bat mich in sein Kabinett, machte die Fenster zu, schloß die Tür, setzte sich, feierlich und förmlich, an seinen Schreibtisch, ließ mich ihm gegenüber Platz nehmen, […] schlug die Beine übereinander, stützte das Kinn in die Hand, überlegte einen Moment und sagte: ‚Es ist Zeit, daß wir ein wenig über die Frauen reden.'
Und sofort präzisierte er: ‚Nu, über die Frau im allgemeinen.'
(Ich war damals sechsunddreißig Jahre alt, seit fünfzehn Jahren verheiratet und Vater zweier heranwachsender Töchter.)
Großvater seufzte, hustete, zog seine Krawatte gerade, räusperte sich zweimal und sagte: ‚Nu, was. Die Frau hat mich immer interessiert. Das heißt wirklich immer. Daß du dir darunter nun auf keinen Fall etwas Unschönes vorstellst! Was ich sage, ist etwas ganz anderes, nu, ich sage nur, dass die Frau mich immer interessiert hat. Nein, nicht die Frauenfrage! Die Frau als Mensch.'
[…] Mein ganzes Leben lang betrachte ich dauernd die Frauen […]. Habe betrachtet und gelernt. Nu, und das, was ich gelernt habe, das möchte ich dich jetzt auch wissen lassen. Damit du weißt. Also jetzt hör bitte genau zu: Das ist so.'
Er brach ab, blickten hierhin und dorthin, als vergewissere er sich, dass wir beide wirklich allein im Zimmer waren, ohne irgendwelche fremde Ohren, nur wir allein.
‚Die Frau', sagte Großvater, ‚nu, in manchen Hinsichten ist sie genau wie wir. Wirklich gleich. Ganz und gar. Aber in ein paar anderen Hinsichten', sagte er, ‚ist die Frau völlig anders. Sehr, sehr anders.'
Hier brach er wieder ab und versank kurz in Gedanken. Vielleicht stiegen in seiner Erinnerung Bilder über Bilder auf, ein kindliches Lächeln leuchtete auf seinem Gesicht, und so fasste er seine Lehre zusammen: ‚Aber was? In welchen Hinsichten die Frau genau wie wir ist und in welchen Hinsichten sie

sehr, sehr anders ist – nu daran', schloß er aufstehend, ‚daran arbeite ich noch.'"

Es ist vielleicht folgerichtig, dass Amos Oz seinen Bericht über eine an verschiedene Wissensformen anschlussfähige pragmatische Selbstvergewisserung und deren Austausch zwischen den Generationen mit den Worten beendet, mit denen auch dieser Text schließt:

„Dreiundneuzig Jahre war er alt, und möglicherweise hat er an dieser Frage tatsächlich bis zu seinem letzten Tage ‚gearbeitet'. Auch ich arbeite noch daran." (S. 201)

DIE 'HÖHLE' ALS METAPHER ZUR BESCHREIBUNG VON BILDUNGSPROZESSEN. EINE STUDIE ZUR TRANSFORMATION VON PLATONS HÖHLENGLEICHNIS IN BILDUNGSTHEORETISCH RELVANTEN DISKURSEN

(GEMEINSAM MIT DARIUSZ STĘPKOWSKI)[1]

Seit Platons Höhlengleichnis wird die ‚Höhle' als eine bildungstheoretisch bedeutsame Metapher gebraucht, um Übergänge von ‚Unbildung' in ‚Bildung' kategorial zu fassen und empirisch gehaltvoll zu beschreiben. Während Platons Kunstmythos die Höhle als einen Ausgangsort menschlicher Bildung vorstellt, der nicht ohne Weiteres verlassen werden kann, haben spätere Deutungen Bildung an emanzipative Prozesse zurückgebunden, welche die Menschheit, wie Bacons „Novum organon scientiarum" und „Nova Atlantis", aus Höhlen ins Freie und Offene zu führen versprechen. Sie sind nicht unwidersprochen geblieben, sondern wurden in dem von Popper und anderen konzipierten Kritischen Rationalismus, in der Hermeneutik Gadamers und der Kritischen Theorie der Frankfurter Schule um Sichtweisen ergänzt, welche die Ursprünge, Prozesse und Ziele menschlicher Bildung weder als ein Verbleiben in Höhlen noch als ein Verlassen von Höhlen, sondern konstruktivistisch, reflexiv und ideologiekritisch interpretieren. Vereinseitigungen des radikalen Konstruktivismus und metaphysischen Interpretationen von Befunden der neueren Hirnforschung blieb es vorbehalten, Bildung auf autopoietische Konstruktionen des menschlichen Gehirns zu reduzieren und für dieses den Status einer quasi fensterlosen Höhle (black box) zu reklamieren. Hiervon haben sich Hirnforscher in jüngster Zeit distanziert, wenn sie das menschliche Gehirn nicht mehr als Zentralorgan und exklusiven Ort des menschlichen Leibaprioris, sondern als einen Organismus interpretieren, der durch in ihm konservierte oder auch vergessene Erfahrungen und Ereignisse unser Fühlen, Denken und Handeln determiniert, auf den wir aber durch innovative und reflexive Anstrengungen Einfluss nehmen können.

Die folgenden Überlegungen konzentrieren sich auf bildungstheoretische Aspekte der platonischen Höhlenerzählung, deren Wirkungsgeschichte unterschiedliche Auslegungen hervorgebracht hat, welche die Metapher der ‚Höhle'

---

[1] Der Beitrag ist eine überarbeitete Fassung einer Studie, die zuerst in dem von O. Zlatkin-Troitschanskaia herausgegebenen, Klaus Beck zum 70. Geburtstag gewidmeten Band erschienen ist: Stationen empirischer Bildungsforschung. Traditionslinien und Perspektiven. Wiesbaden 2011, S. 91-104.

als grundlegend für nahezu alle modernen Formen von Erfahrung und Wissen ausweisen. Die Neuinterpretation setzt im ersten Abschnitt bei zwei kontroversen Auslegungen des Höhlengleichnisses ein, von denen die eine von Eugen Fink, die andere von Hans Blumenberg stammt. Sie entwickelt im zweiten Teil eine bildungstheoretische Deutung der Höhlenerzählung, welche die in dieser beschriebenen Blickwendungen ins Zentrum rückt und an diesen zeigt, dass sie nicht nur für Bildungsprozesse konstitutiv sind, sondern zugleich auf die erziehungstheoretische Frage verweisen, ob und wie auf bildende Wendungen des Blicks pädagogisch eingewirkt werden kann. Der dritte Abschnitt wendet sich dann Applikationen der Höhlenmetapher in neuzeitlichen und modernen Diskursen zu. Sie sind, wie Klaus Beck in seiner Studie „Die Struktur didaktischer Argumentationen und das Problem der Wissenschaftsorientierung des Unterrichts" (1982) gezeigt hat, für Bildungstheorie und Bildungsforschung deshalb von besonderer Bedeutung, weil sie Zusammenhänge zwischen wissenschaftstheoretischen, gesellschaftstheoretischen und didaktischen Fragestellungen in den Blick bringen, die es zu reflektieren gilt, wenn beliebige Verknüpfungen zwischen wissenschaftlichen Paradigmen, politischen Optionen und didaktischen Arrangements vermieden werden sollen.[2] Der vierte Abschnitt zeigt anschließend an Rousseaus, Herbarts und Schleiermachers Erziehungs- und Bildungskonzeptionen Kontinuitäten und Diskontinuitäten zwischen antiken und modernen Auslegungen der ‚Höhle' als Bildungsmetapher auf. Der Schlussteil fragt, ob die Metapher der Höhle auch heute noch hilfreich sein kann, um Erziehungs- und Bildungsprozesse zu beschreiben. Er plädiert dafür, die Bedeutung negativer Erfahrungen genauer zu untersuchen, die schon Platon als grundlegend für die Beschreibung von Bildungsprozessen und die Interpretation der Beziehungen zwischen Unbildung und Bildung angesehen hat.

1. Die ‚Höhle' als Sinnbild für die Unmöglichkeit oder Möglichkeit von Erziehung und Bildung? Ausgang von zwei konträren Auslegungen des platonischen Kunstmythos

Platons Höhenerzählung handelt von einer Höhle, deren Bewohner an Hälsen und Füßen so gefesselt sind, dass sie den Blick nicht wenden und die Welt nicht aus unterschiedlichen Perspektiven wahrnehmen können. Einem der

---

[2] So fordert K. Beck die grundlagentheoretische Forschung im Bereich der Didaktik dazu auf, der „allgemeinen Struktur didaktischer Argumentationen" eine stärkere Aufmerksamkeit zu schenken und Lernen unter den Bedingungen von Lehren als Aneignung von etwas zu thematisieren, das letztlich immer auch durch den methodischen Zugriff konstituiert wird. (Beck 1982, S. 140)

Bewohner werden die Fesseln gewaltsam gelöst. Daraufhin macht dieser neue Erfahrungen, die er den anderen mitteilen will. Bei dem Versuch, dies zu tun, gerät er in Lebensgefahr. Die Gefesselten trachten ihm nach dem Leben. Nur weil sie gefesselt sind, erleidet der Rückkehrer nicht das Schicksal des Sokrates.

Konträrere Interpretationen der platonischen Höhlenerzählung als die in Hans Blumenbergs „Höhlenausgängen" (1989) und jene in Eugen Finks „Metaphysik der Erziehung" (1970) sind kaum denkbar. Für Blumenberg zeigt die Metapher der Höhle eine Verfasstheit des Menschen zwischen „Höhlenflucht und Höhlenzuflucht" an. Seit alters her sei der Mensch in Höhlen gefangen, die er zu verlassen suche und deren Schutz er doch nicht entbehren könne (siehe Blumenberg 1989, S. 812ff.). Die Menschheitsgeschichte deutet Blumenberg als einen Prozess, in dem – angefangen von der „Höhle der Natur" über die „Höhle inmitten des Staates" bis hin zu den „Höhlen der Vernunft" – immer wieder Natur in Kultur transformiert, Höhlen verlassen und eine Rückkehr in Höhlen versucht wurden (vgl. ebd., S. 812). Platons Höhlenerzählung erfährt in Blumenbergs Höhlenausgängen verschiedene Auslegungen. Seine pädagogische lautet, die Höhlenerzählung setze auf die Macht der Erziehung und zeuge – unfreiwillig – von deren Ohnmacht.[3]

„Platos ‚Politeia' ... ist ein Dialog vom Versagen des Dialogs, und die Höhlenparabel ... koppelt Ideenlehre und deren Erfolglosigkeit für ‚die anderen' derart miteinander, daß die gemeinsame Ausgangssituation die virtuelle Katastrophe am Ende plausibel macht: Die Mittel des Rückkehrers reichen nicht aus, Lust auf Nachvollzug der Befreiung zu wecken, weil dies der Dialog von Natur aus nicht kann. Der Rückkehrer scheitert, weil er auf sokratische Weise seiner Aufgabe genügen will." (ebd., S. 88)

Anders geht Fink vor, wenn er vom Höhlengleichnis sagt, in ihm lege „Platon (...) die Ursituation des Menschen, sein Verschlagensein in Seinsferne und das zum Menschenwesen gehörende Suchen des Seins" aus. Das Höhlengleichnis handle, wie Platon eingangs selber feststelle, von „Bildung" (PAIDEIA) und „Bildungslosigkeit" (APAIDEUSIA). Für Fink ist „entscheidend", dass „Bildung" nach Platon „nicht in einem irgendwie verfeinerten Kulturzustande des Menschen gegenüber einem primitiven Naturzustand gesehen wird, sondern aus der Offenheit des Menschen für das Sein (...) zur Interpretation kommt." (Fink 1970, S. 40)

Fragt man nach den Gründen für Blumenbergs weitgehende Ausblendung bzw. Vernachlässigung der in Platons Höhlenerzählung erörterten bildungstheoretischen Fragen, so sind vielleicht drei zu nennen. Der eine liegt im evolutionsbiologischen Ausgang seiner Untersuchung. Diese stellt Analogien zwischen der Geburtshöhle des Mutterleibes und den Höhlen des Mesolithikums her und setzt mit Mutmaßungen über einen Anfang der Menschheitsge-

---

[3] Zur Kritik von Blumenbergs Interpretation von Platons Höhlengleichnisses siehe Niehues-Pröbsting 1999.

schichte ein, die einer naturalisierten Mütterlichkeit eine konstitutive Funktion für das Überleben des Menschen zusprechen. Ein weiterer Grund könnte mit Blumenbergs Distanz gegenüber Fragestellungen der praktischen Philosophie zusammenhängen, die den Zugang zu den bildungstheoretischen Aspekten der platonischen Höhlenerzählung erschwert. Hinzukommt, dass Blumenbergs „Erinnerung an den Anfang" die Höhlenausgänge auf den Ausgang von der Höhle, das Verlassen der Höhle und die Rückkehr in diese, weniger hingegen auf die „Anfänge des Lernens" im Einleben in der Höhle und das Überschreiten dieses Einlebens im weiteren Bildungsprozess auslegt.[4]

Auch Fink stellt – u. a. mit Berufung auf Platons Ausführungen im Dialog „Menexenos" – Analogien zwischen der Höhle des Höhlengleichnisses, der Höhle des Mutterleibes und der Höhle als Schutzstätte her, interpretiert diese jedoch nicht evolutionstheoretisch, sondern kosmologisch und anthropologisch:

„Die Höhle ist das Symbol für die erdhafte Gefangenschaft des lichtsuchenden Menschen. Wir haben nicht gänzlich Teil am Licht und nicht gänzlich an der Finsternis (...). Wir leben in einem erdhaft getrübten Licht und in einer aufgelichteten Finsternis. Das sagt die große Metapher der ‚Höhle'. Unsere gewöhnliche Daseinsform des Zwielichts aber ist nach Platon nicht eine endgültige und unabänderliche. Wenn die Tragödie den Menschen begriff als zerrissen von der unlösbaren Spannung des weltdurchwaltenden Kriegs, so versucht Platon eine Entscheidung für das Lichtprinzip und eine Wandlung des Menschentums (...) zum lichthaft gedachten Sein. Der Mensch in der Höhle lebt gleichsam noch im Bauch der großen Erdmutter. Obzwar im geräumigen Offenen des sichtbaren Raumes lebend, ist er gerade so gefangen und befangen im ‚Sinnlichen' (...), wie der Ungeborene im Mutterleib. Im mühsamen und schwierigen Gang des Philosophierens ‚kommt er ans Licht', ereignet sich seine Lichtgeburt." (Fink 1970, S. 54)

Platons Kunstmythos zeugt nach Fink nicht von der Vermessenheit einer den Menschen zu sich selbst befreienden Erziehung, sondern von einer Bildungsproblematik, in die der Mensch „von Natur" aus hineingestellt ist (vgl. Fink 1970, S. 43ff.). Die reflexive Auseinandersetzung des Menschen mit seiner im Spannungsfeld von Unbildung und Bildung stehenden Bestimmung ist keineswegs den philosophierenden Lenkern des platonischen Staates vorbehalten, sondern verweist auf die bildsame Natur eines jedes Menschen.

Ob es für die im Höhlengleichnis beschriebene Bildungsbewegung, wie Fink meint, einen anthropologisch-kosmologischen Gesamthorizont gibt oder geben kann, ist ungewiss und mag hier dahingestellt bleiben. Bezieht man die in Blumenbergs wie in Finks Interpretationen weitgehend ausgeblendeten Dia-

---

[4] Meyer-Drawe (2008, S. 36ff.) hat auf weitreichende Parallelen zwischen Heideggers und Blumenbergs Auslegungen des Höhlengleichnisses hingewiesen, die – jede auf ihre Weise – sowohl die im Folgenden herauszuarbeitende Struktur des Bildungsprozesses als auch die Folgerungen, zu denen Platon den Leser hinführt, außer Acht lassen.

loge der Höhlenerzählung in die Analyse mit ein, so lassen sich bei Platon andere Antworten finden als jene, die Blumenberg formuliert. Sie stehen Finks Auslegung der natürlichen Bildungslosigkeit des Menschen näher und kommen ohne deren Rückbindung an einen kosmologischen Gesamthorizont aus.

2. Die uneinholbaren Anfänge des Lernens in Platons Höhlenerzählung und deren Problematisierung der Beziehungen zwischen Erziehung, Bildung und Politik

Die folgenden Überlegungen unterscheiden zwischen drei Formen des Gesprächs, die zusammen genommen die dialogische Struktur der platonischen Höhlenerzählung ausmachen: erstens dem Gespräch zwischen Sokrates und Glaukon, in dem die Höhlenerzählung vorgetragen wird, zweitens den Gesprächen, welche die Höhlenbewohner miteinander führen, und drittens der Verknüpfung beider Gespräche in Platons Gespräch mit dem Leser. Sie interpretieren Platons Höhlengleichnis nicht als ein von Platons Ideenlehre bestimmtes Lehrstück für die Erziehung von Philosophen, die als Angehörige eines obersten Standes Einsicht in die wahren Ideen gewinnen und zur Leitung des Gemeinwesens bestimmt sind (so zuletzt Schnädelbach 2008), sondern legen die dreifache dialogische Struktur so aus, dass Platons Beschreibung des Bildungsprozesses als eine allgemeine Reflexion über die Bildsamkeit und Bildung eines jeden Menschen gelesen werden kann (vgl. von Hentig 2001).

Zu Beginn des 7. Buches seiner Abhandlung über den Staat beschreibt Platon den Menschen als ein lernendes Wesen, das der Erziehung von Natur aus bedarf. Die Bildsamkeit und der Bildungsgang des Menschen sind nach Platon dadurch bestimmt, dass Unbildung der Bildung vorausgeht (Platon Pol. 514a), Bildung aber niemals genuin von einem Nullpunkt aus beginnt, sondern immer schon angefangen hat. Die Tatsache, dass Unbildung der Bildung vorausgeht, markiert keinen Mangel der menschlichen Natur, sondern ist Teil der auf Bildung angelegten Natur des Menschen, der sich lernend mit seiner a-kosmischen Unfertigkeit (Imperfektheit) auseinandersetzen und mit dieser denkend und handelnd umgehen kann.

Platons Höhlenerzählung handelt von einer „höhlenartigen Wohnung", in der sich Menschen aufhalten, die „von Kindheit an gefesselt an Hals und Schenkeln" leben. Ihr Aufenthaltsort wird von zwei verschiedenen Lichtquellen erhellt. Durch einen „gegen das Licht geöffneten Zugang längs der ganzen Höhle" fällt Licht in die Höhle ein, das, wie der Leser im Verlauf der Erzählung erfährt, von der Sonne kommt, die alles Seiende erwärmt und am Leben erhält. Das zweite Licht gelangt nicht von außen in die Höhle, sondern stammt aus der Höhle selbst. Es ist von Menschen gemacht und geht von einem im Rücken der Bewohner brennenden Feuer aus, das die Gefesselten nicht sehen können. Sie nehmen die durch das Feuer beleuchtete Welt – ihre eigenen festgestellten Häupter und gewisse auf den Häuptern anderer sich bewegende Gegenstände – auf der Projektionsfläche der vor ihnen liegenden Höhlenwand wahr und bemerken, dass das Erscheinen, Verschwinden und Wiederauftreten der Gegenstände durch sprachliche Äußerungen begleitet wird, die wie das Licht aus dem rückwärtigen Raum der Höhle stammen.[5] Durch die unbewegten und bewegten Bilder und die aus dem Hintergrund der Höhle zu ihnen vordringenden Stimmen sehen sich die Höhlenbewohner dazu aufgefordert, miteinander über ihre Wahrnehmungen zu sprechen. Daraufhin fangen einige von ihnen an, Wetten darüber abzuschließen, welcher Gegenstand wohl als nächster erscheinen werde.

Den in der Höhle Gefesselten sind die beiden Lichtquellen ebenso unbekannt wie die Tatsache, dass es sich bei den bewegten Bildern um Schatten handelt, die von „Bildsäulen" stammen, die Menschen in der hinteren Höhle auf ihren Häuptern vor einem Feuer hin und her tragen. Die Höhlenbewohner halten das, was sie sehen und hören und worüber sie miteinander sprechen, für das Wirkliche. Sie kommunizieren in einer ihnen vertrauten Welt, fragen nach deren Ordnung und suchen diese durch Wahrnehmungen, Gespräche und Voraussagen, welcher Gegenstand wohl als nächster erscheinen werde, zu klären.

Die bildungstheoretische Thematik des Höhlengleichnisses entsteht aus dem Spannungsverhältnis zwischen der Vertrautheit und der Unvertrautheit derjenigen Situation, die die Höhlenerzählung dem, der sich auf sie einlässt, vor Augen führt. Vertraut ist, dass es Höhlen mit Öffnungen gibt, die als Zu- und Ausgang genutzt werden können, vertraut ist auch die Erfahrung, dass es in solchen Höhlen zwei Arten von Licht geben kann, von denen das eine von der Sonne stammt und das andere in den Höhlen selbst künstlich, z. B. durch Feuer, erzeugt wird. Unvertraut ist dem Betrachter dagegen die Lage, in der sich die an Sitze gefesselten Höhlenbewohner befinden, die zwar Bewegtes und Unbewegtes wahrnehmen, sich aber nicht selber bewegen können. Die Gefesselten nehmen weder das in ihrem Rücken brennende Feuer noch die Schatten werfenden Gegenstände wahr und auch nicht das seitwärts einfallende Licht der Sonne, die sie noch nie gesehen haben. An diese Vertrautheit und Unvertrautheit knüpft Platon an, wenn er Glaukon zu Beginn der Höhlenerzählung zu Sokrates, der diese vorträgt, sagen lässt, „ein gar wunderliches Bild (ATOPON) stellst du dar und wunderliche Gefangene", und mit Sokrates darauf antwortet: „uns ganz ähnliche (HOMOIOUS)" (Platon Pol. 515a).

---

[5] Niehues-Pröbsting (1999, S. 351ff.) hat auf die unterschiedliche Bedeutung hingewiesen, die den unbewegten und bewegten Bildern im Bildungsprozess der Höhlenbewohner zukommt. Erstere stammen von den Häuptern der gefesselten Höhlenbewohner und eröffnen diesen aufgrund ihres Spannungsverhältnisses zu den bewegten Bildern einen Zugang zur Selbsterkenntnis. Letztere verweisen auf die Möglichkeit von Welterkenntnis, die sich auf die von den Bewohnern der Höhle wahrgenommenen Schatten von Gegenständen bezieht, die ihrem Blick zunächst entzogen und insofern für sie verborgen sind.

Wie verhalten sich das Wunderliche und das Ähnliche des im Höhlengleichnis beschriebenen Zustands zueinander und wie zieht Platon beide Aspekte zur Deutung jener Erfahrungen heran, die Menschen lernend in Bildungsprozessen machen? Zum Vertrauten wie zum Wunderlichen und Fremden gehört, dass die Höhlenbewohner auf das, was die Leser des Gleichnisses immer schon wissen, erst aufmerksam werden, wenn einer von ihnen seinen Blick zweifach wendet und diesen erst von den Schatten zu den Gegenständen, die im Rücken der Bewohner hin und her getragen werden, und dann auch zum seitwärts einfallenden Licht lenkt, das von der Sonne her in die Höhle fällt. Glaukon und Sokrates stimmen in ihrer Deutung des Wunderlichen und Ähnlichen darin überein, dass die in der Höhle Gefesselten die Gegenstände, die sie auf der Wand wahrnehmen, „für das Wahre" halten und dies einander in ihren Gesprächen kundtun, ferner, dass sie auch die Gespräche in ihrem Rücken als Gespräche über diese Gegenstände interpretieren, und schließlich, dass sie das Auftauchen und Verschwinden der Gegenstände nicht nur passiv hinnehmen, sondern nach einer Ordnung ihrer Erfahrungen suchen.

An diesen bereits in der Höhle beginnenden, passiv und aktiv strukturierten Bildungsprozess schließt sich ein zweiter Bildungsprozess an, der mit einer gewaltsamen „Lösung und Heilung" der Fesseln einsetzt, welche die Gefangenen so an ihre Sitze binden, dass sie ihren Kopf nicht drehen und ihren Blick nicht wenden können. Die Entfesselung wird nicht gleichzeitig an allen Höhlenbewohnern, sondern an einem einzigen vorgenommen. Sie bewirkt und verlangt von dem, dem sie widerfährt, eine Emanzipation von vertrauten Gewohnheiten und schon erworbenen Vorstellungen. Diese Freisetzung wird nicht einfach gewählt, sondern muss erst durchlitten werden, um später neu interpretiert werden zu können. Der Entfesselte wird gezwungen, den Blick zu wenden, und beginnt, das Feuer und die Bewegung der Gefäße und Bildsäulen auf den Häuptern der Anderen wahrzunehmen. In einem weiteren Schritt bringt Platon dann auch noch die zweite Lichtquelle ins Spiel. Der Entfesselte wird genötigt, das seitwärts einfallende Licht zu durchschreiten, von der Höhle aus in die Sonne zu blicken und die von der Sonne beschienene Welt wahrzunehmen.

Der noch ausstehende letzte Akt des in der Höhlenerzählung beschriebenen Bildungsprozesses ist der erste, der von dem entfesselten und sich bildenden Höhlenbewohner frei gewählt wird. Ausgestattet mit den Wahrheiten der Schatten und der vom Feuer sowie der von der Sonne beschienenen Welt, entschließt er sich, zu den Mitbewohnern zurückzukehren und diese an dem teilhaben zu lassen, was er erfahren und kennengelernt hat. Bei der Umsetzung dieses Entschlusses macht er ein drittes Mal für ihn überraschende Erfahrungen, die ihm alles bisher Erlernte neuerlich fragwürdig werden lassen. Er erkennt, dass nicht nur die unfreiwillige Entfesselung, sondern auch die freiwillige Rückkehr mit Umgewöhnungen und Umlernen verbunden ist und dass er seine Bildung nicht einfach an die in der Höhle Gefesselten weitergeben kann. Diese glauben, er sei mit „verdorbenen Augen" zu ihnen zurückgekehrt, und trachten ihm sogar nach dem Leben, weil sie es nicht ertragen können, dass er ihre vertrauten Vorstellungen und Gewohnheiten in Frage stellt (Platon Pol. 517a).

Zu den Einsichten, die Sokrates und Glaukon im Gespräch über die Höhlenerzählung entwickeln, gehört zum einen die Vorstellung, das seitwärts einfallende Lichts der Sonne verweise auf die „Idee des Guten", welche „Wahrheit und Vernunft" im Denken und Handeln hervorbringt und die „Ursache alles Richtigen und Schönen" ist, zum anderen eine Antwort auf die zu Beginn der Höhlenerzählung formulierte Frage nach den für die Natur des Menschen grundlegenden Beziehungen zwischen Bildung und Unbildung. Die Antwort besteht aus einer Strukturierung des Bildungsprozesses in fünf Phasen und aus Folgerungen, welche die Beziehungen zwischen Bildung und Unbildung auf die Erziehung, den Bildungsprozess und die Führung des Gemeinwesens auslegen.

Bildungsprozesse, so lässt sich das Höhlengleichnis interpretieren, durchlaufen – nicht nur einmal, sondern stets von neuem – fünf Phasen. Sie setzen in einer ersten, keineswegs voraussetzungslosen Phase ein, denn sie gehen von – eigenen und fremden – Vorstellungen aus, die bereits erworben und den Lernenden durch eigene Wahrnehmungen sowie den sprachlichen Austausch mit anderen vertraut sind. In dem so vermittelten Vorwissen sind die vorausgegangenen Anfänge des Lernens und der Bildung, wie K. Meyer-Drawe (2005) gezeigt hat, auf eigentümliche Weise stets zugleich aufgehoben und vergessen.

In einer zweiten Phase werden durch unerwartete Ereignisse neue Bildungsprozesse provoziert, welche die sich Bildenden irritieren und gewaltsam mit einer widerständigen Welt konfrontieren. In Platons Erzählung geschieht dies dadurch, dass einem der Höhlenbewohner die Fesseln, welche die Grenze seiner bisherigen Erfahrungen anzeigen, gewaltsam gelöst werden, woraufhin ihm die vertraute Welt fremd wird und er anfängt, zunächst im Raum seiner bisherigen Welt und dann über diesen hinaus neue Erfahrungen zu machen.

In einer dritten Phase verlässt der von seinen Fesseln Befreite zwar nicht die Höhle seiner Bildung, wohl aber die Ausgangshöhle seiner bisherigen Erfahrungen. Er tritt in einen Prozess der Umgewöhnung und des Umlernens ein, in dem er wiederum neue Erfahrungen macht, die zu den älteren in Beziehung gesetzt werden wollen. In dieser Phase geht es nicht mehr darum, die jeweils letzte Erfahrung für die allein wahre zu halten, sondern zu fragen, wie nach einer bisherige und künftige Erfahrungen überwölbenden Wahrheit gesucht werden kann. Diese Frage steht nach Platon unter der „Idee des Guten", die nicht im Prozess der Erfahrung erzeugt wird, sondern diesem vorausgesetzt ist.

Da sich die Wahrheit weder innerhalb noch jenseits der erlittenen und selbst gemachten Erfahrungen zeigt, findet in einer vierten Phase eine Rückkehr in die Ausgangshöhle der Erfahrung statt. In ihr gelangt der an seiner Bildung arbeitende Mensch zu der Einsicht, dass er selbst und die Welt, in die er zurückkehrt, nicht mehr dieselben sind, sondern dass er ein anderer und sie eine andere geworden ist.

Diese Erfahrung führt in einer fünften Phase zu der für den Rückkehrer überraschenden Einsicht, dass er seine neuen Erfahrungen weder für sich konservieren noch an seine Mitbewohner weitergeben kann, mit denen er doch zuvor gemeinsame Erfahrungen geteilt hat.

Man darf sich diese fünfphasige Struktur des Bildungsprozesses nicht so vorstellen, als handele es sich bei der ersten Phase um eine allererste und bei der letzten um eine allerletzte. Die Phasen müssen vielmehr immer wieder von neuem durchlaufen werden. Erst vermittelt über den Zusammenhang aller fünf Phasen gelangt der von Platon angesprochene Leser zu einem tiefer gehenden Verständnis der Erfahrung des Rückkehrers, der das für ihn Neue nicht an andere weitergeben kann. Dieses tiefergehende Verständnis liegt in der Einsicht, dass Lernen und Bildung in Prozesse eingebettet sind, die nicht stellvertretend durchlaufen werden können, sondern selber vollzogen werden müssen. Erst in dieser Erkenntnis, nicht aber schon in dem scheiternden Versuch des Rückkehrers, sein Wissen an andere weiterzugeben, liegt die erziehungs- und bildungstheoretische – zuletzt auch politisch bedeutsame – Pointe der Höhlenerzählung.

Aus dem problematischen fünfphasigen Verlauf des Bildungsprozesses entwickelt Platon im Dialog zwischen Sokrates und Glaukon drei aufeinander aufbauende Folgerungen. Sie machen zusammengenommen das aus, was die Höhlenerzählung vermitteln will. Die erste Folgerung greift Glaukons Eingangsbemerkung vom „wunderlichen Bild" der in der Höhle Gefesselten und die von Sokrates bemerkte „Ähnlichkeit" der dort zu beobachtenden Erfahrungen mit uns aus dem alltäglichen Zusammenleben bekannten Erfahrungen wieder auf (Platon Pol. 515a). Hier wie dort kann die Suche nach Wahrheit mit Vorstellungen von einer schon gefundenen, gleichsam fertigen Wahrheit kollidieren. Bildungsprozesse sind, wie das Beispiel des von den Athenern zum Tod verurteilten Sokrates zeigt, riskant und schmerzhaft für diejenigen, die sie durchlaufen, und befremdlich für jene, die sich mit bildenden Erfahrungen nicht im eigenen Lernen, sondern bei anderen konfrontiert sehen (Platon Pol. 517b-518b).

Die zweite Folgerung lautet, dass sich die lehrende und lernende Kommunikation zwischen Menschen, die meinen, eine durch Erfahrung erworbene, fertige Wahrheit zu besitzen, und Menschen, die von neuem nach Wahrheit zu suchen beginnen, nicht nach dem Muster einer unproblematischen Verständigung vollzieht. Bildende „Unterweisung" heißt nicht, „blinden Augen ein Gesicht" einsetzen und ungebildete Menschen sehend machen (Platon Pol. 518c), sondern ist an die „Kunst der Umlenkung" eines schon erworbenen „Blicks" zurückgebunden (Platon Pol. 518d). Hierunter versteht Platon eine pädagogische Technik des Fragens und Zeigens, mit der Lehrende Lernende dazu auffordern, selber eine bildende Umlenkung ihres Blicks zu erleiden und zu vollziehen.

Die dritte Folgerung bezieht sich nicht auf individuelle Bildungsprozesse, sondern auf die Bedeutung, die der Bildung (PAIDEIA) im Gemeinwesen zukommt. Dessen Leitung soll nach Platon weder „Hungerleidern" überlassen werden, die nur um ihr Überleben besorgt sind und den eigenen Blick nicht wenden können, noch „Glückseligen" anvertraut werden, die aufgrund ihres Reichtums an Wissen und Besitz ein sorgenfreies Leben führen. Die Leitung des Gemeinwesens kann aber auch nicht in die Hände von „Liebhabern der Macht" gelegt werden, welche Lust verspüren, andere zu regieren. Für Leitungs- und Führungsaufgaben eignen sich nach Platon nur diejenigen, die selber reflektierend nach dem Guten fragen und an seiner Hervorbringung mitwirken, indem sie sich darin üben, den eigenen Blick umzulenken, und zugleich die Fähigkeit kultivieren, andere in dem Versuch zu unterstützen, ihren Blick zu wenden und neue Erfahrungen zu machen (Platon Pol. 520a-521b).

3. Von der ‚Höhle' als Metapher im neuzeitlichen und modernen bildungstheoretischen Denken

Die Transformation der platonischen Höhlenerzählung in andere Formen der Erfahrung, des Denkens, Lernens und Lehrens setzt schon bei Aristoteles ein. Dieser überführt die sokratisch-platonische Blickwendung (PERIAGOGE) in einen Aufstieg bzw. Rückgang (EPAGOGE) von der Erfahrung zu einem Wissen um die vorgegebene zweckmäßige Ordnung alles Seienden (vgl. Aristoteles Met. 981a). Platons Höhle wandelt sich bei Aristoteles zur Höhle eines geordneten Kosmos, in der jeder vernunftbegabte Mensch den Blick von der Erfahrung zu den dieser zugrunde liegenden Zweckursachen wenden kann. In freier Anlehnung an Platons Unterscheidung zwischen Unbildung und Bildung sagt Aristoteles in seiner Physik, aus einem „nicht-gebildeten Menschen" werde ein „gebildeter Mensch", wenn dessen Bildung an der zweckbestimmten Verfasstheit des Menschen ausgerichtet werde (Aristoteles Physik 189b). Die reale Möglichkeit einer entsprechenden Erziehung bindet Aristoteles an die natürliche Ordnung des Kosmos und die politische Ordnung des Lebens der freien Bürger in der griechischen Polis zurück, die er in seiner Politik davor zu bewahren sucht, an einer zweckwidrigen Steigerung von Reichtum und Macht in einzelnen Stadtstaaten und dem hieraus entspringenden Kampf um die Vorherrschaft zugrunde zu gehen. Anders als für Platon stellt die „Idee des Guten" für Aristoteles kein Geheimnis mehr dar. Sie ist aufgrund der zeitlichen Struktur von Lernprozessen nur für die Lernenden etwas Unbekanntes, nicht aber für die philosophischen Wissenschaften. Lernen und Bildung schreiten der aristotelischen Weltdeutung zufolge von einem dem Prozess nach früheren Wissen (PROTERON PROS HEMAS), das durch Erfahrung und Gewöhnung erworben wird, zu einem der Sache nach grundlegenden Wissen um die zweckmäßige Ordnung (PROTERON TE PHYSEI) der Natur und der Polis voran. Dieses Wissen kann und soll durch Unterricht vermittelt werden. Der Grundsatz für den Rückgang von der Erfahrung zu der dieser immer schon zugrunde liegenden teleologischen Ordnung ist daher für Physik, Politik und Metaphysik grundsätzlich derselbe. Er lautet, dass allein mit Blick auf die vorgegebene vernünftige Ordnung der Zwecke erkannt werden kann, was gut im Sinne der natürlichen oder politischen Ordnung ist (vgl. Aristoteles Politik 1254a).

Aristoteles begründete ein teleologisches Wissenschaftsverständnis, das nicht nur gewisse Irrwege der Philosophie Platons wie z. B. dessen unter dem Primat des Staates stehende Verhältnisbestimmung von familiarer und öffentlicher Erziehung korrigierte, sondern über Jahrhunderte griechische, jüdische, christliche und islamische Traditionen zusammenführte. Die Horizonte eines offenen Denkens und Experimentierens, die Platons Philosophie mit der Aporetik und Elenktik des Sokrates verbinden (siehe hierzu Fischer 2004) und auch dem Kunstmythos von der Höhle als dem Ort menschlicher Bildung zugrunde liegen (siehe hierzu Schmied-Kowarzik 2008, S. 23ff.; 1999, S. 26ff.), gingen jedoch unter dem Einfluss des aristotelischen Ordnungsdenkens verloren. Rückblickend kann man vielleicht sagen, dass sich durch die Blickwendungen in der platonischen Höhlenerzählung Bildungsprozesse differenzierter beschreiben lassen als durch die teleologische Engführung von Bildung und Wahrheitssuche bei Aristoteles, die erst in der beginnenden Neuzeit wieder um andere Denkformen erweitert wurde. Einige von ihnen weisen Bezüge zu Platons Höhlen-Metapher auf und suchen die experimentelle Struktur menschlichen Denkens und Handelns gegen die aristotelische Annahme einer vorgängigen Fundiertheit aller vernünftigen Erfahrungen in einer perennen Ordnung der Zwecke zur Geltung zu bringen.

So stellte die neuzeitliche Naturwissenschaft weniger die von Platon im Höhlengleichnis beschriebene Umlenkung des Blicks (PERIAGOGE) als vielmehr die aristotelische Rückwendung von der Erfahrung zu teleologischen Gründen (EPAGOGE) in Frage. Im „Novum organon scientiarum" von 1620 und in der zugehörigen Utopie „Nova Atlantis" von 1627 bindet Bacon Erkenntnis und Fortschritt nicht mehr an die teleologischen Erfahrungen und Weltdeutungen der aristotelischen Höhle, sondern an deren Verlassen zurück. Als rationale Verfahren der Erkenntnisgewinnung empfiehlt er Ideologiekritik und empirische Induktion. Durch sie sollen die teleologischen „Trugbilder der Höhle" (idola specus), der „Sprache" (idola fori) und der „Tradition" (idola theatri) als solche erkannt und überwunden werden. An die Stelle der Höhle Platons als eines Orts, an dem durch den Vollzug von Blickwechseln nach der Idee des Guten gefragt wird, und an die Stelle der teleologisch geordneten Welt des Aristoteles tritt bei Bacon die Vorstellung, der Wahrheitsanspruch menschlichen Wissens und Könnens lasse sich darauf gründen, dass wahres Wissen Macht verleiht. Durch die in den neuzeitlichen Wissenschaften voranschreitende Erkenntnis der Naturgesetze und ihrer Anwendung in neuen Erfindungen und Technologien werde der Mensch, so lautet Bacons Diagnose, immer mehr an Gottes Allmacht partizipieren und am Ende nicht nur Natur und Psyche, sondern auch Moral und Geschichte einer auf der Kenntnis göttlicher Naturgesetze basierenden Herrschaft unterwerfen.

Das Wissen der neuzeitlichen Wissenschaft soll damit nach Bacon genau das leisten, was Platon durch die in der Höhlenerzählung dargestellten Wendungen des Blicks ausschließen und Aristoteles durch die Orientierung der Ordnung des Wissens und Könnens am Zweckgedanken verhindern wollten. Der neuen Ordnung des Wissens und einer zu ihr hinführenden und auf ihr aufbauenden Bildung weist Bacon die Aufgabe zu, einen weitreichenden technischen und gesellschaftlichen Fortschritt einzuleiten, der dem teleologischen Denken, das die Entwicklung rationalen Wissens und erfolgssichernder Technologien über Jahrhunderte verhindert habe, verschlossen gewesen sei.

Bacon war der Meinung, neuzeitlicher Wissenschaft und Technik werde es mit der Annäherung an die göttlichen Gesetze gelingen, alle Höhlen hinter sich zu lassen. Die Grenzen der bis in unsere Tage vorherrschenden szientifischen Weltansicht blieben ihm jedoch ebenso verborgen wie die Tatsache, dass neuzeitliche Wissenschaft für sich keinen Anspruch auf Antizipationsfreiheit erheben kann. Die von Bacon entwickelte Form der Ideologiekritik war die erste, die zwar mit guten Gründen ideologische Prämissen früherer Weltbilder in Frage stellte, nicht aber ihre eigenen Prämissen zu problematisieren vermochte. Hiermit hängt zusammen, dass Bacon kein Verständnis für die bleibende Bedeutung des teleologischen Denkens entwickeln konnte. Dieses wurde nicht einfach durch neuzeitliche Wissenschaft abgelöst, sondern stellt unter den in der Menschheitsgeschichte hervorgebrachten Formen des Wissens auch heute noch eine bedeutende Wissensform dar, in der Aspekte der Ordnung der Natur und des menschlichen Weltverhältnisses reflektiert werden können, die unter der Perspektive einer durchgängigen Einheit von Wissen und Macht nicht thematisierbar sind (vgl. Spaemann/Löw 1981; siehe auch die Studie „Wissensformen der Wissensgesellschaft" in diesem Band, S. 31-44).

Bacons Gewissheiten sind in der Folgezeit mehrfach durch Reflexionen problematisiert worden, die auf weitere Höhlen der Erfahrung und des Denkens hinweisen, die grundsätzlich nicht oder nicht ohne Weiteres verlassen werden können. So hat Kant in seinen Vernunftkritiken dargelegt, dass neuzeitliche Wissenschaft die Mannigfaltigkeit empirischer Erfahrungen unter Gesetze bringt, die nicht bis zur Erkenntnis einer göttlichen Naturordnung vordringen, sondern vom menschlichen Verstand konstruiert werden und die Gegebenheit der Natur als eine für das menschliche Denken uneinholbare Tatsache voraussetzen (vgl. Kant o. J.). Und an Kant anschließend hat Popper in seinen Studien zur Logik der Forschung gezeigt, dass neuzeitliche Wissenschaft nicht auf induktivem Wege zu allgemeinen Gesetze gelangt, sondern in ihren Experimenten mit hypothetischen Annahmen und Theorien arbeitet, die niemals endgültig verifiziert, wohl aber falsifiziert werden können (Popper 1934/1973, S. 47ff.).

Eine nicht minder bedeutsame Kritik an Bacons Programm einer vorurteilsfreien Wissenschaft wurde von Seiten der Hermeneutik entwickelt. In Anknüpfung an hermeneutische Traditionen der Antike und Moderne wies Gadamer in seinen Studien zu „Wahrheit und Methode" darauf hin, dass der Wahrheitsgehalt menschlicher Erfahrungen und Weltdeutungen nicht allein auf ihre methodische Struktur zurückgeführt werden kann, sondern über eine „Wirkungsgeschichte" vermittelt ist, die zwar reflektiert und interpretiert, nicht aber überboten oder transzendiert werden kann (vgl. Gadamer 1975, S. 330f.). Nicht Vorurteilsfreiheit, sondern Vorurteilsbewusstheit zeichnet darum nach Gadamer Bildung gegenüber Unbildung aus.

Antike und neuzeitliche Wissenschaft sind nicht dadurch voneinander unterschieden, dass die Alten undurchschauten teleologischen Vorurteilen anhingen und erst neuzeitliche Wissenschaft zu einem vorurteilsfreiem Denken vordrang, sondern richten ihre Antizipation an unterschiedlichen Paradigmen aus. Neben die aporetische Denkform von Platon und Sokrates, das teleologische Paradigma des Aristoteles und das szientifische der Neuzeit sind im Anschluss an Kant voraussetzungskritische, im Anschluss an Marx und Nietzsche weiter ausholende ideologiekritische und im Anschluss an Husserl lebensweltlich-analytische sowie pragmatische Denkformen getreten. Die in und zwischen ihnen zu vollziehenden Wendungen des Blicks haben gegenüber der Ausgangshöhle Platons zu einer weitreichenden Pluralisierung der Höhlen von Erfahrung und Denken und vermittelt hierüber zu verschiedenen Reformulierungen dessen geführt, was Platon mit der Metapher der Höhle zu fassen versuchte.[6]

In Gadamers Begriff des „wirkungsgeschichtlichen Bewusstseins" wird die platonische Höhle auf eigentümliche Weise als Ort menschlicher Bildung rehabilitiert. Der Blickwechsel, zu dem Bacon seine Zeitgenossen mit seinem Plädoyer für neuzeitliche Wissenschaft und Technik auffordert, steht in einer Wirkungsgeschichte, die bis in Platons Höhlenerzählung zurückreicht, die ihrerseits davon ausgeht, dass Erfahrung, Lernen und Bildung nicht erst mit dem Blickwechsel des gewaltsam Entfesselten beginnen, sondern in den Erfahrungen und Gesprächen der Höhlenbewohner bereits angefangen haben. Spuren der baconianischen Denkungsart lassen sich unter dieser Perspektive bis in die Wetten und Voraussagen zurückverfolgen, mit denen die Höhlenbewohner ihre Wahrnehmungen zu ordnen suchen. Die neue Ordnung des Wissens und der Wissenschaften, die Bacon beschreibt, löst nicht einfach eine ältere ab, sondern steht in einer Wirkungsgeschichte, durch die sie mit älteren Ordnungen verbunden bleibt.

---

[6] Siehe hierzu noch einmal die eingangs genannte Studie von K. Beck, in welcher dieser zeigt, dass die moderne Pluralisierung von Wissensformen sich jeder harmonisierenden Engführung widersetzt, und dann weiter ausführt, die Unterscheidung „verschiedener gesellschaftsphilosophischer und erkenntnistheoretischer Konzeptionen auf der Basis unterschiedlicher anthropologischer Setzungen" eröffne „neue Entscheidungsspielräume", die dem Lehren und Lernen „die Pflicht zu deren kompetenter Ausschöpfung auferlegen" (Beck 1982, 153).

Eine wirkungsgeschichtliche Höhle ganz anderer Art hat Adorno in seiner „Theorie der Halbbildung" (1959/1968) rekonstruiert. Diese knüpft an Platons Unterscheidung zwischen Bildungslosigkeit (APAIDEUSIA) und Bildung (PAIDEIA) an und setzt an deren Stelle eine Trias von „Unbildung", „Bildung" und „Halbbildung". In dieser geht Unbildung in der Form von Bildungslosigkeit – wie schon bei Platon – aller Bildung voran und folgt Halbbildung – anders als bei Platon – der Bildung notwendig nach. Den Umschlag von Bildung in Halbbildung macht Adorno u. a. daran fest, dass bildende Wechselwirkungen von Mensch und Welt überall zu Objektivationen führen, die dann von nachwachsenden Generationen unter Verwertungsgesichtspunkten instrumentell und ohne Hingabe an die Sache übernommen werden können. Die Höhle der Halbbildung, die Adorno kritisiert, unterscheidet sich von Gadamers wirkungsgeschichtlicher Höhle dadurch, dass sie einen Niedergang von Bildung anzeigt, der durch wirkungsgeschichtliche Bewusstmachung nicht abgewendet werden kann. Auch wenn man Adornos Diagnose, dass Bildung „notwendig" in Halbbildung umschlägt, nicht in Gänze zustimmt, wird man einräumen müssen, dass der Versuch, die Beziehungen zwischen Unbildung und Bildung unter den Bedingungen von Halbbildung zu klären, ein Vorhaben darstellt, für das es in der Tradition keine ausgearbeiteten Muster gibt (vgl. hierzu Thompson 2009, S. 82ff.; S. 203ff.).

Ob und wie zwischen den verschiedenen Weltansichten und ihren Höhlen vermittelt werden kann, ist heute in Philosophie und Wissenschaftstheorie, aber auch in Bildungstheorie und Pädagogik und nicht zuletzt in der politischen Theorie umstritten. Einen Ansatz zur pragmatischen Bearbeitung der sich hier stellenden Reflexionsprobleme hat Dewey Anfang des 20. Jahrhunderts ausgearbeitet. Während nach Gadamer die pädagogische Eingewöhnung in eine vorgegebene Sprache und Kultur bereits weitgehend abgeschlossen sein muss, damit Heranwachsende am geistigen Leben einer Gemeinschaft partizipieren können (vgl. Gadamer 1975, S. 300), deutet Dewey Bildungsprozesse so, dass an ihr schon Kinder und Jugendliche teilhaben. An die Stelle der kinderlosen Höhlen Platons und Gadamers tritt bei Dewey der Bildungsraum einer Menschheit, die individualisierte Bildungsprozesse und einen universellen Erfahrungsaustausch auch zwischen den Generationen kennt und zulässt. In seinen erziehungsphilosophischen Studien „Demokratie und Erziehung" beruft Dewey sich ausdrücklich auf Platon, der als erster die Struktur der Erfahrung klar erkannt, die Spielräume und Möglichkeiten für eine Teilhabe aller aber unterschätzt habe (vgl. Dewey 1916, S. 96f.; 1964 S. 125f.). Die in Entstehung begriffene Weltgesellschaft denkt Dewey als einen alles umfassenden und allen offenstehenden und insofern demokratischen und öffentlichen Raum der Erfahrung, in dem es nicht nur eine Vielheit individueller Lebensformen, sondern auch unterschiedliche, einander überlagernde Formen der Vergemeinschaftung gibt.

Man muss dieses Programm nicht als ein Plädoyer für die Beliebigkeiten multikultureller Gesellschaften und den Verzicht auf jegliches normative Band verstehen, sondern kann es als eine Warnung interpretieren, die schon in der Antike brüchige Einheit von Gesellschaft und Gemeinschaft unter modernen Bedingungen wiederherstellen zu wollen. Die Gesellschaft, von der Dewey spricht, ist ein Raum, in dem die Einzelnen ein individuelles Leben führen und gleichzeitig unterschiedlichen Formen der Vergemeinschaftung angehören können. Diese stehen einander nicht autark gegenüber, sondern können zueinander in mannigfaltige Wechselwirkungen treten. Demokratie nennt Dewey eine Lebensform, in der das individuelle wie das kollektive Leben an der Idee des Austauschs von Erfahrungen ausgerichtet ist. Sie kommt zwar nicht ohne Platons Idee des Guten, wohl aber ohne die Vorstellung einer teleologischen Gesamtordnung aus.

Auch wenn Dewey die Konflikte und Abstimmungsprobleme zwischen den Handlungsfeldern moderner Gesellschaften unterschätzt und die Differenzen zwischen den verschiedenen wissenschaftlichen Paradigmen unter pragmatischen Vorzeichen weitgehend eingeebnet hat, sind seine Ideen doch auch heute noch von Bedeutung (vgl. Benner/English 2004). Dies gilt insbesondere für seinen Begriff des Erziehungsprozesses. Von diesem sagt er, was auch für andere evolutive Prozesse gilt, dass er „kein Ziel außerhalb seiner selbst" habe, sondern „sein eigenes Ziel" sei (Dewey 1916, S. 54; 1964, S. 75). Bildungsprozesse vollziehen sich nach Dewey überall in einer „beständigen Neugestaltung", im „dauernden Neuaufbau" und in der „unaufhörlichen Reorganisation" von Vorstellungen, Erfahrungen und Können (ebd.). Fragt man, wie Erziehung an solchen Prozessen partizipieren kann, so lohnt es sich, auch jene Transformationen der Höhlenmetapher Platons aus der Zeit der europäischen Aufklärung und der deutschen Klassik in Erinnerung zu rufen, an die Dewey bewusst angeknüpft hat (vgl. Bellmann 2007).

4. „Ergänzung von Erfahrung und Umgang" und „Dignität der Praxis" als Analoga zu Platons Höhlenmetapher bei Rousseau, Herbart und Schleiermacher

Deweys Konzept einer bildenden Wechselwirkung zwischen den Individuen, den verschiedenen Formen von Gemeinschaft und der Gesamthöhle einer demokratischen Öffentlichkeit ist im amerikanischen Kontext einer Gesellschaft entstanden, die als erste in ihrer Verfassung allgemeine Menschenrechte verankerte und deren Anerkennung ein halbes Jahrhundert nach Deweys bildungsphilosophischer Programmschrift „Democracy and Education" auch für die Nachfahren der einst als Sklaven importierten schwarzen Mitbürger durchsetzte. Deweys Bildungskonzeption steht jedoch nicht nur in einem amerikanischen Kontext, sie geht zugleich aus einer Auseinandersetzung mit europäischen Bildungskonzepten hervor, die bei Platon und Aristoteles einsetzt und über Rousseau und Locke bis zu Humboldt und Hegel voranschreitet. Nicht im Sinne einer Re-Analyse der wirkungsgeschichtlichen Beziehungen zwischen Dewey und europäischen Traditionen, sondern in systematischer Absicht sollen im Folgenden auch jene Transformationen der Höhlenmetapher reflektiert werden, die sich bei Rousseau und Herbart, die Dewey studierte, und bei Schleiermacher finden, mit dem Dewey sich nicht gründlicher auseinandergesetzt hat.

Rousseau befreite das Verständnis menschlicher Bildsamkeit und Bestimmung durch den von ihm neu geschaffenen Begriff der „perfectibilité" aus überkommenen teleologischen Deutungsmustern. Die Perfektibilität des Menschen legte er sowohl auf den Einzelnen als auch auf die Menschheit insgesamt aus (vgl. Rousseau 1755/1984, S. 102ff.). Er definierte sie als die unbestimmte Fähigkeit, Fähigkeiten zu entwickeln. Rousseaus Unterscheidung zwischen den Grundsätzen einer „Erziehung durch die Natur, die Menschen und die Dinge" (éducation de la nature, éducation des hommes, éducation des choses) knüpft an Platons Höhlenerzählung an und legt deren Verständnis von Erfahrung, Lernen und Erziehung auf den pädagogischen Umgang mit Kindern und Jugendlichen aus (Rousseau 1762a/1979, S. 11). Platons Begriff einer zwischen Bildungslosigkeit und Bildung zu verortenden menschlichen Natur korrespondiert bei Rousseau der Begriff einer Erziehung durch unsere perfektible Natur, die es uns nicht gestattet, vorab zu wissen, was uns unsere Natur zu sein und zu werden erlaubt (vgl. ebd., S. 45ff.). Vergleichbares gilt auch für Rousseaus Übersetzung der platonischen Rückbindung des Lernens an Wechselwirkungen zwischen gegenstandsbezogenen Erfahrungen und einer diesen uneinholbar vorausgesetzten Welt. Sie findet sich in Rousseaus Konzeption einer „Erziehung durch die Dinge" wieder. Platons Einsicht schließlich, dass Erziehung nicht blinden Augen ein Gesicht einzusetzen vermag, sondern auf der Kunst der Umlenkung des Blicks basiert, bringt Rousseau auf einen modernen Begriff, wenn er von der Erziehung durch die Menschen sagt, sie sei im Wesentlichen „negative Erziehung", eine Erziehung nämlich, die nicht direkt, sondern vermittelt über die beiden anderen Grundsätze einer Erziehung durch die bildsame Natur und die Dinge wirke.

Ungeachtet der angesprochenen Parallelen zwischen Platons Begriff der „PAIDEIA" und Rousseaus Grundsätzen der Erziehung nimmt die Metapher der Höhle bei Rousseau keine begrifflich zentrale Stellung ein, lässt sich aber gleichwohl zur Verdeutlichung seiner Konzeption heranziehen. Rousseau unterscheidet verschiedene, historisch weit auseinander liegende höhlenartig geschlossene Lebensformen und -räume. Zu nennen sind erstens das hypothetische Konstrukt eines nicht-vergesellschafteten Naturzustandes, in dem die Menschen über eine zum Guten wie zum Bösen hin offene Bildsamkeit verfügen, zweitens der Lebensraum der antiken Polis, in dem die Einzelnen als Bürger und Teil des Staates interpretiert wurden, drittens die in Entstehung begriffene zeitgenössische bürgerliche Gesellschaft Mitte des 18. Jahrhunderts, in der sich die Geburtsstände des Ancien Régime aufzulösen beginnen und alle Einzelnen der Tendenz nach miteinander um Ansehen, Erfolg, Reichtum und Ruhm konkurrieren. Die Folge sei, dass die Einzelnen in dieser Gesellschaft weder Mensch noch Bürger sein könnten. Dem hypothetischen Raum des Naturzustandes und den gesellschaftlichen Räumen der antiken Polis, der feudalen Ständegesellschaft und der modernen bürgerlichen Gesellschaft stellt Rousseau viertens den Raum der modernen Erziehung sowie fünftens eine historisch noch ausstehende republikanische Lebensform gegenüber, für die sich bei ihm kein angemessener Begriff findet (vgl. Rousseau 1762a; 1762b). Beide – Erziehung und Republik – zielen nach Rousseau auf eine Form der Individualisierung und Vergesellschaftung, die, wenn sie erreichbar sein sollte, es den Menschen – erstmals in der Geschichte – erlauben würde, Mensch und Bürger zugleich zu sein. Rousseau wusste um die Schwierigkeiten, unter den Bedingungen des Politiksystems des Absolutismus sowie im Kontext feudaler und ständegesellschaftlicher Lebensformen Räume für eine moderne Erziehung und eine moderne Republik zu skizzieren. In seinen „Betrachtungen über die Regierung Polens", die er auf Bitte der polnischen Fürsten zehn Jahre nach dem Erscheinen seiner Abhandlung „Émile oder Von der Erziehung" und seiner politischen Hauptschrift „Vom Gesellschaftsvertrag oder Grundsätze des Staatsrechts" verfasste, führt er aus:

„Man muß die Hörigen, die man befreien will, vor allem der Freiheit würdig machen und fähig, sie zu ertragen. Immer aber denket daran, daß eure Leibeigenen Menschen sind wie ihr, daß sie das Zeug in sich haben, zu werden, was ihr seid! Das müsst ihr herausarbeiten und allerdings ihre Körper erst befreien, wenn ihr ihre Seelen befreit habt. Ohne diesen Umweg wird euch das Werk sicherlich nicht gelingen." (Rousseau 1772)

Die Bildung des Einzelnen wird von Rousseau als ein notwendiger „Umweg" zur Bildung des freiheitlichen Menschen und des republikanischen Bürgers verstanden. Diesen Umweg stellt er unter den Bedingungen des Ancien Régime am Beispiel eines fiktiven Erziehungsexperiments zur Diskussion, das im höhlenartigen Raum einer theoretisch konzipierten pädagogischen Provinz stattfindet, in dem Rousseau in den Rollen des Autors, des fiktiven Erziehers Jean-Jacques und des Erfinders des Zöglings Émile auftritt. Mit der Einnahme dieser drei Rollen verbindet Rousseau nicht den Anspruch, ein Programm zu entwickeln, mit dessen Hilfe sich perfekte Menschen erziehen lassen, sondern die Vorstellung, an einem literarischen Beispiel Umrisse einer Erziehung zu zeigen, nach der sich Menschen bilden lassen, die ihr Leben nicht mehr aus dem Horizont einer in sich geschlossenen Gesamtideologie führen, sondern individuell, bürgerlich und menschheitlich fühlen, denken, urteilen und handeln lernen.

Rousseaus Émile kann als literarisch-ästhetische Darstellung einer Erziehung gelesen werden, die ihren Lesern ein verändertes Generationenverhältnis und einen pädagogischen Raum mit einer nicht mehr vorbestimmten, sondern offenen Zukunft vor Augen führt. Ästhetische Weltdarstellung, bei Rousseau als Medium der Kommunikation und als Bildungsmittel im Jugendalter konzipiert, wird von Johann Friedrich Herbart um 1800 zur Methode einer Erziehung erhoben, welche den Einzelnen nicht mehr für einen vorbestimmten Platz in der Gesellschaft erzieht, sondern auf ein Denken, Wollen und Handeln im Horizont einer offenen Zukunft vorbereitet (vgl. Herbart 1804). In seiner „Allgemeinen Pädagogik" von 1806 führt er aus, dass eine Erziehung, die sich nicht länger damit begnügt, vorgegebene Formen von Erfahrung und Umgang zu tradieren, in „Erfahrung und Umgang" bildend eingreifen muss. Ihre Aufgaben und Möglichkeiten erkennt er darin, die Welterfahrung der Heranwachsenden zur Trias von alltäglicher, wissenschaftlicher und ästhetischer Erfahrung und den zwischenmenschlichen Umgang derer nachwachsenden Generation zur Trias von Umgang, Politik und Religion zu erweitern (Herbart 1806, S. 59; zum Folgenden s. Stępkowski 2010, S. 109-117).

Herbarts Programm eines erziehenden Unterrichts ist dieser doppelten Trias verpflichtet. Es zielt auf eine Willens- und Urteilskraftbildung, die im Bereich der Erfahrung zwischen alltäglich-empirischen, hypothetisch-szientifischen und ästhetischen Urteilsformen und im Bereich des Umgangs zwischen moralischen, politischen und die Endlichkeit reflektierenden religiösen Urteilsformen unterscheidet. Aufgabe des erziehenden Unterrichts und einer an ihn anschließenden pädagogischen Beratung ist es, in den Heranwachsenden einen vielseitigen Gedankenkreis zu entwickeln, der an Erfahrung, Wissenschaft und Kunst sowie Umgang, Politik und Religion als verschiedenen Formen von Praxis und Interaktion interessiert ist.

Aus Platons Erfahrungsraum einer auf Wahrheit, Bildung und Politik hin offenen Höhle ist bei Herbart ein in sechs Interessen und Weltsphären ausdifferenzierter Raum geworden, in den erziehender Unterricht erfahrungs- und umgangserweiternd einführen und zu dem beratende Erziehung Ein- und Übergänge erschließen soll. Bildungslosigkeit und Bildung verhalten sich nun so zueinander, dass jeder Einzelne als bildsam für auf alle sechs Interessensgebiete angesehen und Bildung als Teilhabe an diesen interpretiert wird.

Einflüsse von Platons Höhlenmetapher und Idee des Guten, deren Beachtung an den Vollzug verschiedener Wendungen des Blicks zurückgebundenen ist, sind nicht nur bis in Herbarts Konzeption eines Erfahrung und Umgang ergänzenden Unterrichts und einer die Jugend auf den Übergang in intergenerationelles Handeln vorbereitenden pädagogischen Beratung wirksam, sondern lassen sich auch für Schleiermachers Erziehungstheorie und Lehre vom höchsten Gut aufzeigen. Auf wirkungsgeschichtliche Zusammenhänge zwischen der sokratisch-platonischen Mäeutik und Elenktik und Schleiermachers Hermeneutik und Dialektik ist in der Forschung immer wieder hingewiesen worden, auch auf Zusammenhänge zwischen Platons Idee des Guten und Schleiermachers Lehre vom höchsten Gut (vgl. Brüggen 1986, S. 48-76; Stępkowski 2010, S. 187-193). Nicht minder bedeutsam ist, dass Schleiermacher Platons Metapher der Höhle und Platons Zuordnung von Bildungslosigkeit (APAIDEUSIA) und Bildung (PAIDEIA) neu ausgelegt hat. Schon in seinem literarischen

Erstling, der 1799 verfassten Abhandlung „Über die Religion. Reden an die Gebildeten unter ihren Verächtern", aber auch in den fast gleichzeitig entstandenen „Monologen" (vgl. Ehrhardt 2005) finden sich Strukturierungen des Bildungsganges, die deutliche Verbindungen zu Platons Höhlenerzählung aufweisen (vgl. zum Folgenden Stępkowski 2010, S. 138-152).

Die Gebildeten unter den Verächtern der Religion sind für Schleiermacher „fähig" und „würdig", eine Empfänglichkeit und Ansprechbarkeit für Religion zu entwickeln (Schleiermacher 2004, S. 9). Bildungslos und aufgrund ihrer Unbildung zunächst vom wahren Begriff der Religion ausgeschlossen sind dagegen zwei andere Gruppierungen: die Aufklärer, welche die Position eines rationalen Atheismus vertreten, der Religion durch Vernunft ersetzen will, und die Gruppe der Fideisten, welche die neuzeitliche Wissenschaft nicht ernst nehmen und den Widerspruch von Glaube und Wissenschaft unter dem Primat des Glaubens überwinden wollen. Im Streit miteinander bezichtigen sie sich wechselseitig der Halbbildung. Dabei bringen die aufklärerischen „Helden des Verstandes" gegen die Fideisten vor, diese verstünden nicht, was neuzeitliche Wissenschaft und Rationalität ist. Umgekehrt halten die Fideisten den atheistischen Rationalisten vor, zwischen den Konstrukten ihres Verstandes und der Existenz einer vorgegebenen, von Gott geschaffenen Welt nicht zu unterscheiden.

Die gebildeten Verächter der Religion weisen Ähnlichkeit sowohl zu den Atheisten als auch zu den Fideisten auf und heben sich zugleich von diesen ab. Anders als die Fideisten und hierin mit den Atheisten übereinstimmend, partizipieren sie an Aufklärung; anders als die Atheisten und hierin den Fideisten näher stehend, sind sie empfindsam für Gefühle. Die gebildeten Verächter der Religion kennen nämlich jenen Widerstreit von rationaler Weltanschauung und Gefühl, den die Atheisten und Fideisten unter dem Primat der Vernunft bzw. des Glaubens leugnen. Sie stellen darum für Schleiermacher unter den drei Gruppen die einzige dar, die sich in einem umfassenden Sinne als bildsam erweist. Bildsamkeit hat bei Schleiermacher dabei jene Bedeutung, die Platon in der „Politeia" mit dem griechischen Begriff „APAIDEUSIA" anspricht und im Dialog „Protagoras" als epimetheische Natur des Menschen beschreibt. Den von Platon hierfür gewählte Terminus „AKOSMETON" (ungeschmückt; nicht kosmisch geordnet) übersetzt Schleiermacher mit „unbegabt", worunter er keine eingeschränkte, sondern die unbestimmte Bildsamkeit des Menschen versteht (vgl. Platon Prot. 321c 1-2 sowie Schleiermachers Übersetzung ebd., S. 115). Während die atheistischen Rationalisten im menschlichen Verstand und die Fideistien in ihrem Glauben das Maß der Vernunft zu besitzen wähnen, können die Gebildeten den Blick von der rationaler Weltanschauung zum Gefühl und von diesem zu jener wenden und so zu der Einsicht gelangen, dass beide, Anschauung und Gefühl, nicht voraussetzungslos nebeneinander existieren, sondern einander widerstreiten und über einen „transzendenten Grund" vermittelt sind, den sie weder einzeln noch gemeinsam einholen können. Diesen Grund umschreibt Schleiermacher in den Reden als Gefühl der „schlechthinnigen Abhängigkeit" oder als „Abhängigkeit vom Universum" und später in seiner Glaubenslehre als Abhängigkeit des Menschen und der Welt von Gott.

Die Vermittlung zwischen der rationalen Welterklärung in der Tradition Bacons und dem Gefühl einer schlechthinnigen Abhängigkeit als einer in rationaler Welterklärung nicht aufgehenden Dimension menschlichen In-der-Welt-Seins und Koexistierens hat Schleiermacher erkenntnistheoretisch, bildungstheoretisch und handlungstheoretisch ausgelegt. Der modernen Erziehung weist er die Aufgabe zu, die Einzelnen individuell und universell so zu bilden, dass sie an den großen Lebensgemeinschaften, an Sitte und freie Geselligkeit, an Staat und Politik, an Kirche und Religion sowie an Wissenschaft und Kunst, partizipieren können. Unter dem „höchsten Gut" versteht er kein hierarchisch an der Spitze einer Güterhierarchie stehendes Gut im aristotelischen Sinne, sondern die Vorstellung, dass die mannigfaltigen Weltinterpretationen und Praxen als eine intergenerationelle „Mitgesamttätigkeit" (Schleiermacher 1826, S. 45f.) zu konzipieren und auszuüben sind. Diese hat für Schleiermacher ihren letzten Grund nicht in der Selbstbestimmung und Selbstverwirklichung des Menschen, sondern in der Idee des Guten, welche die Antike kosmologisch und teleologisch und die Moderne offen und nichthierarchisch zu deuten versucht. Von daher ist es nur konsequent, dass Schleiermacher nicht die Religion, sondern die menschliche Gesamttätigkeit zur Hüterin des höchsten Gutes bestimmt. Sie soll sich zu einer „Mitgesamttätigkeit" weiterentwickeln, die intergenerationelle Diskurse über Abstimmungsprobleme und Widerstreit zwischen den verschiedenen Denkformen und Handlungsfeldern kennt. Dass es in der Geschichte immer wieder Diskurse und Verständigungsversuche dieser Art gegeben hat und auch künftig geben wird, ist nach Schleiermacher ein Zeichen dafür, dass die Idee des Guten in der „Dignität der Praxis" wirksam ist bzw. wirksam werden kann (ebd., S. 40).

5. Zum bleibenden Sinn der platonischen Höhlenmetapher oder von der Bedeutung negativer Erfahrungen in Bildungsprozessen

Die historischen und systematischen Transformationen der platonischen Höhlenmetapher haben eine Vielzahl von Deutungen hervorgebracht. In ihnen ist aus der ‚Höhle' Platons das neuzeitliche Universum und aus den sokratisch-platonischen Wendungen des Blicks die heutige Vielheit unterschiedlicher Formen von Erfahrung, Reflexion und Handeln geworden. Besitzt vor diesem Hintergrund Platons Höhlenmetapher noch eine bildungstheoretische Bedeutung und, wenn ja, worin könnte diese liegen?

Für Platon war die Höhle ein Ort, an dem die Gefesselten ihren Blick nur mit Mühe wenden können und doch schon Wendungen ihres Blicks vollziehen. Diese werden durch Wahrnehmung bewegter Gegenstände und den sprachlichen Austausch hierüber angestoßen. Der in der Höhlenparabel geschilderte Versuch, den Blick radikal zu wenden und die Welt der Höhle direkt aus dem seitwärts einfallenden Licht der Sonne zu verstehen, scheitert nicht deswegen, weil er nicht unternommen wird, sondern weil er von den mit gefesseltem Blick Zurückgebliebenen nicht nachvollzogen werden kann. Das weist darauf hin, dass Bildung nicht allein als individuelle Bildung möglich oder konzipierbar ist. Die Wendungen des Blicks müssen vielmehr individuell vollzogen, interindividuell nachvollzogen, gesellschaftlich ausgetauscht und gemeinsam diskutiert werden. Ihre bildende Kraft resultiert nicht aus einem Wechsel des Blicks, sondern aus dem, was sich zwischen verschiedenen Blicken ereignet. Es sind die negativen Erfahrungen, Irritationen, Ungereimtheiten, Verstehensschwierigkeiten und Überraschungen, von denen die bildende Kraft lernender Erfahrung ausgeht. Der Begriff des Blickwechsels verstellt wie der Begriff des Rollentauschs einen tiefergehenden Zugang zu bildenden Erfahrungen, denn er unterstellt eine Auswechselbarkeit des Blicks, die es in Bildungsprozessen gar nicht gibt und geben kann. Das Gewaltsame, das den sich Bildenden in Bildungsprozessen widerfährt, hat nicht in einem Wechsel des Blicks seinen Grund, sondern geht von der Erfahrung einer Andersheit der Welt aus, in der vertrautes Fühlen, Denken und Wollen erschüttert und in bildende Bewegungen übersetzt wird, denen unser Fühlen, Denken und Wollen bereits unterlag, bevor es anfing, uns vertraut zu sein.

Nicht nur die Anfänge, auch die Ziele und Fluchtpunkte der Bildung liegen für die sich Bildenden im Ungewissen. Das gilt auch für den Normalfall, dass ein Lehrer weiß, was seine Schüler lernen werden, denn auch in diesem Fall wissen die Schüler nicht im Vorhinein, wohin der Unterricht sie führen wird. Zur bleibenden Bedeutung von Platons Höhlenparabel könnte darum gehören, dass wirkliches Lernen nicht kontinuierlich und leicht, sondern diskontinuierlich und schmerzhaft verläuft. Lernen – eigenes wie fremdes – setzt Blickwendungen voraus, die durch einen Wechsel des Blicks weder vollzogen noch bewirkt werden können. Sie sind an eine Bearbeitung negativer Erfahrungen und Irritationen zurückgebunden, aus der wieder neue Erfahrungen entstehen können. Dass Vertrautes und Gewohntes unvertraut und ungewohnt war, bevor es selbstverständlich wurde, wäre dann mit Schleiermacher als Hinweis auf eine „Dignität der Praxis" zu würdigen, die ihren Grund in dem schon von Platon beschriebenen Spannungsverhältnis von Unbildung und Bildung hat, das nicht nur den Ausgangspunkt für Bildungsprozesse bestimmt, sondern diese permanent konstituiert.

AUFKLÄRUNG UND BILDUNG.
WILHELM VON HUMBOLDT UND CAI YUANPEI ALS BILDUNGSTHEORETIKER UND MODERNISIERER PREUßENS UND CHINAS
(GEMEINSAM MIT ZHENGMEI PENG)[1]

Im Rahmen eines deutsch-chinesischen Salons das Thema „Aufklärung und Bildung" zu behandeln, ist ein Vorhaben, das an die Übersetzung besondere Anforderungen stellt. In der chinesischen Sprache wird der Begriff für das deutsche Wort ‚Aufklärung' (启蒙) nahezu exklusiv zur Bezeichnung einer auf das 17. und 18. Jahrhundert datierten fremden, nämlich europäischen Epoche, nicht aber, wie in Europa üblich, auch für aktuelle Aufklärungsprozesse in einer bestehenden Gesellschaft verwendet. Und wo der chinesische Begriff für Aufklärung in pädagogischen Kontexten Verwendung findet, ist ‚Kindern durch Erziehung die Augen öffnen' gemeint (发蒙), nicht aber von der Selbstaufklärung Erwachsener oder der Aufklärung eines Publikums (自我启蒙) die Rede. Übersetzungsprobleme gibt es nicht nur mit Blick auf den deutschen bzw. europäischen Begriff ‚Aufklärung' (französisch: les lumières; englisch: enlightenment; niederländisch: Verlichting), sondern auch hinsichtlich des deutschen Begriffs ‚Bildung'. Über ihn ist in der nationalen wie internationalen Literatur zu lesen, dass er letztlich nicht übersetzbar sei, weil andere Sprachen, von wenigen Ausnahmen abgesehen, kein Pendant kennten. Das gelte auch für die Unterscheidung zwischen ‚Erziehung' und ‚Bildung', die es so nur im Deutschen gebe.[2]

---

[1] Im Jahre 2011 fand im National Museum of China in Peking eine von deutschen Museen und Kunstsammlungen konzipierte Ausstellung zum Thema „Die Kunst der Aufklärung" statt. Die Ausstellung wurde durch das von der Stiftung Mercator organisierte Projekt „Aufklärung im Dialog" begleitet, in dem europäische und chinesische Wissenschaftler auf Foren und in Salons verschiedene Aspekte des Themas erörterten sowie gemeinsam mit dem Publikum diskutierten. Am 17.07.2011 wurde im Ullens Center for contemporary Art ein von M. Kahn-Ackermann moderierter Salon zum Thema „Aufklärung und Bildung" veranstaltet. Auf ihm referierten Frau Prof. Peili Wang und die Autoren dieses Beitrags über Beziehungen zwischen Aufklärung und Bildung. Der hier abgedruckte Text gibt nicht den Verlauf des Gesprächs und auch nicht die Diskussionen im und mit dem Publikum wieder, sondern wurde zur Vorbereitung des Salons verfasst und am 20.07.2011 auf einem zu Ehren von Prof. Li Qilong veranstalteten Symposion an der ECNU Shanghai vorgetragen.

[2] Entsprechende Behauptungen übersehen, dass es in deutschsprachigen pädagogischen und erziehungswissenschaftlichen Diskursen keine einheitliche Verwendung der Begriffe ‚Erziehung' und ‚Bildung' gibt. Sich von Vorstellungen absetzend, die der Erziehung einen Vorrang vor der Bildung oder umgekehrt der Bildung einen Vorrang vor der Erziehung einräumen, hat D. Benner in seiner Allgemeinen Pädagogik ([6]2010, S. 127ff.) zwischen erziehungstheoretischen Konzepten pädagogischen Wirkens und bildungstheoretischen Reflexionen der

Für die folgenden Überlegungen über „Aufklärung und Bildung" bedeutet dies, dass sie schon um ihrer Übersetzbarkeit von der deutschen in die chinesische und von der chinesischen in die deutsche Sprache willen einen Diskurs entwickeln müssen, in dem der chinesische Epochenbegriff ‚Aufklärung' (启蒙) um ein auch aktuelle Prozesse erfassendes Verständnis von Aufklärung erweitert wird. Im Anschluss an einen so gefassten Begriffs von ‚Aufklärung' soll dann – zuerst analytisch und danach mit Blick auf Bildungskonzepte von Wilhelm von Humboldt und Cai Yuanpei – versucht werden, eine theoretische und begriffliche Klärung herbeizuführen, die es erlaubt, unter pädagogischen Intentionen zu initiierende Bildungsprozesse von Bildungsprozessen jenseits der Erziehung zu unterscheiden.

Mit Blick auf dieses Anliegen gliedern sich die folgenden Überlegungen in vier Abschnitte. Der erste justiert die Begriffe ‚Erziehung', ‚Bildung' und ‚Aufklärung' so, dass sie voneinander abgrenzbare Sachverhalte thematisieren und sowohl auf epochenspezifische als auch auf aktuelle Phänomene appliziert werden können. Der zweite erörtert die Beziehungen zwischen Aufklärung und Bildung im Rückgriff auf zwei klassische Texte, mit denen Immanuel Kant und Moses Mendelssohn zur Zeit der europäischen Aufklärung die Frage zu beantworten suchten, was Aufklärung sei bzw. Aufklären bedeute. Der dritte würdigt Wilhelm von Humboldt und Cai Yuanpei als Aufklärer und Modernisierer Preußens und Chinas und vergleicht die Bildungskonzepte, die ersterer zur Zeit der Französischen Revolution und letzterer im Kontext der ersten chinesischen Republik entwickelt haben. Der vierte geht der Frage nach, wie ‚Aufklärung' und ‚Bildung' heute in der Orientierung der Aufgaben des öffentlichen Erziehungssystems zusammenarbeiten können.

1. Erziehung, Bildung und Aufklärung

In allen Bereichen menschlichen Denkens und Handelns haben Erfahrungen stets sowohl eine passive als auch eine aktive Seite. Erstere hängt damit zusammen, dass Erfahrungen in Auseinandersetzung mit einer widerständigen Welt zunächst einmal erlitten werden, dann jedoch nicht einfach ausgehalten und hingenommen werden müssen, sondern interpretiert und reflektiert werden können.

Ganz in diesem Sinne bezeichnet der Begriff ‚Erziehung' Erfahrungen, die Erwachsene bei ihren Versuchen machen, Einfluss auf Lernprozesse Heranwachsender zu nehmen. Pädagogische Erfahrungen sind Erfahrungen, die Er-

---

Aufgaben der pädagogischen Praxis unterschieden. Diese innerpädagogische Unterscheidung wird in den folgenden Überlegungen um eine systematische Unterscheidung zwischen Erziehungsprozessen, Bildungsprozessen und Prozessen der Aufklärung ergänzt, welche Bildungsprozesse in pädagogischen Kontexten von solchen in außerpädagogischen Kontexten abzugrenzen erlaubt.

wachsene beim Erziehen und Unterrichten machen. Sie hängen zwar in der Regel eng mit Problemen zusammen, die sich Heranwachsenden beim Aufwachsen und Lernen stellen, unterscheiden sich gleichwohl von diesen. Die passive Seite pädagogischer Erfahrungen verweist darauf, dass bewährte Erziehungsstrategien problematisch werden und sich als defizitär erweisen können, weil pädagogische Ziele ihre Legitimität verlieren oder weil eine Generation von Erwachsenen nicht mehr weiß, wie und für welche Lebensform sie die nachwachsende Generation erziehen soll. Die aktive Seite pädagogischer Erfahrungen kommt darin zum Ausdruck, dass pädagogische Akteure mit veränderten Erziehungszielen experimentieren, neue Erziehungsstrategien entwerfen und beide in der pädagogischen Praxis erproben können.

Passive und aktive Momente lassen sich nicht nur an Erfahrungen unterscheiden, die pädagogische Akteure beim Erziehen und Unterrichten machen, sondern kennzeichnen auch Erfahrungen, die Heranwachsende beim Lernen und Erzogenwerden sammeln. Schon das Lernen, das vor, neben oder nach der Erziehung stattfindet, kennt passive und aktive Momente (vgl. Prange 2005, S. 81ff.). Gelernt werden kann nur etwas, das zunächst einmal als nicht gekonnt erfahren und dann – falls erforderlich unterstützt durch pädagogische Einwirkungen – in eigenen Anstrengungen angeeignet wird. Erziehung kommt hierbei die Funktion zu, Lernprozesse zu fördern, die ohne fremde Hilfe nicht erfolgreich verlaufen könnten.

Die passiven und aktiven Momente von Lernerfahrungen, die jenseits der Erziehung stattfinden, sind nicht mit den passiven und aktiven Momenten eines Lernens identisch, das sich unter dem Einfluss der Erziehung vollzieht, sondern unterscheiden sich von diesen strukturell. Beim Lernen jenseits der Erziehung finden bei den Lernenden die Übergänge zwischen passiven und aktiven Momenten der Erfahrung ohne pädagogische Unterstützung statt, weil die zum Lernen herausfordernden Irritationen von den Lernenden ohne pädagogische Hilfe bearbeitet werden können. Bei pädagogisch unterstützten Lernerfahrungen machen Lernende dagegen zunächst einmal die Erfahrung, dass sie eine Sache, eine Frage, ein Problem aus eigener Kraft nicht verstehen und klären können und daher auf eine unterrichtliche oder auch beratende Unterstützung durch Erziehung angewiesen sind, mit deren Hilfe sie von der Konfrontation mit einem Problem zu dessen lernender Bearbeitung übergehen können.

An Lernprozessen lassen sich nicht nur Übergänge von passiven in aktive, sondern auch solche von aktiven in passive Erfahrungen beobachten. Irritationen hinsichtlich des eigenen Wissens und Könnens gehen nicht nur aktiven Momenten in Lernerfahrungen voraus; sie können diesen auch nachfolgen, wenn der Lernprozess nicht zum erwarteten Erfolg führt und eine eingeschlagene Strategie sich als fehlerhaft erweist. Wo die Transformation passiver in aktive und aktiver in passive Momente der Erfahrung ohne pädagogische Unterstützung unmittelbar in Wechselwirkung mit einer widerständigen Welt gelingt, handelt es sich nicht um Erziehungs- sondern um Bildungsprozesse. Für die Beziehungen zwischen Erziehung und Bildung bedeutet dies, dass Bildungsprozesse nicht in Erziehungsprozesse übergehen, Erziehung dagegen das Ziel verfolgen muss, Lehr-Lernprozesse so zu strukturieren, dass sie bei den Lernenden Bildungsprozesse freisetzen können, die keiner weiteren pädagogischen Leitung und Führung mehr bedürfen. Erziehung muss, um pädagogisch legitimiert zu sein, ihr eigenes Ende antizipieren. Bildungsprozesse sind dagegen ihrem Verlauf nach offen und auf kein definitives Ende hin angelegt.

Aus den skizzierten Beziehungen und Übergängen von Lernen, Erziehung und Bildung folgt nicht nur, dass Lernprozesse unter dem Einfluss von Erziehung in Bildungsprozesse übergehen sollen, sondern zugleich, dass Fremderziehung nicht in Selbsterziehung übergehen kann. Von Erziehung sprechen wir vernünftigerweise nur mit Blick auf Interaktionen, in denen zwischen Erzieher und Zögling sowie Lehrer und Schüler unterschieden wird. Pädagogische Handlungen gibt es nur dann, wenn Erzieher und Zu-Erziehender sowie Lehrer und Schüler nicht ein- und dieselbe Person, sondern verschiedene Personen sind. In Bildungsprozessen ist dagegen derjenige, der bildende Erfahrungen macht, und derjenige, der sich in Wechselwirkung mit einer widerständigen Welt bildet, stets ein- und derselbe. Der im Deutschen wie im Chinesischen gebräuchliche Begriff der Selbsterziehung (自我教育) verdeckt und verstellt diesen Unterschied. Er geht auf eine illegitime Universalisierung des Pädagogischen zurück, bei welcher der Zweck der Erziehung, ihr eigenes Ende herbeizuführen, aus dem Blick gerät. Wer ohne pädagogische Unterstützung lernt, sich in eine Sache zu vertiefen und mit ökonomischen, pädagogischen, moralischen, politischen, ästhetischen oder religiösen Fragen auseinanderzusetzen, der erzieht nicht sich selbst, sondern der bildet sich in der Wechselwirkung von Selbst- und Welttätigkeit und macht partizipatorische Erfahrungen in Bereichen menschlicher Praxis, die nicht mehr über pädagogische Einwirkungen, sondern über eigenes Denken und Handeln vermittelt sind.

Von Erziehungs- und Bildungsprozessen lassen sich Prozesse der Aufklärung und des Aufklärens unterscheiden. Auch sie weisen passive und aktive Momente auf. Aufklärung findet stets erst in Anknüpfung an vorausgegangene Prozesse der Erziehung und Bildung statt und hat ihren Ursprung darin, dass gesellschaftliche Überzeugungen, Praktiken und Ordnungssysteme nicht nur hinsichtlich dessen, was wir von ihnen wissen, sondern in ihrer Legitimität problematisch werden. Über etwas, das allgemein anerkannt ist und von allen als unproblematisch erfahren wird, kann niemand aufklären oder aufgeklärt werden. Aufklärung ist – als Epoche wie als epochenunspezifischer individueller und gesellschaftlicher Prozess – daran zurückgebunden, dass über gesellschaftliche Sachverhalte, Normen und Üblichkeiten ein Streit entsteht, der dogmatisch nicht mehr zu schlichten ist. Wer Kinder in die Geheimnisse der Sexualität einführt, der unterrichtet sie und berät sie vielleicht hinsichtlich der Wahl bestimmter Lebensformen, aber er klärt sie nicht im eigentlichen Sinne des Wortes auf. Denn er lüftet nur Geheimnisse, die solche von Kindern, nicht aber aufklärungsbedürftige Geheimnisse von Erwachsenen sind. Von Aufklärung im eigentlichen Sinne sprechen wir erst dann, wenn über einen Sachverhalt als solchen – z. B. über bestimmte Formen oder Normen von Sexualität – öffentlich gestritten wird. Unterricht und Beratung können eine nachwachsende Generation in existierende Formen gesellschaftlicher Auseinandersetzung einführen, Aufklärung hingegen ist an einen Streit zurückgebunden, der nicht durch Erziehung entschieden werden kann, weil er unter den Erwachsenen selbst ausgetragen wird.

Was besagen die vorgestellten Unterscheidungen für die Beziehungen zwischen Erziehung, Bildung und Aufklärung? Vereinfacht kann man vielleicht sagen: Erziehungsprozesse zeichnen sich dadurch aus, dass das Verhältnis zwischen Erziehenden und zu Erziehenden nicht-reziprok ist. Wer erzieht, wird nicht erzogen und wer erzogen wird, erzieht nicht. Bildungsprozesse finden dagegen in einer Wechselwirkung mit anderen und der Welt statt. Man erzieht sich nicht selbst, sondern wird erzogen, aber man bildet sich in Wechselwirkung mit der Welt. Aufgrund ihrer kategorial unterschiedlichen Strukturen können Bildungsprozesse nicht durch Erziehung und diese nicht durch Bildungsprozesse substituiert werden. Erziehung muss, um nicht zu pervertieren, ihr Ende antizipieren, das dort erreicht wird, wo Heranwachsende selber zu denken beginnen und eigenverantwortlich handeln. Bildungsprozesse können dagegen der Erziehung vorangehen, sie begleiten oder ihr nachfolgen. Im Unterschied zu Erziehungsprozessen finden sie in allen Lebensaltern statt und sind auf kein Ende hin ausgerichtet. Aufklärung bezeichnet dagegen Prozesse, die an Bildungsprozesse anschließen, nicht aber durch Erziehung in Gang gesetzt oder entschieden werden können. Die passiven Momente von Aufklärung sind daran zurückgebunden, dass die Sache, über die gestritten wird, die eigenen Überzeugungen und Lebensformen betrifft. Ihre aktiven Momente zeigen an, dass man in Angelegenheiten, die einen selbst betreffen, nur durch selbstbezügliche und interaktive Prozesse aufgeklärt werden kann. Zusammengenommen lassen die passiven und aktiven Momente von Aufklärung sowohl zu, dass einzelne Menschen einander aufklären, als auch, dass ein Publikum sich selbst aufzuklären versucht.

Die genannten Unterscheidungen erlauben es nun, die Eigenlogiken von und die Übergänge zwischen Erziehung, Bildung und Aufklärung genauer zu unterscheiden und ihre Beziehungen zum Begriff der Mündigkeit zu reflektieren. Zur Eigenlogik der Erziehung gehört, dass pädagogisches Handeln eine Interaktion zwischen Erwachsenen und Heranwachsenden ist, von denen die einen erziehen, die andere erzogen werden. Erziehung verlangt nicht, dass die Erziehenden in einem vollen Sinne mündig und in einem perfekten Sinne gebildet und aufgeklärt sind. Erziehung darf ebenso wenig unterstellen, dass die zu Erziehenden gänzlich unmündig sind. Sie hat es mit dem Mündigwerden von Heranwachsenden zu tun, die bildsam sind und lernen sollen, ohne pädagogische Unterstützung ein individuelles Leben zu führen sowie am öffentlichen und gemeinsamen Leben zu partizipieren.

Die Fähigkeit, erzogen zu werden und lernend an der eigenen Erziehung mitzuwirken, wird nicht durch Erziehung erzeugt. Sie ist dieser vielmehr – uneinholbar – vorausgesetzt. Erziehen und erzogen werden können nur bildsame Wesen, die ‚von Natur' in der Lage sind, neue Erfahrungen zu machen und über diese mit anderen zu kommunizieren. Bildsamkeit schließt die Fähigkeit ein, vorausgegangene Lernprozesse reflektieren und neue entwerfen zu können. Sie ist nicht mit der Fähigkeit zu lernen identisch, sondern verweist auf eine Relation, in der sich die an ihrer Bildung arbeitenden Menschen wechselseitig als bildsam anerkennen. Eine gegenseitige Anerkennung als bildsamer Wesen ist nicht für die Sphäre der Erziehung, sondern für Bildungsprozesse jenseits der Erziehung konstitutiv. In der Erziehung muss der Erziehende den zu Erziehenden als bildsam anerkennen, ohne dies daran zurückzubinden, dass auch er von dem zu Erziehenden als bildsam anerkannt wird. Für interaktive Bildungsprozessen ist hingegen eine wechselseitige Anerkennung der Bildsamkeit konstitutiv. Zur Logik von Bildungsprozessen gehört, dass sie nicht zwischen Erziehenden und zu Erziehenden und auch nicht zwischen Mündigen und Unmündigen, sondern zwischen sich Bildenden stattfinden, die ihre über Wechselwirkungen mit der Welt vermittelten Erfahrungen austauschen und reflektieren können. In interaktiven Bildungsprozessen stehen sich darum nicht Gebildete und Ungebildete gegenüber, sondern verhalten sich Lernende über die ganze Lebensspanne bildsam zu sich selbst, zu einander und zur Welt.

Während Erziehungsprozesse nicht-reziprok und intergenerationell strukturiert sind und die Erziehenden eine besondere pädagogische Verantwortung für die zu Erziehenden tragen, können Bildungsprozesse sowohl innerhalb ein und derselben Generation als auch zwischen Angehörigen unterschiedlicher Generationen stattfinden. Funktion der Erziehung ist es, für nachwachsende Generationen Anschlüsse an aktuelle Bildungsprozesse zu sichern, Funktion von Bildung ist es, Erfahrungen auszutauschen und Verständigungsprozesse zu strukturieren. Aufklärungsprozesse heben sich hiervon dadurch ab, dass sie ihren Ausgang, wie Immanuel Kant formulierte, nicht von einer Erziehungs- und Bildungsmündigkeit, sondern von einer Unmündigkeit nehmen, die nicht natürlich bedingt, sondern in einem noch zu klärenden Sinne „selbstverschuldet" ist. Aufklärung ist darum im Wesentlichen selbstbezüglich und kritisch. Sie kritisiert Positivitäten einer vorgegebenen Ordnung, ohne selber pädagogisch, moralisch, politisch oder religiös in sie einzugreifen. Aufklärerische und aufklärende Kritik folgt weder der Logik der Erziehung noch jener der Bildung, sondern analysiert und urteilt im Namen eines Besseren, das ihr selber nicht bekannt sein muss, sondern weitgehend unbekannt sein kann. Die Logik von Aufklärung unterscheidet sich von den Logiken von Erziehung und Bildung dadurch, dass Erziehungsprozesse nie rein destruktiv verfahren, sondern immer auch positive Ziele verfolgen und dass Bildungsprozesse stets Selbstbildung mit Weltbildung zu verbinden suchen. Aufklärungsprozesse können hingegen durchaus destruktiv sein. Sie müssen aber, um nicht zu pervertieren, ihre destruktive Kraft reflektieren und begrenzen.

Eine sich so verstehende Aufklärung ist eine Angelegenheit von Menschen, deren Erziehung schon abgeschlossen, deren Bildung aber unabgeschlossen und auf kein bestimmtes Ende hin ausgerichtet ist. Während Bildungsprozesse sich durch eine stärker konstruktive Seite auszeichnen, darf Aufklärung destruktiv sein. Zu ihrer Logik gehört, dass sie Gewissheiten zerstört, ohne aus eigener Kraft neue zu erzeugen. Während Erziehungsprozesse an einer pädagogischen Unterstützung der Entstehung von Mündigkeit interessiert sind und während sich in Bildungsprozessen stets eine pädagogisch bereits freigesetzte oder von Erziehung schon unabhängig gewordene Mündigkeit artikuliert, kritisiert Aufklärung Formen von Unmündigkeit, die nicht primär pädagogisch erzeugt worden sind und daher auch nicht mit pädagogischen Mitteln kuriert werden können.

2. Aufklärung und Bildung Ende des 18. Jahrhunderts in Deutschland: Kants und Mendelssohns Antworten auf die Frage, was Aufklärung sei

Die vorgestellten kategorialen Unterscheidungen zwischen Erziehung, Bildung und Aufklärung besitzen keine apriorische Geltung. Sie sind im historischen Kontext der europäischen Aufklärung entstanden und können Geltung nur insoweit beanspruchen, als sie auch auf andere historisch-gesellschaftlichen Kontexte applizierbar sind.

In Rousseaus Erziehungsroman „Émile" findet sich der auf die Beziehungen zwischen Aufklärung und Bildung auslegbare Satz: „Ich ging ohne Licht ... . Wenn ich eins gehabt hätte, wäre es vielleicht noch ärger gewesen." (Rousseau 1762a/1979 S. 150). Mit diesen Worten kommentiert Rousseau in seiner Abhandlung über Erziehung einen nächtlichen Friedhofsbesuch, den der Erzieher Jean-Jacques mit dem fiktiven Zögling Émile unternimmt, damit dieser an frischen Gräbern, aus denen da und dort Extremitäten von Leichen herausragen, lerne, keine Furcht vor Gespenstern zu haben und sich mit aufkommenden Ängsten besonnen, rational und mutig auseinanderzusetzen. Die zitierte Passage bezieht sich nicht nur auf die angesprochene Erziehungssituation, die der Entstehung von Aberglauben entgegenzuwirken und die Entwicklung von Mut zu unterstützen sucht, sondern lässt sich darüber hinaus zugleich als eine grundsätzliche Aussage zu Phänomenen und Prozessen der Aufklärung interpretieren. Aufklärung ist für Rousseau nicht ein Schritt vom Dunklen ins Helle, sondern der Versuch, in eine dunkle Sache wenigstens einiges Licht zu bringen. Aus der Natur sind uns analoge Vorgänge bekannt. Nur der bewölkte, nicht aber der wolkenlosen Himmel kann sich aufklären. Vergleichbares gilt auch für Aufklärung in gesellschaftlichen Kontexten. Nur im Ausgang von einem nicht aufgeklärten gesellschaftlichen Zustand ist Aufklärung möglich, sinnvoll und notwendig. Aufklärung kritisiert Normen, Orientierungsmuster und Institutionen vor dem Hintergrund der Erfahrung ihrer Unzulänglichkeit. Sie spricht im Namen eines noch weitgehend unbekannten Besseren, das ohne Aufklärung nicht zustande käme und an dem auch jenseits von Aufklärung gearbeitet werden muss, wenn diese einen positiven, über negative Kritik hinausführenden Sinn gewinnen soll.

Damit sind Problemstellung umschrieben, zu denen 1784 der deutsche und jüdische Intellektuelle Moses Mendelssohn und der deutsche Philosoph Immanuel Kant in zwei in der „Berlinischen Monatsschrift" erschienenen Essays Stellung nahmen. Wir wenden uns zuerst dem bekannteren Text von Kant und dann den weiterführenden Überlegungen zu, die Mendelssohn unmittelbar vor Kant veröffentlichte.

In seiner „Beantwortung der Frage: Was ist Aufklärung?" wies Kant darauf hin, dass die Menschen des ausgehenden 18. Jahrhunderts „nicht in einem aufgeklärten Zeitalter", sondern im „Zeitalter der Aufklärung" lebten. Was Kant mit Blick auf seine Epoche ausführt, gilt auch noch für uns. Wer aufklärt, darf sich nicht für aufgeklärt halten, sondern tut einem Publikum kund, dass er sich und die Welt als aufklärungsbedürftig erfahren hat. Die berühmten drei Ausgangsthesen von Kants Abhandlung lauten ganz in diesem Sinne:
- „Aufklärung ist der Ausgang des Menschen aus seiner selbst verschuldeten Unmündigkeit",
- „Unmündigkeit ist das Unvermögen, sich seines Verstandes ohne Leitung eines anderen zu bedienen",
- „Habe Mut, dich deines Verstandes zu bedienen! ist also der Wahlspruch der Aufklärung" (Kant 1784, S. 89, A 481).

Aufklärung als Ausgang von menschlicher Unmündigkeit wird von Kant nicht als Weg aus der Unmündigkeit in eine volle Mündigkeit verstanden, sondern als Versuch, sich seines Verstandes zu bedienen. Den eigenen Verstand ohne fremde Hilfe zu gebrauchen, verlangt mehr, als Gott und die Welt von irgendwelchen Vorstellungen her zu kritisieren, sondern erfordert den Mut, vorgegebene Vorstellungen so zu prüfen und öffentlich so zu diskutieren, dass dabei der menschliche Verstand und seine Vorurteile mit geprüft werden.

Richtig verstandene Aufklärung ist nach Kant immer selbstbezüglich und fremdbezüglich zugleich. Sie kritisiert Vorstellungen, die in eine bestehende gesellschaftliche Ordnung eingebettet sind, ohne diese in eine neue Ordnung zu überführen. Aufklärende Kritik argumentiert nicht fundamentalistisch von einer für unangreifbar ausgegebenen Position her, sondern erkundet Spielräume für neue Erfahrungen und Ideen und diskutiert diese vor einem Publikum. Bei der Begrenzung dessen, was Aufklärung leisten kann, zitiert Kant König Friedrich II (Friedrich den Großen), der den Bürgern Preußens eine allgemeine Denkfreiheit gewährte und seine Untertanen zugleich dazu aufforderte: „räsonniert so viel ihr wollt und worüber ihr wollt; aber gehorcht!" (ebd., S. 96, A 493)

Zwischen dem von Kant formulierten Wahlspruch der Aufklärung und dem Wahlspruch Friedrich des Großen besteht ein enger Zusammenhang und zugleich ein gewaltiger Hiatus (Spalt). Aufklärung setzt Gedankenfreiheit voraus und macht von dieser denkend und urteilend Gebrauch. Sie legt die Gedankenfreiheit aber nicht anarchisch aus, sondern wendet sie auf vorgegebene Ordnungsvorstellungen an, um diese zu kritisieren und zu prüfen. Soweit stimmen beide Wahlsprüche, der der Aufklärung und der des preußischen Königs, überein. Der zwischen ihnen bestehende Spalt wird sichtbar, wenn man fragt, wem die an ihrer Aufklärung arbeitenden Menschen gehorchen sollen: dem König oder den bestehenden Gesetzen oder gar der eigenen Vernunft und sich selbst?

Schlechthinniger Gehorsam einem König gegenüber kann nur in absolutistischen Staaten gefordert werden und grenzt an Tyrannei, wenn er willkürlich und nicht an Gesetze gebunden gefordert wird. Gehorsam den Gesetzen gegenüber aber fordern alle Staaten von ihren Bürgern. Die Legitimität entsprechender Forderungen wird in demokratischen Staaten nicht nur an Gesetze, sondern zugleich daran gebunden, dass die Gesetze allgemeinen Menschenrechten nicht widersprechen. Gesetze, die die Freiheit der Wahl von Beruf, Religion und Lebensform missachten und die Meinungsfreiheit und Versammlungsfreiheit nicht etwa bloß in besonderen Gefahrensituationen begrenzen, sondern als solche negieren, sind unter den Prämissen demokratischer Aufklärung darum ebenso illegitim wie politische Praktiken, welche die Grundlagen bürgerlicher Freiheit zerstören, indem sie die Gewaltenteilung zwischen Legislative, Exekutive und Jurisprudenz aufheben. Eine solche Politik verdient keinerlei Anerkennung. Sie kann von den Bürgern auch keinen legitimen Gehorsam verlangen. Demokratische Staaten, die den Titel ‚Demokratie' nicht nur in ihrem Namen führen, sondern als Verpflichtung achten, erkennen darum die Menschenrechte in ihren Verfassungen als eine ‚res publica' an und schützen auf diese Weise die Bürger vor möglichen Übergriffen des Staates.

Auch wenn das Verhältnis von Aufklärung und Gehorsam heute – anders als zur Zeit Friedrich des Großen – nicht mehr als eine unproblematische Beziehung zwischen der den Menschen zu gewährenden Gedankenfreiheit und einem von den Bürgern zu fordernden untertänigen Gehorsam gedacht werden kann, muss Aufklärung doch weiterhin, um nicht in Anarchie und Willkür umzuschlagen, die Grenzen ihrer Legitimität klären und beachten. Was dies über Kants Begriff der Aufklärung hinaus bedeuten kann, hat Moses Mendelssohn bei seiner Beantwortung der Frage „was heißt aufklären?" herauszufinden gesucht. Mendelssohn verortete die Grenzen der Aufklärung nicht mehr zwischen freiem Räsonnement und untertänigem Gehorsam, sondern zwischen Aufklärung, Kritik, Bildung und Kultur.

Aufklärung und Kritik interpretiert er als theoretische, Kultur und kulturelle Transformation als praktische Seite menschlicher Bildung. Aufklärung kann und muss vorgegebene Einstellungen, Üblichkeiten und gesellschaftliche Ordnungen kritisieren, darf aber nicht unmittelbar praktisch werden wollen. Ihre positive Seite ist vielmehr an eine bildende Praxis zurückgebunden, die das durch Aufklärung Kritisierte umgestaltet. Praktische Bildung setzt nach Mendelssohn theoretische Bildung durch Aufklärung voraus und ist ohne diese nicht möglich, gründet sich jedoch nicht auf Aufklärung und Kritik allein, sondern vollzieht sich in einem reflektierenden Umgang mit vorgegebenen kulturellen und zivilisatorischen Formen und Objektivationen, die sie transformatorisch und innovatorisch weiterzuentwickeln sucht. Theoretische Bildung vollzieht sich also in den Formen einer aufklärenden Kultur- und Gesellschaftskritik, praktische Bildung arbeitet dagegen an neuen Formen menschlichen Zusammenlebens und an kulturellen Objektivationen, welche theoretische mit praktischer Bildung und diese mit jener verknüpfen.

Nicht nur Kant, auch Mendelssohn erkennt, dass es hierbei zu Konflikten zwischen Aufklärung und Politik (Staat) kommen kann. Anders als Kant, siedelt Mendelssohn entsprechende Konflikte jedoch nicht zwischen theoretischem Räsonnement und praktischem Gehorsam, sondern zwischen theoretischer Aufklärung und praktischer Bildung an. Zwischen der Freiheit des Räsonierens, die moderne Gesellschaften über Kant hinausgehend nicht nur den Gelehrten, sondern allen Menschen zugestehen, und der staatlichen Rechtsordnung kann es im praktischen Gebrauch der Freiheit zu Kollisionen kommen, wenn beispielsweise Bürger gegen staatliche Entscheidungen im Bereich von Straßenbau und Stadtentwicklung oder Energiepolitik Widerstand leisten und die Staaten ihren Bürgern untersagen, von ihrer legitimen Denkfreiheit nicht nur einen reflexiven, sondern auch einen praktischen Gebrauch zu machen. Kollisionen dieser Art bezeichnet Mendelssohn als Kollision zwischen den Rechten der Menschen als Menschen und ihren Pflichten als Bürger. Von einem Staat, der solche Kollisionen mit Macht unterbindet, statt sie öffentlich zu diskutieren und demokratisch zu regulieren, sagte er:

„Unglükselig der Staat, der sich gestehen muß, daß ihm die wesentlichen Bestimmungen des Menschen mit der wesentlichen Bestimmung des Bürgers nicht harmonieren, daß die Aufklärung, die der Menschheit unentbehrlich ist, sich nicht über alle ... ausbreiten könne, ohne daß die Verfassung in Gefahr sei, zu Grunde zu gehen." (Mendelssohn 1784, S. 83)

Mendelssohn fragte, wie die staatliche Verfassung vor Aufruhr geschützt und ihre Weiterentwicklung durch theoretische und praktische Bildung abgesichert werden könne. Er suchte nach Regeln, wie mit Kollisionen zwischen Aufklärung, Bildung und Politik rational umgegangen werden kann. Bei der Aufstellung solcher Regeln unterschied er zwischen einem möglichen „Missbrauch von Aufklärung", der im Bereich des Politischen zur „Anarchie" führt, und einem „Missbrauch der Kultur", durch den Staaten die Menschen in die „Sklaverei" führen und gewaltsam an eine bestehende Ordnung fesseln. Entsprechende Konflikte seien nur dann vernünftig zu regeln, wenn die Politik Aufklärung und Gedankenfreiheit zulasse, ertrage und toleriere, und wenn

Aufklärung der bestehenden Ordnung und Kultur nicht zu weit „vorauseile" (ebd., S. 84). Eine sich in dieser Weise selbst begrenzende Aufklärung vertraue auf den Prozess einer Meinungsbildung, die im Raum einer diskutierenden Öffentlichkeit zwischen den einzelnen und der Politik stattfinde. Dieser Prozess dürfe als ein vom Staat nicht zu lenkender durch den Staat nicht unterdrückt werden.

Auch wenn sich nicht jeder mit Mendelssohns pragmatischer Antwort anfreunden oder zufrieden geben mag, wird man doch feststellen können, dass sie über Kants Verknüpfung von freiem Räsonnement und untertänigem Gehorsam hinausführt. Mit Mendelssohn kann man sagen: Praktische Bildung und gesellschaftlich-politische Kultur sind ebenso auf eine zu ihnen hinzukommende und auf sie zurückwirkende theoretische Bildung durch Aufklärung angewiesen, wie Aufklärung und Kritik, um praktisch werden zu können, in eine ihnen vorgelagerte Politik und Kultur eingebettet sind. Für eine reflexive Verhältnisbestimmung der Beziehungen zwischen Aufklärung, Kritik, Kultur und Politik bedeutet dies, dass Aufklärung ohne Einbettung in kulturelle und politische Transformationen für eine bestehende Ordnung destruktive Kräfte freisetzen kann und dass kulturelle und politische Ordnungen, die Aufklärung unterbinden, die Menschen nicht nur am Reflektieren hindern, sondern zugleich unmündig zu halten suchen. Pointiert formuliert heißt dies mit Blick auf moderne Kontexte: Aufklärung ohne Bildung ist gefährlich, Bildung ohne Aufklärung dumm.

3. Wilhelm von Humboldt und Cai Yuanpei als Bildungstheoretiker und reflexive Modernisierer Preußens und Chinas

Mit der skizzierten Abgrenzung der Phänomene und Begriffe von Erziehung, Bildung und Aufklärung sind Problemstellungen umschrieben, mit denen sich Anfang des 19. Jahrhunderts im Umkreis der Preußischen Reformen Wilhelm von Humboldt (1767-1835) und zur Zeit der ersten chinesischen Republik Cai Yuanpei (1868-1940) intensiv auseinandergesetzt haben. Im Folgenden sollen einige ihrer Überlegungen zum Verhältnis von Aufklärung und Bildung vorgestellt werden, mit denen sie – jeder in seiner Epoche und in seinem Wirkungsbereich – bei der praktischen Modernisierung Preußens und Chinas in die Zeitgeschichte eingegriffen haben.

3.1 Gemeinsamkeiten und Unterschiede in den Bildungsgängen und Reformkonzepten Wilhelm von Humboldt und Cai Yuanpeis

Vergleicht man die Bildungsgänge und -konzepte Wilhelm von Humboldts und Cai Yuanpeis, so fallen Unterschiede und Gemeinsamkeiten ins Auge.[3] Als Gemeinsamkeiten sind zu nennen.
- beide besuchten keine Schule, sondern wurden von Hauslehrern unterrichtet,
- beide gehörten einem privilegierten Stand an und traten für den Abbau von Standesschranken ein,
- beide suchten Aufklärung und Wissenschaft zu verbinden und versprachen sich von einer solchen Verbindung u. a. eine Verbesserung der Sitten und der Moral,
- beide beteiligten sich in verantwortlichen Stellungen an innovativen Veränderungen des Politik- und Verwaltungssystems und nahmen am historischen Zentralereignis ihrer Epoche teil: Wilhelm von Humboldt an den Preußischen Reformen, Cai Yuanpei an der Gründung der ersten chinesischen Republik,
- beide setzten nicht primär auf Revolution, sondern auf Innovationen in den gesellschaftlichen Teilsystemen von Arbeit, Bildung, Wissenschaft, Kunst und Politik, Wilhelm von Humboldt von Anfang an, Cai Yuanpei mit der Übernahme der Leitung der Universität Peking,
- beide leiteten die Alphabetisierung ihrer Nationen ein und sprachen sich für eine horizontale Differenzierung des Erziehungssystems nach Stufen aus,
- beide unterschieden zwischen den Eigenlogiken von Wissenschaft, Bildung und Politik und forderten eine Trennung von Staat und Religion,
- beide waren herausragende Intellektuelle, welche Reform- und Modernisierungsprozesse in ihren Ländern – Humboldt im Preußen des beginnenden 19. Jahrhunderts, Cai in China zu Beginn des 20. Jahrhunderts – wesentlich mit beeinflusst haben:
- beide hatten Reformen anregende, organisierende und durchführende Ämter im Staatsdienst inne und gründeten bzw. leiteten bedeutende Reform-Universitäten,
- beide legten ihre Ämter nieder, als sie diese nicht mehr frei und mit innerer Überzeugung ausüben konnten.

Neben den angesprochenen Gemeinsamkeiten lassen sich zugleich Unterschiede in den Bildungskonzeptionen Wilhelm von Humboldts und Cai Yuanpeis aufzeigen:

---

[3] Vgl. hierzu die vergleichende Analyse von Peli Wang (1996), welche „klassische Bildungskonzepte in der deutschen Aufklärung und in der ersten chinesischen Republik" untersucht. Zur Konstitution der Pädagogik als Wissenschaft" im Zusammenhang der „Moderne in China" während der ersten Republik siehe Xiaoqing Xu 2010; verdienstvoll ist auch die Arbeit von Liou Wie-Chih (2006), welche die Rezeptionsgeschichte der „deutschen Pädagogik in China und Taiwan zwischen 1900 und 1960" untersucht.

- Humboldt und Cai lebten in unterschiedlichen Epochen, Humboldt in der Epoche der Französischen Revolution, die das Ende des Feudalismus einleitete, Cai vor der Gründung und in der Zeit der ersten chinesischen Republik (1911-1949), die in China das Kaisertum ablöste und erstmals eine demokratische Ordnung zu errichten suchte,
- beide traten für unterschiedliche Moralen ein und lebten auch eine verschiedene Moral, Humboldt eine Moral ohne, Cai eine Moral mit asketischen Zügen,
- beide ordneten die grundlegende Bildung der beruflichen zeitlich vor, Cai suchte darüber hinaus zugleich allgemeine mit beruflicher Bildung zu verknüpfen,
- beide erkannten der Theologie einen unterschiedlichen Status zu, Humboldt, indem er sie im Wissenschaftssystem als eine von direkten Zugriffen der Religionsgemeinschaften und des Staates geschützte Disziplin verankerte, Cai, indem er sie aus dem Wissenschaftssystem ausschloss und Religion in Kunst zu überführen suchte.

Die folgenden Ausführungen behandeln nicht alle hier aufgeführten Gemeinsamkeiten und Unterschiede, sondern konzentrieren sich auf Humboldts und Cais Überlegungen zum Verhältnis von Aufklärung und. Diese weisen sie als Intellektuelle aus, die Aufklärung, Bildung und öffentliche Verantwortung als aufeinander beziehbare Sachverhalte angesehen und in ihrem Leben miteinander zu verbinden gesucht haben. Anders als in Frankreich und England, die über weite Phasen ihrer Geschichte Intellektuelle hervorbracht haben, welche ihre Meisterschaft in einem oder mehreren Kulturbereichen mit der Übernahme öffentlicher Verantwortung verbanden, wurde das Geistesleben in Deutschland und China über lange Perioden durch Personen bestimmt, die ihren Dienst im bestehenden Herrschaftssystem in der Regel nur selten an Aufklärung zurückbanden. Darum ist es von besonderem Interesse, dass Wilhelm von Humboldt und Cai Yuanpei einen modernen Typus des Intellektuellen verkörpern, den es in Deutschland vor allem in der Zeit der Preußischen Reformen und dann erst wieder nach 1945, nicht aber in der Zeit der ersten, der Weimarer Republik (1918-1933) gibt. In China tritt er besonders im Umkreis der ersten Republik sowie ansatzweise auch wieder in unseren Tagen hervor.

3.2 Wilhelm von Humboldt als Bildungstheoretiker und Reformer Preußens

Im Jahre 1792 verfasste Wilhelm von Humboldt seine berühmte Abhandlung „Ideen zu einem Versuch, die Gränzen der Wirksamkeit des Staats zu bestimmen". Einzelne Abschnitte erschienen bereits 1792 in Schillers ‚Thalia' und in der ‚Berlinischen Monatsschrift', dem führenden Organ der deutschen Aufklärung, andere wurden von der Zensur nicht zur Veröffentlichung freigegeben.

Einige der von Humboldt entwickelten „Ideen" fanden nach 1806 Eingang in die Preußischen Reformen. Vollständig wurde der Text erstmals 1851 veröffentlicht, sechzehn Jahre nach Humboldts Tod und knapp sechzig Jahre nach seiner Niederschrift.

Im einleitenden Teil der Ideenschrift fragt Humboldt nach den Errungenschaften der Französischen Revolution und ihrer Bedeutung für Preußen. Im Zentrum seiner Analyse steht die Frage, ob und wie es in revolutionären und reformerischen Prozessen gelingen könne, Aufklärung und Bildung miteinander zu verbinden. Die Folgerung, die er unter dieser Fragestellung zog, ist im Titel der Ideenschrift deutlich angesprochen. Sie lautet, der Staat müsse in allen Bereichen menschlichen Handelns weitgehende Freiheiten gewähren und seine Zuständigkeiten mit der Freiheit der Menschen neu abstimmen.

Humboldts Urteil über die Französische Revolution fiel schon 1789 ambivalent aus. Wie Kant sah er in ihr ein Geschichtszeichen dafür, dass die Gesellschaftsordnung des Ancien Régime künftig keine Legitimität mehr besitzen werde. So sehr er aber die Revolution der Franzosen auch bewunderte, weil sie unter den Ideen der Freiheit, Gleichheit und Brüderlichkeit eine republikanische Gesellschaftsordnung entwarf und durchzusetzen suchte, so sehr schockierte ihn der mit der Revolution sogleich einsetzende Terror und die schon Anfang der 90er Jahre anbrechende Schreckensherrschaft der Jakobiner, welche die gerade verkündeten Menschenrechte aufs Gröbste missachtete und wirkliche oder vermeintliche Gegner der Revolution, darunter auch den König und seine Familie, als Feinde der Nation mit Hilfe einer neu erfundenen Tötungsmaschine, der Guillotine, hinrichtete.

In seiner Ideenschrift entwarf Humboldt einen anderen Weg zur Umsetzung der Ideen der Freiheit, Gleichheit und Brüderlichkeit. Dieser setzt nicht einseitig auf Aufklärung und Revolution, sondern sucht die Freiheit der Menschen in allen Bereichen menschlichen Handelns zu stärken und die Einflussbereiche des Staates zweifach zu begrenzen: einmal vom Begriff moderner Bildung her und dann auch vom Begriff einer neu gefassten Wirksamkeit des modernen Staates her.

Humboldts bildungstheoretische Argumentation steht Vorstellungen aus Schillers Briefen „Über die ästhetische Erziehung des Menschen" von 1793 nahe, ohne jedoch deren vornehmlich auf Kunst setzendes Programm in Gänze zu teilen. In seinen „Ästhetischen Briefen" stellte Schiller Anfang der 90er Jahre fest, die Französische Revolution beantworte nicht die Frage, wie „das rollende Rad während seines Umschwunges auszutauschen" sei und „das lebendige Uhrwerk des Staats ... gebessert werden" könne, während „es schlägt" (Schiller 1793: Dritter Brief, S. 172). Hierzu führte Humboldt in seiner Ideenschrift aus: „Staatsverfassungen lassen sich nicht auf Menschen, wie Schösslinge auf Bäume pfropfen. Wo Zeit und Natur nicht vorgearbeitet haben, da ists, als bindet man Blüthen mit Fäden an. Die erste Mittagssonne versengt sie." (Humboldt 1791, S.36) Beide folgerten hieraus, der Weg von der Aufklärung in die Politik könne kein direkter sein, sondern müsse über eine umfassende „Entwicklung der menschlichen Kräfte" (Humboldt) verlaufen.

Der bildungstheoretischen Kritik der Möglichkeiten von Aufklärung und Revolution stellte Humboldt eine gesellschaftstheoretische Begrenzung der Wirksamkeit staatlicher Interventionen zur Seite. In allen Kulturbereichen sah er die Entwicklung des modernen Gemeinwesens von Fortschritten abhängig, die zwar staatlich gefördert und unterstützt, nicht aber durch den Staat erzeugt und reguliert werden können. Die Grenzen der Wirksamkeit des Staates leitete er daher nicht allein aus einer normativen Option, sondern zugleich aus den begrenzten Mitteln ab, die modernen Staaten unter Beachtung der Gewaltenteilung zwischen Legislative, Exekutive und Judikative zur Entfaltung einer eigenen Wirksamkeit zur Verfügung stehen.

Eine uneingeschränkte Zuständigkeit erkannte er dem Staat formaliter im Bereich der Gesetzgebung und materialiter in der Sorge für die innere und äußere Sicherheit der Nation zu. Alle darüber hinaus gehenden positiven Zwecke verortete er außerhalb einer direkten staatlichen Wirksam- und Zuständigkeit. Zu den nicht durch den Staat unmittelbar zu regulierenden Sachverhalten zählte er individuelle Sittlichkeit und gesellschaftliche Moral, Produktion und Gewerbe, Wissenschaft, Kultur und Technik, private und öffentliche Erziehung, Forschung und Lehre an Universitäten und Akademien sowie das gesamte religiöse Leben. Vom Staat sagte er, dieser müsse zwar weiterhin von seinen Bürgern Gesetzestreue verlangen, dürfe diesen jedoch nicht länger ihre individuelle Moral und Lebensform vorschreiben. Statt solche Fragen herrschaftlich entscheiden zu können, sei der Staat vielmehr seinerseits von überstaatlichen moralischen, ökonomischen, wissenschaftlichen und religiösen Voraussetzungen abhängig, die nicht in seiner Machtsphäre, sondern im freien und geselligen Leben der Einzelnen und im Horizont einer diskutierenden Öffentlich angesiedelt sind. So könne der Staat weder die Zuneigung der Eheleute noch die Liebe der Eltern zu ihren Kindern per Gesetz einfordern, sondern lediglich Gesetze erlassen, wie Ehen zu schließen und aufzulösen sind. Und selbst bei diesen Gesetzen sei seine Wirksamkeit begrenzt, da sie weitaus mehr klärten, was verboten, nicht aber, was geboten und anzustreben ist. So müsse der Staat den Eltern verbieten, weiterhin den Beruf der Kinder, deren Ehepartner und Lebensform zu bestimmen. Dies könne der Staat aber nur, wenn er sich selber analoge Grenzen setze und diese beachte.

An die Stelle der traditionellen staatlichen Bevormundung des individuellen und gesellschaftlichen Lebens setzte Humboldt freie, mannigfaltige und rege Formen der Kommunikation und des Austauschs unter den Menschen, die in allen Bereichen kultureller Entwicklung die älteren Praktiken staatlicher Herrschaft ablösen und vermittelt hierüber Innovationen auch im Bereich staatlicher Herrschaft und Regierungskunst möglich machen sollen. Wie im Bereich der Moral gehe auch in den Bereichen von Arbeit und Ökonomie, Kunst und Wissenschaft, Bildung und Religion Fortschritt nicht vom Staate, sondern von den Einzelnen und diskursiven Prozessen in einer reflektierenden Öffentlichkeit aus. Der Staat könne die Erfindungen der Menschen nutzen, nicht aber staatlich erzeugen, aus der Produktivität der Arbeit Steuern für öffentliche Aufgaben gewinnen, nicht aber die Produktivität selber hervorbringen, die Künste fördern und ehren, nicht aber selber künstlerisch tätig werden, die Religionen auf Toleranz verpflichten, nicht aber selber eine Religion stiften. Überhaupt sei der Staat nicht der Herr der Bildung, sondern von der Bildung seiner Bürger abhängig und auf diese angewiesen. Öffentliche Erziehung und Bildung sei daher angemessen nicht in staatlichen, sondern in nationalen Bildungsanstalten von der „Elementarschule" über den „Schulunterricht" bis hin zum „Universitätsunterricht" zu institutionalisieren.

Die Preußischen Reformen hoben die Leibeigenschaft der Bauern auf, eröffneten Adeligen wie Nicht-Adeligen freie Zugänge zu allen Berufen, richteten eine Selbstverwaltung der Städte und Gemeinden ein und versprachen die Mitbestimmungsrechte des Volkes zu stärken. Im Umkreis dieser Reformen trat Humboldt für gleiche Rechte von Männern und Frauen, Christen und Juden, Gläubige und Ungläubige ein. Zu den Reformen sollte auch die Einführung eines einheitlichen, horizontal gegliederten Erziehungssystems gehören. An seiner Errichtung hat Wilhelm von Humboldt in der verantwortlichen Position eines dem Innenminister unterstellten ‚Chefs der Sektion für Kultur und Unterricht' (eines Staatssekretärs in der Abteilung für Religions- und Bildungsfragen) mitgewirkt. Zu seinen wesentlichen Leistungen gehören die konzeptionelle Begründung und organisatorische Leitung der Gründung der Berliner Universität (1810/1811) und die Ausarbeitung der Konzeption für ein allgemeinbildendes, in drei Stufen gegliedertes Schulwesen.

Aufgabe und Funktion der ersten Stufe des Erziehungssystems sollte es sein, die Alphabetisierung Preußens einzuleiten und in einer neu zu errichtenden Elementarschule allen Heranwachsenden gemeinsam die Techniken des Lesens, Schreibens, Rechnens und Zeichnens beizubringen. Auf der an die Elementarstufe des Erziehungssystems anschließenden zweiten Stufe sollte ein Schulunterricht denen, die an ihm teilnehmen, Grundkenntnisse in den alten und neuen Sprachen, in Mathematik, Naturwissenschaft und Geschichte sowie Gymnastik und Kunst vermitteln. Auf einer dem Schulunterricht nachfolgenden dritten Stufe sollte schließlich der Universitätsunterricht die Jugend zu einem wissenschaftlichen Denken und Forschen anhalten, das für die Studien an einer der Berufsfakultäten (Medizin, Recht, Theologie), aber auch für den Eintritt in eine akademische Universitäts-Laufbahn qualifiziert.

Die Dreistufenordnung des Erziehungssystems begründete Humboldt damit, dass keine der Stufen mehr mit Blick auf eine vorgegebene oder anzustrebende Bestimmung in einem Berufsstand, sondern jede ohne Seitenblick auf eine künftige Berufstätigkeit durchlaufen werden solle. Fragt man nach der übergreifenden Ordnung des von Humboldt konzipierten Bildungssystems, so lassen sich drei Regeln finden, die für es konstitutiv sind. Die erste ist leicht nachvollziehbar und besagt, dass Elementar-, Schul- und Universitätsunterricht eine unumkehrbare Stufenfolge im allgemeinbildenden Erziehungssystem ausmachen. Die zweite Regel lautet, dass in allen Stufen grundlegende Bildung der beruflichen Bildung vorausgeht und dass nicht nur der Elementarunterricht, sondern auch der Schul- und Universitätsunterricht allgemeinbildend zu konzipieren sind. Die dritte Regel verlangt, dass jede der Stufen doppelt qualifiziert: einmal für den Übergang in die nächst höhere Stufe und zum anderen für den Übergang in eine berufliche Bildung und die Teilnahme am öffentlichen Leben. Die Ordnung der Stufen will daher nicht als eine hierarchische Ordnung von elementarer, grundlegender und beruflicher, sondern als eine zeitliche Ordnung verstanden werden, für deren Stufen dieselben Regeln gelten. Alle drei Stufen sollen Übergänge von schulischer in berufliche Bildung eröffnen und die Menschen dazu befähigen, Standesschranken zu überwinden, ein individuelles Leben zu führen und am öffentlichen Leben teilzunehmen.

Zur zeitlichen Ordnung einer vorausgehenden schulischen Elementar- und Grundbildung und der dieser nachfolgenden beruflichen Bildung führt Humboldt in seiner Ideenschrift aus, in modernen Gesellschaften werde der einzelne Mensch nicht „von seiner Kindheit an schon zum Bürger gebildet", sondern gehe „die freieste, so wenig als möglich schon auf die bürgerlichen Verhältnisse gerichtete Bildung des Menschen überall voran ... . Der so gebildete Mensch müsste dann in den Staat treten und die Verfassung des Staats sich gleichsam an ihm prüfen." Nur unter der Bedingung einer wechselseitigen Überprüfung der Verfassung von Staat und Gesellschaft an der Bildung der Einzelnen und dieser an jener ließen sich die Potenzen der Einzelnen und der Gesellschaft steigern und sei eine „Verbesserung der Verfassung durch die Nation mit Gewissheit [zu] hoffen" (Humboldt 1792, S. 106).

In Humboldts Bildungskonzeption verweisen schulische Elementar- und Grundbildung, berufliche Bildung und allgemeine Menschenbildung auf komplexe Weise aufeinander und sind doch in ihren Funktionen streng voneinander unterschieden. Schulische Elementar- und Grundbildung gehen der beruflichen Bildung voraus. Berufliche Bildung folgt schulischer Elementar- und Grundbildung zeitlich nach und stellt doch zugleich eine spezifische Form des Übergangs von schulischer Bildung in übergreifende Formen menschlicher Bildung dar. Diese aber vollzieht sich als eine lebenslang andauernde Form der Bildung im freien geselligen Leben sowie in der Wechselwirkung von Arbeit und Sitte, Wissenschaft, Kunst und Religion.

An dieser Konzeption hat Humboldt während der gesamten Zeit seines Lebens festgehalten. Er hat die Reform des Erziehungs- und Bildungssystems in Preußen nicht nur konzeptionell, sondern auch durch organisatorische Maßnahmen abzusichern versucht. So richtete er ‚Wissenschaftliche Deputationen' ein, die mit Wissenschaftlern aus verschiedenen Disziplinen besetzt wurden und die Reform beaufsichtigen und kontrollieren sollten. Zu den Aufgaben der Deputationen gehörte unter anderem die „Prüfung neuer Unterrichtsmethoden", die Erarbeitung „neuer Lehrpläne", die „Auswahl von Lehrbüchern", die

Unterbreitung von „Vorschlägen zur Stellenbesetzung" sowie die Abnahme des „Examens zur Feststellung der Lehrbefähigung" (Humboldt 1808, S. 204).

Um die Anliegen der Schulreform im Rahmen der Preußischen Reformen angemessen zur Geltung bringen zu können, hatte Humboldt bei seiner Berufung zum Chef der Sektion für sein Ressort Kabinettsrang mit einem direkten Vortragsrecht beim König erbeten. Die ihm gegebene Zusage wurde jedoch nicht eingehalten, die „Abteilung für Kultur und Unterricht" blieb dem Innenministerium unterstellt. Als Humboldt erkannte, dass er sein Amt nicht länger im Einklang mit den in der Ideenschrift entwickelten Grundsätzen ausüben konnte, reichte er 1810 ein Entlassungsgesuch beim Preußischen König ein, dem entsprochen wurde. Humboldts Ausscheiden aus dem Amt kann rückblickend als ein Hinweis auf das Scheitern der Schulreform sowie der Preußischen Reformen insgesamt interpretiert werden (vgl. hierzu Benner/Kemper 2009a, S. 243ff.).

3.3 Cai Yuanpei als demokratischer Revolutionär und Reformer sowie Modernisierer des chinesischen Erziehungssystems

Fragt man, welche Bedeutung den in Preußen um die Wende vom 18. zum 19. Jahrhundert entwickelten Ideen zu Reformen, die mit den Beziehungen von Aufklärung und Bildung und den Grenzen staatlicher Wirksamkeit abgestimmt sind, im heutigen China zukommen kann, so kann die Antwort nicht dem preußischen Kontext entnommen, sondern nur im chinesischen Kontext entwickelt werden. Entsprechende Anstrengungen müssen heute nicht neu erfunden werden, sondern können auf Diskurse über die Beziehungen zwischen europäischer und chinesischer Aufklärung Bezug nehmen, die in China während der ersten Republik geführt worden sind. An ihnen hat Cai Yuanpei an zentralen Stellen und mit bedeutsamen Beiträgen mitgewirkt.

Cai durchlief in seiner Jugend den Bildungsgang eines traditionellen chinesischen Gelehrten und entwickelte sich später zu einem revolutionären und danach zu einem liberalen Demokraten und Reformer. In seiner Jugend studierte er die konfuzianischen Klassiker und lernte früh, eigene Texte in klassischem Stil zu schreiben. Nachdem er durch die höchsten akademischen Grade des alten China (翰林; Hanlin) ausgezeichnet worden war, gelangte er nach der Niederlage Chinas im Krieg mit Japan (1894-1895) und dem Scheitern der „Reformen der hundert Tage" (1898) zu der Überzeugung, nicht länger im Dienste der Qing-Dynastie tätig sein zu können. In den Jahren 1901/02 schloss er sich der revolutionären bürgerlichen Bewegung an, die für den Sturz der Qing Dynastie und die Errichtung einer demokratischen Ordnung in China eintrat. Im Umkreis dieser Bewegung wurden Reformschulen gegründet. Sie traten für eine Erziehung der männlichen und weiblichen Jugend im Geiste moderner Wissenschaft und Demokratie ein (zur Biographie von Cai Yuanpei siehe Cai Jianguo 1998). Im Zentrum der neuen Schulen standen nicht mehr die literarischen Studien der konfuzianischen Bildungseinrichtungen, Fächer wie Geographie, Physik, Mathematik, Philosophie, Geschichte, Chemie und Gymnastik. In seinem autobiographischen Rückblick aus dem Jahre 1937 erinnert sich Cai Yuanpei, dass er Anfang des 20. Jahrhunderts im Untergrund für den revolutionären Umsturz arbeitete, Bomben baute und an der Gründung der „Patriotischen Frauenschule" (1902) und der „Patriotischen Lerngesellschaft" (1905) beteiligt war, von denen letztere als einzige unter den neuen Schulen die Bezeichnung „Organ für die Revolution" in ihrem Namen führte. Zur revolutionären Bedeutung der beiden Bildungseinrichtungen führt er aus:

„Es gab nur zwei Wege zur Revolution. Der eine schürte gesellschaftliche Unruhen, der andere bediente sich des Mittels der Ermordung von Gegnern der Revolution. Die ‚patriotische Lerngesellschaft' bereitete im Rahmen einer militärischen Ausbildung auf den Einsatz beider Mittel vor, indem sie die männliche Jugend zum Widerstand erzog. Die Aufgabe der ‚patriotischen Frauenschule' wurde darin gesehen, weibliche Heranwachsende auf Meuchelmorde vorzubereiten, für die sich Frauen in besonderer Weise zu eignen schienen." (Cai Yuanpei 1937, S. 301)

Im Jahre 1905 trat Cai Yuanpei der neu gegründeten ‚Tongmenghui' bei, der Vorgängerpartei der ‚Kuomintang', und wurde Direktor ihres Büros in Shanghai. Als Cais Name auf die Liste der zu verhaftenden Personen gesetzt wurde, verließ er 1907 China und reiste nach Deutschland, um in Leipzig Philosophie, Psychologie, Kulturgeschichte, Ästhetik, Kunstgeschichte u. a. m. zu studieren. Nach dem Sturz der Regierung und der Gründung der ersten chinesischen Republik im Jahre 1911 kehrte er nach Shanghai zurück. Im Januar 1912 wurde er zum ersten Erziehungs- und Bildungsminister der neugegründeten Republik ernannt. In dieser Funktion wandelte sich Cai vom revolutionären Demokraten, der die Jugend zum Sturz des alten Regimes erzog, zu einem liberalen Demokraten, der zwischen den Eigenlogiken von Erziehung und Politik unterschied. Ein im Februar 1912 publizierter Grundsatzartikel „Über neue Richtungen der Bildung" belegt dies eindrucksvoll. In ihm werden zwei Konzepte von Bildung einander gegenübergestellt. Das eine ordnet Erziehung und Bildung der Politik unter und steht in deren Dienst, das andere siedelt Erziehungs- und Bildungsfragen, ohne für sich einen Vorrang vor der Politik zu beanspruchen, jenseits der Politik an. Ihrer Herkunft nach sind beide Konzepte in unterschiedlichen gesellschaftlichen Kontexten beheimatet. Absolutistische Politiksysteme ordnen Erziehung und Bildung der Politik unter. In republikanischen Kontexten trennen sich dagegen die Funktionen von Bildung und Politik. Während ein Teil der Bildung auch unter demokratischen Bedingungen der Politik unterstellt bleibt, löst sich unter diesen ein anderer Teil aus der traditionellen Subordination. Ausgehend von dieser Idealtypik unterscheidet Cai zwischen einem subordinierten und einen nicht-subordinierten Verhältnis von Bildung und Politik. Militärische, ökonomische und moralische Bildung orientieren sich in absolutistischen wie in demokratischen Kontexten an der bestehenden Ordnung, wobei ihre Freiheitsspielräume unter demokratischen Bedingungen weiter und größer sind. Intellektuelle und ästhetische Bildung bewegen sich dagegen unter demokratischen Voraussetzungen in eigenen Räumen und beanspruchen für sich einen Status jenseits der Politik (vgl. Cai 1912a).

Mit der Unterscheidung zwischen einer der Politik untergeordneten und einer von der Politik unabhängigen Form der Bildung suchte Cai für die intellektuelle und die ästhetische Bildung einen Status relativer Autonomie zu sichern. Von ihnen sagte er, sie seien für die Nation viel zu wichtig, als dass sie ganz in die Hand der Politik gelegt werden könnten. Dass er eine relative Autonomie nicht auch für den Bereich der Moral beanspruchte, wundert aus europäischer Sicht, hängt aber im chinesischen Kontext damit zusammen, dass die Unterscheidung zwischen Moralität und Legalität Anfang des 20. Jahrhunderts in China noch nicht entwickelt war.

In seiner Funktion als Erziehungs- und Bildungsminister suchte Cai „parteiliche Standpunkte" im Bildungsdiskurs zu vermeiden und der Bildung einen Status „jenseits der politischen Kräfte" zu geben (Cai 1912b, S. 160). Die von ihm noch 1912 vertretene Auffassung von einer weitgehenden Subordination von Wirtschaft und Moral unter staatliche Politik korrigierte er später. In seiner Rede „Zur Unabhängigkeit der Bildung" von 1922 führt er mit Bezugnahme auf John Dewey aus: „Bildung ist die Hilfestellung für den zu bildenden Menschen. Sie eröffnet diesem die Möglichkeit, seine eigenen Fähigkeiten zu entwickeln und seine Persönlichkeit zu vervollkommnen, damit er einen verantwortlichen Beitrag zur menschlichen Kultur erbringen kann. Bildung verhilft dem zu bildenden Menschen zugleich dazu, spezielle Eigentümlichkeiten in sich auszubilden, damit er auch für andere Zwecke zu gebrauchen ist." (Cai 1922, S. 159)

In seiner Zeit als Rektor der Universität Peking gewinnt Cai vermittelt über Dewey, der von 1919 bis 1921 China besuchte, Anschluss an deutsche Diskurse über Aufklärung und Bildung. Die Funktion der Erziehung für die Entwicklung des Individuums wird nun in keinem Bereich mehr der gesellschaftlichen Funktion von Bildung untergeordnet. Cais Wandel vom demokratischen Revolutionär zum modernen Bildungstheoretiker zeigte sich schon früh an der Korrektur des Erziehungsprogramms der Reformschulen, an denen in der Zeit vor der ersten chinesischen Republik geschlechtsspezifische Formen einer militärischen Bildung von Jungen und Mädchen institutionalisiert worden waren. Nach seiner Berufung zum Erziehungs- und Bildungsminister trat er für die Einführung eines schulischen Sportunterrichts und die Einrichtung freier Sportverbände ein. Die militärische Bildung siedelte er nun mit Blick auf eine verstärkte Sicherung Chinas gegenüber äußeren Feinden im Rahmen der beruflichen sowie der allgemeinen Menschenbildung an.

Als eine schulische und außerschulische überwölbende Konzeption, die zwischen den Formen einer Erziehung im Primat der Politik mit einer Erziehung jenseits des Politischen vermittelte, entwickelte Cai von 1912 an Vorstellungen zu einer „harmonischen Entwicklung der Persönlichkeit", welche die bereits angesprochenen fünf Bereiche der Bildung neu ordnen und dem Zweck einer „Rettung des Vaterlandes" dienen sollen. In seiner Abhandlung „Auf zu neuen Bildungseinrichtungen" stellte er folgende Analogie zwischen den fünf Bereichen der Bildung und dem Organismus des menschlichen Leibes her: „Würden die fünf Bildungen einen Menschkörper konstituieren, wäre die militärische Bildung das Skelett mit Sehnen, welches der Selbstverteidigung dient; die utilitaristische Bildung der Darm und der Magen, welche die Nährstoffe transportieren; die staatsbürgerliche Moralbildung stünde für Lunge und Kreislauf, die alle Teile des Körpers miteinander verknüpfen; die ästhetische Bildung für das Nervensystem, welches für Vermittlung und Kommunikation verantwortlich ist; und die weltanschauliche Bildung stünde für die Psyche, die an das Nervensystem angeschlossen ist, sich aber in keiner stofflichen Existenz zeigt." (Cai 1912b, S. 7-8)

Mit der Unterscheidung eines der Politik untergeordneten und eines ihr nicht untergeordneten Begriffs von Bildung änderte sich auch Cais Begriff des Patriotismus. In einem Beitrag aus dem Jahre 1917 führt er aus: "Vor der ersten Republik war die Aufgabe des Patriotismus, die Revolution zu propagieren; nach der Entstehung der Republik besteht die Aufgabe der patriotischen Schule in der Vervollkommnung der Persönlichkeit" (Cai 1917, S. 47). Dies aber gelte gleichermaßen für Männer wie für Frauen. 1920 ging er noch einen Schritt weiter, indem er die fünf Bildungsrichtungen in die vier Bereiche der moralischen, intellektuellen und ästhetischen Bildung sowie der Leibesbildung (Sport) überführte.

Ältere chinesische Traditionen fortführend, bestimmte er die moralische Bildung, für die er nun wie für die ästhetische und intellektuelle Bildung den Status relativer Autonomie reklamierte, zum Zentrum der Entwicklung der harmonischen Persönlichkeit. Diese Neuorientierung seines bildungstheoretischen Denkens erlaubt es, in den Schriften der 20er Jahre zwischen einem staatsbürgerlich-politisch definierten Verständnis der Moral, das der Politik untergeordnet ist, und einem nationalen Moralverständnis zu unterscheiden. Cais Abgrenzung einer der Logik der Politik unterstellten Moral ohne Autonomie und einer eigenlogischen Moral mit Autonomie kann als ein chinesisches Pendant zu der auf Immanuel Kant zurückgehenden Unterscheidung zwischen Legalität und Moralität interpretiert werden. Cai selbst weist darauf hin, dass diese Unterscheidung in China erst mit dem Beginn der ersten Republik möglich wurde (vgl. Cai 1920). Die Unterscheidung zwischen einer politischen und einer relativ autonomen Moral ist folgenreich für die Beziehungen zwischen individueller Bildung und nationaler Bildung. In einer demokratischen Republik können beide nicht länger einer politisch normierten staatsbürgerlichen Bildung untergeordnet werden.[4]

---

[4] An dieser Stelle zeigt sich eine große Nähe zwischen Wilhelm von Humboldts und Cai Yuanpeis Bildungsverständnis. Beide kennen die Unterscheidung zwischen Staat und Nation

Cais Wandel vom revolutionären zum liberalen Demokraten war nicht nur für sein Verständnis moralischer Bildung, sondern auch für seine Begriffe ästhetischer und intellektueller Bildung bedeutsam. In der ästhetischen Bildung sah er eine Möglichkeit, um die Orientierungskrisen in der jungen Republik auf eine spezifisch chinesische Art und Weise, nämlich ohne Rückgriff auf Religion, reflexiv zu bearbeiten. Die Religion meinte er als Relikt einer vorwissenschaftlichen und vordemokratischen Epoche fassen zu können, das zur Freiheit des Denkens und zu den Menschenrechten im Widerspruch stehe und mit den Fortschritten von Wissenschaft und Demokratie von selbst verschwinden werde. Den Künsten sprach er als besondere bildende Kraft zu, Probleme der Entwicklung von Individualität und Gemeinsinn im Medium einer zweckfreien Zweckmäßigkeit so dazustellen, zu beschreiben und zu bearbeiten, dass Spielräume für neue individuelle, interindividuelle und gemeinsame Entwicklungen sichtbar werden.

Vor dem Hintergrund der politischen Kämpfe zur Zeit der ersten Republik hoffte Cai, der Zusammenhalt des Vaterlandes lasse sich durch ästhetische Bildung erhalten und stärken. Öffentlich trat er dafür ein, die zeitgenössische Moral- und Sinnkrise in der Kunst zu bearbeiten und zu reflektieren: „Die Kunst geht über Nutzen, Leben und Tod hinaus und gestaltet ein selbstgenügsames Interesse. Ohne die Bildung durch die Kunst wäre es nicht möglich, den unerlässlichen Idealismus, den Mut und die Selbstaufopferungsbereitschaft für die Gemeinschaft hervorzubringen." (Cai 1928, S. 192)

In einer von den politischen Kämpfen frei gelassenen ästhetischen Bildung sah Cai nicht nur eine überpolitische Instanz zur Kompensation der in der chinesischen Kultur weitgehend fehlenden religiösen Bildungselemente, sondern darüber hinaus zugleich ein wichtiges Element für die Erweiterung einer auf Wissenschaft verkürzten intellektuellen Bildung. Als einen Mangel des zeitgenössischen Modernisierungsprozesses und einen Grundirrtum der eigenen Zeit kritisierte er Lebensformen, auf denen die „Menschen nur den Weg der Wissenschaft beschreiten" und „utilitaristisch nur nach dem größt möglichen Nutzen" streben, „als ob der Menschen nur in der Welt lebe, um Brot zu essen" (Cai 1935, S. 214). Einer solchen Verkürzung der menschlichen Existenz und Koexistenz, die alle tieferen Emotionen abtöte und zu „Mord und Totschlag" führen werde, müsse durch ästhetische Bildung entgegengewirkt werden. „Ästhetische Bildung eilt den Menschen zu Hilfe, die verlorenen Emotionen in der Musik, der bildenden Kunst und der Literatur wiederzufinden." Und weiter: „Die Existenz dieser Emotionen erweckt zwangsläufig ein Missionsgefühl. Diese Mission ruft die Menschen nicht nur auf, sich zu ernähren, zu kleiden und zu wohnen, sondern auch ihr Leben über die Grundbedürfnisse der materiellen Existenz hinaus zu genießen und guten Geschmack zu entwickeln.

---

und grenzen den Raum des Politischen von den Räumen des Moralischen, Pädagogischen und Ästhetischen ab.

Und damit stärkt ästhetische Bildung die emotionale Beziehung zwischen den Menschen auf unerwartete Weise." (Cai 1935, S. 215)

Cais Plädoyer für ästhetische Bildung weist nicht nur über die Bewegung des 4. Mai, sondern auch über die primär auf Wissenschaft und Politik setzende demokratische Bewegung der chinesischen Aufklärung hinaus. In den Jahren von 1917 bis 1923, als er Rektor der Universität Peking war, hatte Cai die Möglichkeit, bestimmte Elemente seiner Bildungskonzeption umzusetzen. In der modernen Universität sah er nicht in erster Linie eine Einrichtung, an der akademische Karrieren durchlaufen und Beamte für den Staat ausgebildet werden, sondern eine Einrichtung, an der Heranwachsende sich durch das Studium der Wissenschaften bilden und selbständig urteilen und denken lernen. In seiner „Rede zur Eröffnung des Studienjahrs 1919" führt er hierzu aus: „Die Universität ist keine Institution, um Diplome zu verkaufen und fertige Kenntnisse weiterzugeben, sondern ein Organ für Wissenschaft und Forschung ... unter Anleitung der akademischen Lehrer." (Cai 1919a, S. 99)

Cai setzte sich als Rektor für die Unabhängigkeit der Wissenschaft von Politik und Religion und die Sicherung und Wahrnehmung "der akademischen Gedankenfreiheit" ein. Unter seiner Leitung entwickelte sich die Universität Peking in wenigen Jahren von einer Institution für die Rekrutierung hoher Würdenträger im kaiserlichen China zu einem Ort „akademischer Freiheit" und einer auch international anerkannten wissenschaftlichen Einrichtung. Cai verteidigte diese Entwicklung gleichermaßen gegen politische Einmischungen in die akademische Freiheit wie gegen Versuche, aus der Universität einen Ort für politische Aktivitäten zu machen. Im Jahre 1919 warf ihm die Regierung vor, die Politisierung der Studentenschaft zu tolerieren und mit der patriotischen Bewegung des 4. Mai zu sympathisieren. Sie drohte mit der Schließung der Universität Peking. Auch in dieser Situation widersetzte sich Cai der Einmischung der Politik in die Autonomie der Universität. Es gelang ihm sogar, verhaftete Studenten aus dem Gefängnis zu holen. Durch den Kampf für die Autonomie der eigenen Hochschule erschöpft, überlegte er, das Amt des Rektors niederzulegen. Öffentlich stellte er fest: „Ich kann unmöglich weiterhin als von der Regierung eingesetzter ... nicht mehr freier Universitätspräsident tätig sein." (Cai 1919b, S. 96) Auf Bitten der Professorenschaft und der Studenten blieb er noch einige Jahre im Amt, legte dieses jedoch 1923 nieder, als er angesichts der „Verletzung der Unabhängigkeit von Justiz und Bildung durch die Politik", aber auch enttäuscht durch die zunehmende Politisierung, Radikalisierung und Gewaltbereitschaft der Studierenden, keine Möglichkeit mehr für eine Realisierung seiner Universitätsidee sah (siehe Cai 1934).

4. Zur Aktualität der bildungstheoretischen Konzepte Wilhelm von Humboldts und Cai Yuanpeis

Dass es zwischen den in Europa geführten Diskursen über Aufklärung und Bildung und chinesischen Diskursen Anschlussmöglichkeiten gibt, zeigt sich nicht nur an den im dritten Teil herausgearbeiteten Gemeinsamkeiten und Unterschieden in den Bildungskonzepten Wilhelm von Humboldts und Cai Yuanpeis. Beider Aktualität reicht zugleich weit über die Kontexte, in denen ihre Überlegungen entstanden und in denen sie tätig waren, hinaus. Cais Eintreten für nach beiden Seiten kritische Verbindungen von Aufklärung und Bildung und seine Unterscheidung zwischen politisch bevormundeten und von der Politik unabhängigen Formen von Moral, Intellektualität und Ästhetik bezeugen dies eindrucksvoll. Sie sind heute nicht minder aktuell als zu seiner Zeit.

Diskurse über Aufklärung und Bildung wurden in China nicht nur zur Zeit der ersten Republik geführt. Sie finden auch heute – keineswegs nur innerhalb, sondern auch außerhalb des Internets – statt und lassen sich bis in die Politik hinein verfolgen. Dort zeigen sie sich einerseits an Versuchen des Staates, auf die Entwicklung der öffentlichen Meinung Einfluss zu nehmen, und treten sie anderseits an der Art und Weise hervor, wie die öffentliche Meinung mit solchen Versuchen umzugehen versteht. Reflexionen hierüber bestimmten auch die Gespräche und den Austausch von Meinungen in den Salons und auf den Foren, die die Stiftung Mercator im Jahre 2011 in ihrem Begleitprogramm zur Pekinger Ausstellung „Die Kunst der Aufklärung" veranstaltet hat.

So kommentierten Teilnehmer des Salons „Aufklärung und Bildung" den Widerstreit zwischen Kants Deutung der Aufklärung als „Ausgang des Menschen aus seiner selbst verschuldeten Unmündigkeit" und Friedrich des Großen Wahlspruch „räsonniert soviel ihr wollt und worüber ihr wollt, aber gehorcht!" mit den Worten, der preußische König hätte – vielleicht nicht in seinem Jahrhundert, aber doch heute – ein Chinese sein können. In seiner Antwort auf die Frage, wie Aufklärung und Bildung miteinander zu vereinbaren seien, erkannten sie die intellektuelle und politische Situation des heutigen Chinas wieder. Nicht anders äußern sich Studierende, wenn sie die ehemals wegweisende Geste der leicht erhobenen Hand der Mao-Statue auf dem Campus ihrer Universität mit den Worten interpretieren: ‚Mao winkt einem Taxi; aber es kommt keines.'

Wiederkennbar waren die Abstimmungsprobleme zwischen aufklärender Kritik und bildender Wechselwirkung von Subjektivität und historisch-gesellschaftlicher Wirklichkeit auch in Gesprächen über Liu Xiaobo, dem 2010 der Nobelpreis für Frieden verliehen wurde, sowie über Ai Wei Wei, der in seinen Fotos, Filmen und Bildern Transformationsprozesse und -probleme im heutigen China thematisiert. Auf die Frage, warum man sich in China nicht darüber freue, dass ein Chinese mit dem Nobelpreis für Frieden ausgezeichnet wurde, gaben einige die Antwort, Xiaobo habe China keinen Frieden gebracht. Eine vergleichbare Reflexivität trat im Salon „Aufklärung und Kunst" in Gesprächen über die Frage zutage, warum Wei Wei (2011) im Ausland als bedeutender Künstler wahrgenommen, in China dagegen als öffentliche Person mit Hausarrest belegt werde. Hier äußerten nachdenkliche Chinesen die Meinung, China müsse noch lernen, schärfer zwischen den Eigenlogiken von ästhetischer Praxis, staatlicher Politik und öffentlicher Bildung zu unterscheiden und die anzustrebende öffentliche Harmonie von Kunst, Bildung und Politik nicht als einen Gleichklang, sondern als ein agonales Verhältnis auszuhalten und zu interpretieren.

Diskurse wie die angesprochenen belegen, dass es in China auf vielen Ebenen und in unterschiedlichen Bereichen nicht nur ein Bedürfnis nach, sondern auch eine bereits weit entwickelte Kompetenz für eine öffentliche Diskurskultur gibt, in der Themen, die im Spannungsfeld von Wissenschaft, Kunst, individueller Lebensführung und Politik angesiedelt sind, in aufklärender und zugleich bildender Weise angegangen werden. Aus einer solchen Kultur könnten nicht nur der Einzelne und die Gesellschaft insgesamt, sondern auch staatliche Politik neue Kraft und wichtige Impulse beziehen. Die Grenzen staatlicher Wirksamkeit zeigen nämlich nicht nur Grenzen staatlicher Macht, sondern auch Grenzen staatlicher Gesamtverantwortung an. Ein Politiksystem, das hierum weiß, kann größere Freiheiten gewähren als ein Politiksystem, das seine Wirksamkeit immer weiter ausdehnt und dabei die Grenzen seiner Gesamtverantwortung überdehnt. Dies gründlicher und tiefgreifender zu erörtern, könnte bedeuten, im chinesischen Kontext weiter der von Mendelssohn diskutierten Frage nachzugehen, wieso Bildung ohne Aufklärung dumm und Aufklärung ohne Bildung gefährlich sein kann.

II. Didaktische und schultheoretische Vergewisserungen

SCHULE IM SPANNUNGSFELD
VON INPUT- UND OUTPUTSTEUERUNG[1]

Man kann bezweifeln, ob individuelle Bildungsprozesse wissenschaftlich geplant und Schulsysteme staatlich gesteuert werden können. Nicht zu bezweifeln ist, dass Bildungsprozesse in Schulen in einem Spannungsfeld zwischen Input und Output stehen. Zum Input gehören nicht nur staatliche Verfassungen, Schulgesetze und Lehrpläne, sondern auch die Lehrer und Schüler selbst, zum Output nicht nur die Leistungen von Lehrern, Schülern und Schulen, sondern auch sozialisatorische Erfahrungen, die im Erziehungssystem gemacht, sowie Zertifikate, die beim Verlassen desselben ausgestellt oder nicht ausgestellt werden. Zwar gibt es in Schulen – anders als im Wirtschaftssystem – „keine Knappheit von Zensuren und Prüfungserfolgen", die dazu zwänge, Erfolge und Misserfolge nach der so genannten Normalverteilung oder nach Angebot und Nachfrage auszubalancieren (vgl. Luhmann 2002, S. 71). Gleichwohl bereiten schulische Erfolge und Misserfolge nicht nur spätere Karrieren vor, sondern führen bereits im Erziehungssystem zu einer Differenzierung der Bildungsgänge, die individuell verarbeitet und öffentlich gerechtfertigt werden muss.

In- und Output stehen in einem spannungsreichen Verhältnis, das nicht einseitig nach In- oder Outputgesichtspunkten aufgelöst und auch nicht perfekt harmonisiert werden kann. Weder verfügen die lernenden Individuen autonom über ihre schulischen Lernprozesse und deren Beurteilung, noch kann der Staat Lehr-Lernprozesse aus eigener Kraft durch Vorgaben und Evaluationen optimieren und steuern. Für alles Lehren und Lernen gilt, dass es grundsätzlich nicht delegierbar ist und nicht stellvertretend von anderen wahrgenommen oder vollzogen werden kann. Steuerungsprobleme gibt es in beim Lehren und Lernen sowohl auf individueller als auch auf organisatorischer und systemischer Ebene, ohne dass für eine dieser Ebenen Instrumente bereitstünden oder in absehbarer Zeit entwickelt werden könnten, die verlässliche Prognosen erlauben und Bildungsprozesse rational planbar machen. Bildungsprozesse sind zwischen unterschiedlichen Input- und Outputfaktoren angesiedelt. Statt vom Anfang oder vom Ende her gesteuert werden zu können, vermitteln sie auf mannigfaltige Weise zwischen Input und Output.

---

[1] Überarbeitete Fassung eins Beitrags, der in dem von S. Blömeke et al. hrsg. Handbuch Schule. Bad Heilbrunn 2009, S. 51-63, erschienen ist.

1. Optimistische und skeptische Positionen zur Planbarkeit schulischer Bildungsprozesse

Zieht man die pädagogische Tradition zu Rate, so findet man in dieser sowohl optimistische als auch skeptische Äußerungen zur Planbarkeit schulischer Lehr-Lernprozesse und zu den Wirkungen, die vom Erziehungssystem ausgehen oder nicht ausgehen. Optimistische Auffassungen lassen sich bis in die Anfänge des theoretischen Nachdenkens über die Struktur und Funktion einer gemeinsamen Erziehung und Unterweisung der nachwachsenden Generation zurückverfolgen. Die ältesten stammen aus der griechischen Antike, in der es noch keine staatlichen Schulen gab und die Erziehung weitgehend privat und familiär organisiert war (vgl. Christes/Klein/Lüth 2006, S. 89-124). Skeptische Auffassungen sind dagegen so alt wie die Institution Schule selbst. Sie reflektieren Erfahrungen, die mit dem in Schulen investierten Optimismus nach der Einrichtung öffentlicher Bildungsanstalten gemacht wurden. An drei Beispielen soll dies illustriert werden.

1.1 Aristoteles: Über gemeinsame Erziehung im Kontext von Pädagogik und Politik

In seiner Abhandlung über Politik interpretiert Aristoteles die Erziehung als eine Praxis, in der die Generation der Erwachsenen diejenige der Heranwachsenden regiert (vgl. Politik 1332b 35 – 1333a 3). Er unterscheidet zwischen privater und öffentlicher Erziehung und begrenzt den legitimen Einfluss des Staates auf den Bereich der öffentlichen Erziehung (vgl. Politik 1261a 15-25). Dem Gesetzgeber weist er die Aufgabe zu, Vorkehrungen dafür zu treffen, dass die nachwachsende Generation mit Blick auf die Verfassung des Staates und die Tugend gemeinsam erzogen wird. Zwischen dem Input und dem Output schulischer Erziehung und Bildung sucht er durch eine zweckmäßige Ordnung der pädagogischen Ziele und Mittel zu vermitteln. Techniken des pädagogischen Handelns verknüpft er so mit den Zwecken der Erziehung, dass „die Jugend von den nützlichen Dingen das Notwendige" lernt (ebd., 1337b 3-5). Als nützlich weist er „Lesen und Schreiben, Gymnastik oder Leibesübung" sowie „Musik und [...] hin und wieder Zeichnen" aus (ebd., 1337b 23-28). Während die Beherrschung des Lesens, Schreibens, Rechnens und Zeichnens „zu Geldgeschäften, zur Hauswirtschaft, zur Erlernung der Wissenschaften und zu mancherlei Staatsgeschäften von Nutzen ist", ist für ihn die Musik ein „Bildungsmittel" zur Herausbildung der Tugend im Dienste der „Muße" (ebd., 1338a 12-25). Eine gelingende Tugenderziehung macht er von der Wahl der geeigneten „Melodien", „Rhythmen" und „Tonarten" abhängig (siehe hierzu Kaiser 1986). „Dorischen Melodien", „ethischen Gesängen" und der „lydischen Tonart" räumt er einen Vorrang vor allzu „orgiastischen" und „enthusiastischen" Formen der Musik ein. Die Tugend aber ist für ihn kein unmittelbares Resultat der Erziehung von Kindern und Jugendlichen, sondern stellt sich erst im späteren Leben als Ergebnis des Handelns von Erwachsenen ein.

1.2 Vom Optimismus der pädagogischen Aufklärer des 18. Jahrhunderts zu Humboldts Neubestimmung der „Gränzen der Wirksamkeit des Staats"

Die Einrichtung der schon von Aristoteles geforderten Schulen für alle, an denen von dem Nützlichen das Notwendige gelehrt wird, erfolgt nicht in der Antike, sondern beginnt erst im christlichen Mittelalter und hier wiederum verstärkt mit der Reformation. Als Institution einer nicht mehr privat und familiär, sondern gemeinsam und öffentlich organisierten Erziehung wird die Schule im letzten Drittel des 18. Jahrhunderts quasi neu erfunden. Allgemein setzt sie sich erst im 19. Jahrhundert durch (vgl. Caruso 2007). In Deutschland sind es Aufklärungspädagogen wie Sextro und Villaume, Philanthropen wie Basedow und Salzmann und Neuhumanisten wie Jachmann und Passow (vgl. zum Folgenden Göstemeyer 1989; Benner/Kemper 2003), die mit neuen Formen schulischer Erziehung experimentieren. Sie treten dafür ein, die vorbürgerlichen Formen eines auf Subsistenzsicherung ausgerichteten Fleißes in solche einer nie endenden merkantilistischen „Industriosität" (Sextro) zu überführen, die Geburtsstände des Ancien Régime durch Berufsstände zu ersetzen und den Zugang zu diesen durch ein für alle geltendes „Bürgerrecht" auf Bildung zu öffnen (Villaume) sowie der allgemeinen Bildung eine „präordinierte" Stellung gegenüber den verschiedenen Formen der beruflichen Bildung zuzuerkennen (Jachmann). Bei ihren Versuchen, die Erziehung mit Hilfe der Schule zu modernisieren und ein allgemeines Menschenrecht auf Bildung durchzusetzen, hofften die pädagogischen Aufklärer anfänglich auf eine Unterstützung durch den Staat, um dann jedoch im zeitlichen Kontext der Französischen Revolution festzustellen, dass der absolutistische Staat primär an der Erhaltung seiner Macht und der Privilegien des Adels, nicht aber an einer durch Schulen herbeizuführenden Befreiung der Erziehung aus überkommenen Abhängigkeiten interessiert sei (Anonymus/Trapp 1792, S. 6f.). Wie E. Ch. Trapp nimmt auch W. von Humboldt eine Neubestimmung der Beziehungen zwischen Staat und öffentlicher Erziehung vor. In seinen „Ideen zu einem Versuch, die Gränzen der Wirksamkeit des Staats zu bestimmen" führt er aus, dass Religion, Ökonomie, Moral und Bildung gänzlich außerhalb der Grenzen staatlicher Wirksamkeit liegen. Sie seien daher nicht als staatliche, sondern als kirchliche, bürgerliche, individuelle sowie nationale bzw. öffentliche Angelegenheiten zu institutionalisieren. Der Staat könne die Bildung der Menschen ebenso wenig steuern wie Wirtschaft oder Moral. Staatliche Lenkungsversuche schadeten hier wie dort nur der Empfindsamkeit der Menschen und der Erfindungskraft der Einzelnen, der geselligen und gesellschaftlichen Moral sowie der individuellen und gemeinsamen Bildung. Die öffentliche Erziehung sei so einzurichten, dass der grundlegenden Bildung des Menschen ein temporärer Vorrang gegenüber der beruflichen Bildung des Bürgers eingeräumt werde. J. F. Herbart geht noch einen Schritt weiter, wenn er eine Professionalisierung des Lehrerberufs nach Art der freien Berufe fordert. Nur durch sie könne sichergestellt werden, dass die neue Institution Bildung nicht unter Gesichtspunkten ihrer Verwertbarkeit begrenzt. Die Schule sei nicht an der Idee einer „Aristokratie der besten Köpfe" auszurichten, sondern habe die Aufgabe, in allen Heranwachsenden ein vielseitiges Interesse zu wecken und jeden Einzelnen so weit wie nur möglich zu fördern.

*1.3 Kerschensteiners „Grundaxiom des Bildungsprozesses"
und die Schulreformdebatten in Deutschland nach 1945*

Während die Theoretiker und Praktiker der pädagogischen Aufklärung und des Neuhumanismus allen Menschen eine zwar nicht unbegrenzte, aber von Natur her unbestimmte Lernfähigkeit zugestehen und die Interdependenzen zwischen dem in Entstehung begriffenen Erziehungssystem und den anderen gesellschaftlichen Teilsystemen als offene, agonale und dynamische Beziehungen denken (vgl. zum Folgenden Benner/Kemper 2001, S. 259-320), gehen spätere Reformer von einem harmonischen bzw. zu harmonisierenden Verhältnis zwischen einem angenommenen Input an individuellen Anlagen und einem möglichen Output an Fähigkeiten aus. Auf dieses suchen sie die gerechte Allokation der Einzelnen in der arbeitsteiligen Gesellschaft zu gründen.

So stellt der bayerische Schulrat und Reformpädagoge G. Kerschensteiner zur Zeit des deutschen Kaiserreiches ein „Bildungsaxiom" für die Legitimation der durch staatliche Schulen vorzunehmenden Selektion der Heranwachsenden auf. Dieses reguliert den Zugang zu den Berufsständen nach der „geistigen Struktur" und Fähigkeit der Einzelnen, an „Kulturgütern" partizipieren zu können. Nach Kerschensteiner verlangt die „bildende Beziehung" zwischen den Kulturgütern „der Religion, der Moral, des Wissens, der Kunst, der Technik, der gesellschaftlichen Sitten und Gebräuche" auf der einen und der „Veranlagung" der Heranwachsenden „für vereinzelte Kulturgebiete" auf der anderen Seite nach einer an die „Wachstumsreife des Zöglings" angepassten Strukturierung der Bildungsgänge: „Wer zum geistigen Arbeiter innerlich berufen ist, kann nicht früh genug mit den Methoden der geistigen Arbeit vertraut gemacht werden. Wer zum praktischen Arbeiter geschaffen ist, kann zunächst der rein wissenschaftlichen Methoden auch in jenen Fächern entbehren, welche die praktische Arbeit sollen fördern helfen." (Kerschensteiner 1917a; vgl. auch Ders. 1917b) Nach Kerschensteiner löst das dreigliedrige Schulsystem die Abstimmungsprobleme zwischen dem Input einer feststehenden Anlagenausstattung der Einzelnen, dem Output an Fähigkeiten und ihrer gesellschaftlichen Allokation am besten. Der „staatsbürgerlichen Erziehung" weist er nicht nur im Kaiserreich, sondern auch noch in der Zeit der Weimarer Republik die Aufgabe zu, die Akzeptanz für die durch das Bildungsaxiom gerechtfertigte Ungleichheit der Menschen zu sichern.

Kerschensteiners Annahmen werden durch die Bildungspolitik und Bildungsreformen in beiden deutschen Nachkriegsstaaten begründet in Zweifel gezogen. In der DDR wird mit dem Schulgesetz von 1949 eine differenzierte Einheitsschule eingeführt. Sie soll die durch Klassenschranken verursachte und durch das dreigliedrige Schulsystem verfestigte Einschränkung des Rechts auf Bildung aufheben und jedem Einzelnen zu einer seinen Anlagen entsprechenden Bildung und Stellung in der Gesellschaft verhelfen. In der BRD gewinnt der Einheitsschulgedanke erst in den Reformen der 1960er und 1970er Jahre wieder an Bedeutung. Angestrebt wird, die statische Zuordnung von Anlagen und Begabungen und die Begrenzung der Bildungsmöglichkeiten durch den sozialen Status der Herkunftsfamilien durch eine Demokratisierung der Bildung zu überwinden, die sich im Wesentlichen auf eine Dynamisierung des Begabungsbegriffs sowie besondere Fördermaßnahmen stützt (vgl. Herrlitz/Hopf/Titze/Cloer 2005). Der Zugang zu weiterführenden Bildungsgängen soll nicht mehr gemäß naturhaft festgestellten Anlagen und einer durch Sozialisation begrenzten Entwicklung von Begabungen geregelt, sondern durch unterstützende Maßnahmen eines pädagogischen „Begabens" auch für bildungsferne Schichten geöffnet werden (vgl. Roth 1968).

Die Rede von einer mit pädagogischen und politischen Mitteln herzustellenden Chancengleichheit, welche die Reformen begleitet, suggeriert Möglichkeiten einer Überwindung überkommener Bildungsbarrieren und unterstellt eine weitgehende Planbarkeit und Allmacht der Erziehung, die sich in der Geschichte immer wieder als fragwürdig erwiesen hat. So stimmig die Annahme ist, dass die Möglichkeiten der Erziehung nicht durch natürliche Anlagen begrenzt werden, die als solche rein und unverstellt erkannt werden könnten, so problematisch ist die Prämisse, die Begabungen eines Menschen ließen sich durch pädagogische Maßnahmen dahingehend erweitern, dass im Verlauf des Erziehungsprozesses „Chancengleichheit" hergestellt und „Chancengerechtigkeit" gewährleistet werden könne. Gerechtigkeitsfragen sind weder mit Verweis auf eine natürliche Anlagenausstattung noch im Rahmen der Spielräume eines pädagogischen Begabens zu klären. Über sie muss ökonomisch, moralisch und politisch gestritten und entschieden werden. Die Möglichkeiten und Spielräume von Erziehung und Unterricht sind stets von individuellen, sozialen und organisatorischen Voraussetzungen des Lernens und Lehrens sowie von den Techniken und Mitteln pädagogischen Einwirkens und Handelns abhängig. Diese gilt es jenseits von Annahmen einer vorgegebenen oder zu erreichenden Harmonie zwischen In- und Outputressourcen weiterzuentwickeln und in ihren Wirkungen und Nebenwirkungen zu erforschen (siehe hierzu Heid 1985).

2. Steuerungskonzepte aus der Zeit der Bildungsreform der 1960er und 1970er Jahre

Die angesprochenen Probleme tangieren nicht zuletzt auch die Planungs- und Entwicklungskonzepte aus der Zeit der Bildungsreformen der 1960er und 1970er Jahre. Diese gehen von der Diagnose einer „deutschen Bildungskatastrophe" (Picht 1964) aus, suchen die Abstimmungsprobleme zwischen In- und Output des Bildungssystems durch eine Ausschöpfung von Begabungsreserven zu lösen und unterstellen gleichgerichtete oder zumindest harmonisierbare Entwicklungstendenzen im Wissenschafts-, Beschäftigungs- und Politiksystem (vgl. Benner/Kemper 2007, S. 166ff.). Aus der Vielzahl der Strategien werden im Folgenden der Ansatz einer Revision der Curricula, die Strategie einer bildungsplanerischen Problemlösung und der Versuch herausgegriffen, die Einheitlichkeit der Anforderungen an Lehr-Lernprozesse durch Normenbücher zu sichern.

2.1 Bildungsreform als Revision des Curriculum

Im Jahre 1967 entwirft S.B. Robinsohn, Direktor am 1963 gegründeten Max-Planck-Institut für Bildungsforschung in Berlin, ein curriculumtheoretisches Konzept für Bildungsreform. Dieses will die künftigen Lebenssituationen der Heranwachsenden mit wissenschaftlichen Mitteln erkunden, aus ihnen die durch schulische Lehr-Lernprozessen zu vermittelnden Qualifikationen ableiten und die Inhalte des Schulunterrichts so justieren, dass Heranwachsende über deren Aneignung die gewünschten Qualifikationen erwerben können. Der Ansatz sucht die überkommenen Lehrpläne durch ein Vollzeitcurriculum zu ersetzen, welches sicherstellen soll, dass Schüler in der Schule die für die Bewältigung künftiger Lebenssituationen erforderlichen Qualifikationen tatsächlich erwerben. Robinsohn hoffte, mit diesem Ansatz gewisse „Grenzen" einer „Didaktik" (Robinsohn 1969, S. 23ff.) überwinden zu können, die den Unterricht an zum Teil überholten Wissensbeständen statt an den künftig erforderlichen Qualifikationen ausrichte. Diese Hoffnung aber wurde gänzlich enttäuscht. Sein zugleich in- und outputorientierter Ansatz löste in der Folgezeit weder die Unterrichtsdidaktik ab, noch brachte er ein Vollzeitcurriculum hervor. Nicht einmal Teile eines solchen Curriculums ließen sich auf seiner Grundlage konstruieren.

2.2 Sozialwissenschaftliche Bildungsplanung

In den 1970er Jahren verabschiedet sich die Bildungsreform von den optimistischen Diagnosen und Prognosen der 1960er Jahre und wendet sich verstärkt sozialwissenschaftlichen, bildungsökonomischen und statistischen Planungsgrundlagen und -konzepten zu. Es werden Programme zur Förderung der intellektuellen Fähigkeiten durch eine Veränderung der Lernmotivation entwickelt und erprobt, außerschulische Bedingungsfaktoren identifiziert, die den Schulerfolg begrenzen, und Gesamtschulversuche eingeleitet, die mit speziellen Förderprogrammen und unterschiedlichen Formen der Differenzierung experimentieren. Die Auswertung der Versuche führt zu dem ernüchternden Ergebnis, dass sich durch die genannten Reformmaßnahmen die Leistungen von Kindern aus bildungsfernen Schichten zwar verbessern lassen, dass auf den eingeschlagenen Wegen aber eine nennenswerte „Reduzierung gesellschaftlicher Ungleichheit" nicht erreichbar ist (Fend 1976, S. 190ff).

2.3 Normenbücher

Die eingeschlagenen Strategien führen nicht zur Herstellung von Chancengleichheit. Ihr Einsatz geht jedoch mit einer beträchtlichen Steigerung der Abiturientenquote einher. Diese wird jedoch nicht an Gesamtschulen, sondern an Gymnasialen Oberstufen erreicht und hängt mit einer Veränderung der Bildungsaspiration der Familien zusammen, die nicht erst durch die Reformen erzeugt wird, sondern über einen sehr viel längeren Zeitraum beobachtet werden kann (vgl. Lundgreen 2000). Als Mitte der 1970er Jahre die Arbeitslosenquote in Deutschland erstmals die Millionengrenze überschreitet, sucht die Bildungspolitik nach neuen Wegen der Schulreform. Ihre Maßnahmen zielen nun nicht mehr vorrangig auf eine Ausschöpfung von Begabungsreserven und die Sicherung einer optimalen Grundbildung für alle, sondern streben eine verbesserte Qualitätssicherung für die Abiturstufe an. Die Kultusministerkonferenz (1975) gibt „Normenbücher" heraus, welche „Einheitliche Prüfungs-Anforderungen" (EPAs) für die Abiturprüfung formulieren und eine Gleichwertigkeit der Abschlüsse der Sekundarstufe II sichern sollen. In der Erziehungswissenschaft stoßen die EPAs auf weitgehende Ablehnung. Die Gründe hierfür reichen von Vorbehalten gegen ihre wissenschaftliche Basis bis hin zu Befürchtungen, die neuen EPAs gefährdeten die Freiheit der pädagogischen Arbeit an den Schulen und zerstörten die inhaltliche Vielfalt der Abituraufgaben (vgl. Flitner/Lenzen 1977).

3. Gegenwärtige Tendenzen und Befunde

Die Optionen für eine stärkere Outputorientierung des Bildungssystems sind, wie gezeigt, keine Erfindung von PISA 2000, sondern lassen sich in Deutschland bis in die Mitte der 70er Jahre zurückverfolgen. Zu Beginn des 21. Jahrhunderts diagnostiziert dann die internationale Schulleistungsvergleichsforschung neuerlich beträchtliche Defizite im deutschen Bildungssystem, die nun jedoch nicht an einer zu geringen Abiturientenquote, sondern am Leistungsstand der Fünfzehnjährigen festgemacht werden. Daraufhin werden neuerlich die Möglichkeiten einer Inputsteuerung des Bildungssystems durch Lehrpläne und Richtlinien in Zweifel gezogen und Konzepte für eine Outputsteuerung entwickelt. Es kommt wieder zu einer kontroversen Diskussion über Chancen und Gefahren einer Umstellung der traditionellen Input- auf eine neue Outputsteuerung, aus der im Folgenden einige Aspekte herausgehoben werden.

3.1 Möglichkeiten und Grenzen, das Bildungssystem durch Lehrpläne zu steuern

In Herbarts „Allgemeiner Pädagogik" von 1806 findet sich eine Bemerkung „Über Lehrpläne", an der rückblickend weitreichende Veränderungen der Funktion von Lehrplänen sichtbar werden. Vom konkreten „Lehrplan", den sich ein Lehrer für die Unterrichtung eines bestimmten Zöglings zurechtlegt, sagt Herbart, er sei eine „Veranstaltung" von „Gelegenheiten" und gebe an, was „irgendeinem Unterricht beigemischt" werden solle (Herbart 1806/1965, S. 93). Neben Herbarts Begriff eines auf konkrete Lehr-Lernanlässe zuzuschneidenden Lehrplans treten in den staatlichen Schulen des 19. und 20. Jahrhunderts zunehmend Lehrpläne, die Ansprüche auf eine den Unterricht normierende und regulierende Funktion erheben. Nicht nur die Lehrpläne des Kaiserreichs, auch die Lehrpläne in der DDR beanspruchen in der Folgezeit eine den Unterricht normierende Funktion, ohne dass jedoch von der Existenz der Lehrpläne auf deren Präsenz und Wirksamkeit im Unterricht geschlossen werden kann. In der BRD haben Lehrpläne dagegen von 1949 an den Charakter von Richtlinien, die den Lehrern nicht nur in der Methodenwahl, sondern auch in der konkreten Auslegung der Inhalte eine weitgehende Freiheit einräumen. Nach der Vereinigung von BRD und DDR ist das Bedürfnis nach einer Orientierung des unterrichtlichen Alltags durch Lehrpläne zunächst in den neuen Ländern stärker ausgeprägt als in den alten Ländern. Im Zusammenhang mit der Einführung lehrplankonformer Schulbücher sowie unter dem Einfluss mehrerer Lehrplanrevisionen, die rasch aufeinander folgen und den Unterricht jeweils neu orientieren wollen, nimmt dann jedoch auch in den neuen Ländern das Bedürfnis nach einer Orientierung des Unterrichts durch Lehrpläne ab (vgl. Schluß 2003).

Neuere Untersuchungen zu „Lehrplänen im Schulalltag" zeigen, dass Lehrer und Lehrerinnen Lehrplänen nur mehr dann eine die Praxis anleitende Qualität zuerkennen, wenn sie deren Orientierungsfunktion mit einer Innovationsfunktion in Verbindung bringen, die von ihnen selbst mitgetragen oder gar initiiert wird (Vollstädt/Tillmann/Rauin et al. 1999). Es ist zu vermuten, dass die Wirksamkeit von Lehrplänen umso geringer ist, je abstrakter und idealistischer sie ihre Bildungsziele definieren. Dies gilt auch für epochaltypische Schlüsselprobleme, aus denen Lehrpläne zeitweise Orientierungen für einen Unterricht zu gewinnen versuchten, dem sie die Aufgabe zuwiesen, Weltprobleme zu bearbeiten, für die Moral, Ökonomie und Politik noch keine befriedigenden Antworten gefunden haben.

Realistisch betrachtet können Lehrpläne nur die Richtung beschreiben, in die Unterricht Erfahrung und Umgang von Heranwachsenden erweitern soll. Die Legitimität normativer Orientierungen von Lehrplänen hängt heute weitgehend davon ab, ob sie die von der KMK im Beutelsbacher Konsens (vgl. Mickel 1999) für den Bereich der politischen Bildung aufgestellten Prinzipien eines Kontroversitätsgebotes sowie Indoktrinations- und Überwältigungsverbotes beachten und diese Grundsätze pragmatisch auch auf andere Fächer auslegen. Die genannten Ge- und Verbote verpflichten den Unterricht darauf, Heranwachsende in bestehende Kontroversen einzuführen, Fundamentalismen und Dogmatismen aller Art zu bekämpfen und für eine Pluralisierung von Betrachtungsweisen einzutreten, die zu kritischem Denken befähigen.

3.2 Von der Inputsteuerung zur Outputsteuerung?

Unter dem Einfluss der internationalen Schulleistungsvergleichsforschung, die für das deutsche Bildungssystem neuerlich restriktive Zusammenhänge zwischen Sozialstatus und Schulerfolg aufdeckt und Ergebnisse ermittelt, die im Mittelfeld des weltweiten Leistungsspektrums liegen (vgl. Baumert/Bos/Lehmann 2000; Deutsches PISA-Konsortium 2001), sind gegenwärtig Experimente mit „neuen Steuerungsmodellen" sowie Tendenzen zu einer Umstellung der auf Lehrpläne und Richtlinien setzenden Inputsteuerung auf eine Outputsteuerung durch Bildungsstandards zu beobachten. Die angestrebte Kompetenzorientierung soll die Leistungen des Bildungssystems steigern helfen und den Schulen zugleich neue Freiräume in der Ausgestaltung ihrer Programme eröffnen. Von der traditionellen Wissensorientierung unterscheidet sich die neue Kompetenzorientierung dadurch, dass sie Fähigkeiten ins Zentrum rückt, die – wie die Lesekompetenz – insbesondere in schulischen Lehr-Lern-Prozessen entwickelt werden, und deren Messung an domänenspezifisch konzipierten psychologischen Kompetenzmodellen ausrichtet (vgl. PISA 2000).

In der Abkoppelung der durch Schulunterricht zu fördernden Kompetenzen von Wissensgehalten der traditionellen Lehrpläne und Curricula erkennen einige Wissenschaftler einen Fortschritt, andere einen Rückschritt. Der Vorteil wird darin gesehen, dass nicht mehr die Beherrschung schulisch erworbener Detailkenntnisse im Vordergrund der Messungen steht, sondern Fähigkeiten, Fertigkeiten und Kompetenzen ohne Umweg über das Schulwissen an anwendungsbezogenen sowie lebensbedeutsamen Aufgaben überprüft werden (vgl. OECD 1999, S. 11). Dieser Vorteil ist nach Auffassung vieler Kritiker mit dem Nachteil verbunden, dass der Horizont des Lernens auf die Fähigkeit, Anwendungsaufgaben zu lösen, verkürzt wird und weitergehende Bildungsaufgaben wie die einer mehrperspektivischen Deutung und Vertiefung von Welterfahrung und zwischenmenschlichem Umgang aus dem Blick geraten (vgl. hierzu die Kontroverse zwischen Tenorth 2004 und Koch 2004). Die Alternative: Sicherung des Bildungssinns oder Stärkung des Anwendungsbezugs ist indessen weder zwingend noch stichhaltig (vgl. Benner 2005). Und die Qualität von Testaufgaben lässt sich unter diesem Dual gar nicht tiefergehend beurteilen. Auch sind die in den PISA-Projekten eingesetzten Mathematikaufgaben keineswegs nur Anwendungsaufgaben, sondern stellen zugleich differenzierte Ansprüche an mathematische Modellierungen. Nicht der Anwendungsbezug als solcher, sondern die Vernachlässigung mathematischgrundlagentheoretischer Problemstellungen und die fehlende Reflexion der Grenzen mathematischer Modellierungen einschließlich ihrer Abhängigkeit von außermathematischen Sachverhalten und Problemstellungen sind kritikbedürftig (siehe hierzu Benner 2002; vgl. auch den Beitrag von B. Xu 2007, S. 187-201).

Der Vorwurf, Kompetenztests vernachlässigten das durch Schulunterricht zu vermittelnde Wissen, gilt zudem weniger für TIMSS und bei PISA stärker für PISA 2000 als für die Folgeuntersuchungen. LAU dagegen arbeitet u. a. mit Aufgabenformen, die auch fächerübergreifende Kompetenzen ansprechen (siehe hierzu Klieme/Funke/Leutner/Reimann/Wirth 2001). Diese müssen nicht zwangsläufig domänenunspezifisch definiert werden, sondern können auch domänenspezifisch konzipiert werden (vgl. Benner/Krause/Nikolova et al. 2007). Größere Klarheit über die mit der Outputorientierung verbundenen Zugewinne oder Verluste wird es erst geben, wenn konkurrierende Messmodelle zum Einsatz gelangen, deren Ergebnisse Auskunft darüber geben, welchen Einfluss die Testinstrumente auf die Modellierung der durch sie erfassten Leistungen haben und welche Aspekte dabei jeweils stärker betont oder ausgeblendet werden (vgl. hierzu Blömeke 2005; siehe auch Gruschka 2007).

3.3 Möglichkeiten und Grenzen einer Qualitätssicherung durch Bildungsstandards

Gewisse Möglichkeiten und Grenzen einer stärkeren Outputsteuerung des Bildungssystems sind bereits heute ansatzweise erkennbar. Soziale Systeme lassen sich – auf der Ebene der Interaktion wie der Organisation – weder von ihren Eingängen noch von ihren Ausgängen her steuern. Gleichwohl kann auf die zwischen dem Input und dem Output verlaufenden Prozesse nicht nur durch Lehrpläne, sondern auch durch kompetenzorientierte Aufgaben und Messverfahren Einfluss genommen werden.

So arbeitet das von der KMK an der Humboldt-Universität zu Berlin 2004 gegründete „Institut zur Qualitätsentwicklung im Bildungswesen" (IQB) nach einem Ansatz, der Bildungsstandards nicht induktiv aus der Praxis gewinnt und auch nicht aus psychologischen Modellen ableitet, sondern in Kooperation mit Fachdidaktikern und Praktikern entwickelt sowie schulpraktisch erprobt (vgl. Köller 2007, S. 13-28). Die für Fächer und Schulstufen zu formulierenden domänenspezifischen Standards stellen weder unmittelbare Resultate der Praxis noch unmittelbare Ergebnisse der Forschung dar. Sie gehen vielmehr auf theoretische Konzeptualisierungen und praktische Erfahrungen und nicht zuletzt auch auf Entscheidungen darüber zurück, was als Standard gelten oder nicht gelten soll. Die in die Formulierung von Standards einfließenden Annahmen und Entscheidungen können mehr oder weniger legitim bzw. problematisch sein. Sie sind daher sowohl hinsichtlich ihrer Voraussetzungen als auch hinsichtlich ihrer Folgen und Nebenwirkungen zu überprüfen (vgl. Bellmann 2006) und für Revisionen offen zu halten, die ihre theoretischen Voraussetzungen und ihre Bedeutung für die Praxis reflektieren (vgl. Heid 2007).

Von den die Diskussionen über Bildungsstandards bestimmenden Argumenten lassen sich einige idealtypisch nach pro und contra gegenüberstellen. Für Bildungsstandards wird angeführt, durch sie lasse sich die Vergleichbarkeit von Schulleistungen und Schülerbeurteilungen steigern (vgl. Köller 2007), die Willkür von Lehrern und Schulverwaltungen begrenzen (vgl. Oser 2007), das Niveau von Aufgaben besser mit dem Leistungsspektrum der Schülerinnen und Schüler abstimmen und die Erreichbarkeit bzw. Nichterreichbarkeit von Bildungszielen klarer fassen. Gegen Bildungsstandards wird vorgebracht, diese führten zu einer weitreichenden Verkürzung des Spektrums schulischer Aufgaben (vgl. Rumpf 2006), leisteten der Willkür staatlicher Entscheidungen Vorschub (vgl. Heid 2007), eliminierten anspruchsvollere Bildungsziele (Ruhloff 2007) und unterstellten eine Praxistauglichkeit, die von den eigentlichen Aufgaben der Weiterbildung von Lehrerinnen und Lehrern absehe (vgl. Merkens 2007; Zedler 2007).

Vergleicht man die Argumente für und gegen die Einführung von Bildungsstandards, so kann man feststellen, dass die Diskussion im Vergleich zu der über die Normenbücher von 1975 geführten Kontroverse deutlich an Niveau gewonnen hat. Es werden nicht nur Gründe für und gegen eine Einführung von Bildungsstandards vorgebracht, sondern auch Spielräume ausgelotet, innerhalb welcher sich reflexive Entscheidungen über Standards und deren weitere Entwicklung bewegen können (vgl. für die Lehrerbildungsforschung Beck 2007). Ein Zugewinn liegt auch darin, dass pädagogisch und szientifisch argumentierende Positionen heute nicht mehr unvermittelt einander gegenüber stehen, sondern theoretische und empirische Argumente sowohl für als auch gegen Standards angeführt werden. Auf beiden Seiten werden damit Spannungsverhältnisse thematisiert, die Probleme und Sachverhalte betreffen, über die rationale Diskurse möglich sind. Es ist zu erwarten, dass sich die von Teilen der Bildungspolitik suggerierten und von Teilen der reformpädagogischen Kritik bekämpften Ansichten, Bildungsstandards seien ein Mittel, um Autonomiespielräume von Schulen zu sichern oder zu vernichten, als nicht haltbar erweisen wird. Denn die Steuerung des Bildungssystems kann ebenso wenig allein bei der staatlichen Bildungspolitik und -verwaltung verortet werden wie seine Autonomisierung einseitig den Einzelschulen zuzuordnen ist. Zur Eigenlogik pädagogischer Institutionen und Prozesse gehört vielmehr, dass Steuerungsprobleme und Autonomie nach Ebenen differenziert werden müssen, die vom einzelnen Lehrer und Schüler und der Mitwirkung der Eltern und des Kollegiums der Einzelschule bis hin zur Verwaltung kleinerer und größerer Schulregionen reichen (vgl. Zlatkin-Troitschanskaia 2006).

4. Zu den Aufgaben einer didaktischen und schultheoretischen Vermittlung zwischen Input- und Outputsteuerungsinstrumenten

4.1 Auf dem Weg zu einer empirisch forschenden Allgemeinen Didaktik und einer mit Fachdidaktiken kooperierenden Bildungsforschung

Robinsohns Ansatz suchte in den 1960er Jahren Didaktik und Unterrichtsforschung durch Curriculumtheorie und -forschung zu ersetzen. Gegenwärtig sind vergleichbare Tendenzen zu beobachten. Die Ansätze der vorherrschenden empirischen Bildungsforschung bedürfen einer Erweiterung durch lehr-lerntheoretisch, bildungstheoretisch sowie schultheoretisch ausgewiesene Handlungs- und Forschungskonzepte. Diese kann derzeit jedoch weder von der Allgemeinen Didaktik noch von den Fachdidaktiken unmittelbar erwartet werden. Einer empirischen Bildungsforschung, die weitgehend ohne Unterrichtstheorie argumentiert, steht gegenwärtig eine Didaktik gegenüber, die kaum forscht. Wissenschaftshistorisch können diese Defizite allenfalls konstatiert, nicht aber überwunden werden (vgl. Terhart 2005). Weiterführend könnten dagegen Forschungsvorhaben sein, die zwischen didaktischen Aufgaben und Testaufgaben unterscheiden, beide aufeinander zurückbeziehen und bildungstheoretische, unterrichtstheoretische und kompetenztheoretische Ansätze in ein fruchtbares Gespräch bringen.

4.2 Abgrenzungs- und Abstimmungsprobleme zwischen didaktischen Aufgaben und Testaufgaben

Aus Testaufgaben lassen sich ebenso wenig sinnvolle didaktische Aufgaben ableiten wie aus didaktischen Aufgaben Testaufgaben. Aber anschlussfähig aneinander sollten beide Typen von Aufgaben sein.

Didaktische Aufgaben strukturieren Lehr-Lernprozesse dann anspruchsvoll, wenn sie Lehr-Lernprozesse
- über Irritationen und Formen eines Lehrens und Lernens steuern, in denen Differenzen zwischen verschiedenen Konzepten der Erfahrung und des Wissens bearbeitet und reflektiert werden,
- nicht nur an wirklichen oder vermeintlichen Lösungen von Anwendungsaufgaben, sondern auch an der Vermittlung mehrperspektivischer Kenntnisse ausrichten,
- so konzipieren, dass in den oft mehrere Unterrichtsstunden umfassenden Einheiten Prozesse des Erkundens und Beobachtens, Wahrnehmens und hypothetischen Denkens sowie eines analysierenden und prüfenden Urteilens in Gang gesetzt werden.

Zu diesem Zweck muss Unterricht immer auch in den Blick bringen, dass die Anwendungsprobleme des in der Schule Gelernten im konkreten Handeln
- in der Regel nicht unmittelbar nach disziplinär ausdifferenzierten Logiken wie z.B. derjenigen der Mathematik zu lösen sind,
- sich vielmehr auf Problemkonstellationen beziehen, die in einem Spannungsfeld zwischen gesellschaftlichen Teilsystemen und eigenlogischen Handlungsformen der ökonomischen, pädagogischen, ethischen, politischen, ästhetischen und religiösen Praxis stehen.

Testaufgaben sind dagegen, wie sich von Olaf Köller und der Arbeit des IQB lernen lässt, so zu konstruieren, dass sie
- in knapp bemessener Zeit für Weiterlernen bedeutsame basale Wissensstrukturen und Kompetenzen korrekt erfassen,
- hierbei zwischen domänenspezifischen und übergreifenden Strukturen sachlich richtig unterscheiden,
- zu einer Evaluation vorausgegangener Lehr-Lernprozesse beitragen und
- Anregungen für neue didaktische und methodische Arrangements geben.

Fruchtbare Wechselwirkungen zwischen didaktischen Aufgaben und Testaufgaben kommen z. B. dann zustande, wenn

- Testaufgaben so formuliert werden, dass sie mit einen entsprechend ausgewiesenen didaktischen Horizont abgestimmt sind, der Einfluss darauf nimmt, was getestet werden soll,
- Testergebnisse genutzt werden, um den angemessenen Schwierigkeitsgrad didaktischer Aufgaben zu bestimmen und zu überprüfen,
- die in Tests gemessenen Niveaus und Kompetenzstufen domänenspezifisch mit didaktischen Erfordernissen eines bildungstheoretisch legitimierten Unterrichts korreliert werden und
- die Gefahr, Unterricht und Evaluation allein aufgabenorientiert zu konzipieren, durch den Einbezug von offenen Deutungsfragen und Partizipationsaufgaben begrenzt wird.

4.3 Urteils- und Handlungskompetenz als domänenspezifisch auszulegende Basiskompetenzen öffentlicher Erziehung und Unterweisung und ihre Beziehungen zu ausdifferenzierten Wissensformen und Praxisbereichen

Für schulische Lehr-Lernprozesse gilt, dass sie auf die Vermittlung eines im Unterricht zu erwerbenden Wissens und auf die Aneignung von Kompetenzen ausgerichtet sind, die ohne den Umweg über Schulunterricht nicht zustande kommen. Das in Schulen vermittelte Wissen und die im Unterricht erworbenen Kompetenzen haben ihr eigentliches Bewährungsfeld meist nicht schon im Unterricht, sondern erst in außerschulischen Lebens- und Handlungssituationen. Für die Erfassung solcher Zusammenhänge ist ein zugleich bildungs- und schultheoretisch ausgewiesenes Verständnis der Möglichkeiten und Aufgaben schulischer Erziehung und Unterweisung unabdingbar, das zwischen Urteils- und Deutungskompetenz auf der einen und Partizipations- und Handlungskompetenz auf der anderen Seite unterscheidet und beide Kompetenzen domänenspezifisch auslegt. Eine so definierten Grundbildung verlangt, dass Heranwachsende durch schulischen Unterricht in allgemeine und öffentlich relevante Urteilsformen eingeführt werden und in der Schule lernen, diese sowohl zur Interpretation fachspezifischer als auch öffentlicher Aufgaben der Bildung heranzuziehen.

Schulischer Unterricht, in diesem zu vermittelndes Wissen und unter dessen Einfluss sich entwickelnde Kompetenzen bilden eine Trias, die für die in Schulen institutionalisierte Erziehung und Unterweisung grundlegend ist. Die durch Unterricht zu fördernden Wissensformen und die über unterrichtliche Lehr-Lern-Prozesse zu erwerbenden Kompetenzen unterscheiden sich von dem im Erfahrungslernen zu erwerbenden Wissen und Können dadurch, dass sie in keiner Einheit von Leben und Lernen begründet sind und daher erfahrungs- und umgangserweiternd konzipiert werden müssen. Zu den performativen Erfahrungs- und Umgangsformen in der Entwicklung und Bildung der Sinne, im Erlernen der Muttersprache und in der Eingewöhnung in eine bestehende Sitte treten im schulischen Unterricht künstlich arrangierte Denk- und Urteilsprozesse hinzu, die an Differenzerfahrungen zwischen praktischen und künstlichen Lernprozessen zurückgebunden und auf Übergänge zwischen außerschulischen Lernprozessen in innerschulische und umgekehrt bezogen sind. So werden im Unterricht der mündliche Sprachgebrauch durch die Aneignung der Schriftsprache und die Muttersprache durch die Fremdsprache erweitert. Vergleichbares gilt für die Erweiterung des Gedächtnisses durch Geschichte, für den Übergang vom Zählen und Zeichnen zu Algebra und Geometrie oder für Prozesse der Erweiterung alltäglicher Bewegungen in reflektierten Körperbewegungen von Tanz und darstellendem Spiel. Künstliche Erfahrungs- und Umgangserweiterung zielt stets auf die Entwicklung einer über die Aneignung von Wissen vermittelten Urteils- und Deutungskompetenz, die ihren Sinn weder im Unterricht noch in sich selbst hat, sondern erst in außerunterrichtlichen Kontexten gewinnt, in denen Heranwachsende jenseits der Erziehung selbständig handeln und partizipieren (vgl. Benner 2002).

Die Wissensformen einer solchen Urteilskompetenz lassen sich in alltäglich-lebensweltliche, szientifische, historisch-hermeneutische, ideologiekritische, voraussetzungskritische und anwendungsbezogen-pragmatische Wissensformen unterscheiden (vgl. die Ausführungen auf S. 31-44 in diesem Band). Als pragmatische Handlungsfelder bieten sich die ethischen, politischen, ökonomischen, ästhetischen und religiösen Praktiken sowie die Selbstreflexion der eigenen Erziehung an. Sie sind nicht nur auf die Teilsysteme moderner Gesellschaften bezogen, sondern verweisen auch auf Diskursformen, die im Medium der Öffentlichkeit aufeinander treffen (vgl. Benner 1987/2010, S. 256ff.).

Die Strukturen der genannten Wissensformen und die an domänenspezifische Aufgabenstellungen zurückgebundenen theoretischen und partizipatorischen Kompetenzen können durch eine bildungstheoretisch, allgemeindidaktisch, fachdidaktisch und empirisch ausgewiesenen Bildungsforschung genauer beschrieben und nach Anspruchsniveaus differenziert werden. Entsprechende Forschungsvorhaben können dazu beitragen, dass schulische Erziehung und Unterweisung jene Breite und Tiefe gewinnen, die für grundlegende Bildungsprozesse unverzichtbar sind. Zum öffentlichen Auftrag der Schule gehört auch künftig, in jene Grundformen des Wissens und Partizipierens einzuführen, auf die moderne Gesellschaften angewiesen sind, die sie aber aus eigener Kraft – ohne Schulen – weder vermitteln noch tradieren können. Darum ist zu erwarten, dass der didaktischen und fachdidaktischen Vermittlung von Wissen und Kompetenzen auch künftig eine über den Dual von Input und Output hinausweisende Bedeutung zukommen wird.

BILDUNG – WISSENSCHAFT – KOMPETENZ. ÜBER ERFAHRUNG, LEHREN UND LERNEN IN DER OBERSTUFE[1]

FÜR HARTMUT VON HENTIG IM JAHRE 2011

Zusammenhänge zwischen Lehr-Lernprozessen und der Entwicklung von Kompetenzen bei Heranwachsenden zu reflektieren, hat im pädagogischen Denken und in der Erziehungswissenschaft eine lange Tradition. Die folgenden Ausführungen knüpfen im ersten Teil an Problemstellungen der Bildungsreformen der 1960er und 1970er Jahre an, in denen bildungstheoretische Analysen der Beziehungen von Erfahrung, Lehren und Lernen noch allgemein präsent waren, und belegen dies an Eugen Finks Begründung des „Bremer Plans" und Hartmut von Hentigs Ursprungskonzeption für die „Bielefelder Laborschule" und das „Oberstufenkolleg". Im zweiten Teil werden Zusammenhänge von Erfahrung, Lehren und Lernen sowie Wissen, Wissenschaft und Kompetenz thematisiert, die sich bis in grundlagentheoretische Diskurse bei Sokrates/Platon, Aristoteles, Bacon, Rousseau und Dewey zurückverfolgen lassen. Der dritte Teil stellt hieran anknüpfende Unterscheidungen zwischen Wissensformen und Praxisbereichen vor, die es im Oberstufenunterricht zu behandeln und als Praxisfelder zu reflektieren gilt. Der letzte Teil erläutert an laufenden Forschungsvorhaben, wie die angesprochenen Themen und Fragen in Kooperation mit Konzepten der neueren Bildungsforschung differenzierter weiterverfolgt werden können.

1. Zum Verhältnis von Bildung, Wissenschaft und Kompetenz in der Programmatik der Bildungsreformen der 1960er und 1970er Jahre

Die Bildungsreformen der 1960er und 1970er Jahre verfolgten in Deutschland das Ziel, die in öffentlichen Schulen institutionalisierten Bildungsgänge stärker an den Grundnormen wissenschaftlicher Rationalität sowie an demokratischen Grundsätzen zu orientieren (vgl. als Überblick zum Folgenden Benner/Kemper 2007, S. 166-269). In der Wissenschaftsorientierung des Unterrichts wurde eine Rationalitätsnorm gesehen, die über den Dual von niederer

---

[1] Der Beitrag geht auf einen Vortrag am Oberstufen-Kolleg Bielefeld im Jahre 2008 zurück und ist erschienen in: J. Keuffer et. al. (Hrsg.): Was braucht die Oberstufe? Beltz 2008, S. 47-64. Der Text wurde für die Aufnahme in diesen Band sprachlich überarbeitet und an einigen Stellen mit Blick auf Ausführungen in anderen Beiträgen dieses Bandes gekürzt.

und höherer Bildung hinausführt und Grundrechte zu sichern vermag, die demokratische Verfassungen allen Bürgern zugestehen.

Die Reformer definierten Bildung in Anlehnung an Ralf Dahrendorf als ein „Bürgerrecht", das nicht unmittelbar in Anspruch genommen werden kann, sondern die Bürger und den Staat dazu verpflichtet, Barrieren, welche die Wahrnehmung des Rechts auf Bildung begrenzen, durch individuelle Anstrengungen und organisatorische Reformen so weit wie möglich abzubauen. Ziel der Reformen war es, für alle Heranwachsenden Zugänge zu einer wissenschaftlichen Grundbildung und vermittelt über diese Partizipationsmöglichkeiten an individuellen, gemeinsamen und öffentlichen Lebensformen zu sichern.

Während der Deutsche Bildungsrat diese Ziele in seinem „Strukturplan" von 1970 mit der – schon früh als unrealistisch und illusionär kritisierten – Reformperspektive verbindet, Chancengleichheit oder gar Chancengerechtigkeit lasse sich mit Hilfe motivations- und sozialisationstheoretischer Konzepte und Strategien herstellen, entwickelt Eugen Fink für den 1960 von einer „Arbeitsgemeinschaft deutscher Lehrerverbände" ausgearbeiteten „Bremer Plan" eine Begründung, die rückblickend wohl die am weitesten theoriegeschichtlich ausholende Legitimation der damaligen Bildungsreform enthält. In pragmatischer Hinsicht sind dagegen die auf Hartmut von Hentig zurückgehenden Konzeptionen für die Bielefelder Laborschule und das Oberstufen-Kolleg besonders aufschlussreich. Sie enthalten konkrete Vorschläge zu einer Umsetzung der Reformprogrammatik der 1960er und 1970er Jahre und reflektieren zugleich deren Voraussetzungen und Grenzen.

Fink und von Hentig, die in ihren Schriften, soweit ich sehe, niemals aufeinander Bezug genommen haben, distanzieren sich – jeder auf seine Weise – von optimistischen wie pessimistischen Reformdiagnosen. Sie leiten ihre Konzepte zur Schulreform weder aus unterstellten gleichsinnigen ökonomischen und politischen Entwicklungstendenzen ab, noch verkürzen sie die Reformperspektiven auf solche einer Herstellung von Chancengleichheit mit Hilfe sozialwissenschaftlicher Techniken und Strategien. Auch verfolgen sie nicht die später von der Systemtheorie vorgeschlagene Strategie, die pädagogischen und politischen Reformaporien durch eine Unterscheidung zwischen Programm und Code beizulegen, die Programmatik der Reformen dem Wandel staatlicher Reformoptionen zu überlassen und die Selektionsfunktion des Bildungssystems durch die Unterscheidung besserer von schlechteren Schülern zu stärken (zur späten Korrektur dieser Auffassung siehe Luhmann 2002).

Die Affinität zwischen der Rationalität neuzeitlicher Wissenschaft und der Grundstruktur demokratischer Formen von Freiheit und Herrschaft erkennt Fink (1960) darin, dass mit dem „Beginn der Neuzeit die Wissenschaft [...] mehr und mehr pragmatische Züge" annimmt, die zu einem „Bündnis von Erkenntnis und Arbeit" führen, in dem das „Ingenium des Ingenieurs [...] ebenso wichtig [ist] wie der mathematische Gesamtentwurf der Natur" (vgl. auch Fink 1963). Diese Entwicklung sei mit einer „Destruktion der Feudalordnung" einhergegangen und dem „Anspruch des vergesellschafteten Menschen" verpflichtet, „selbst der Bestimmungsgrund der Staatsordnung zu sein" (Fink 1960). Die neuen Spielräume von Freiheit und Herrschaft bleiben nach Fink jedoch ambivalent. Sie sind einerseits dem Prinzip neuzeitlicher Subjektivität verpflichtet, das die Herrschaftsansprüche des Menschen über Natur und Geschichte nach dem cartesianischen Grundsatz „cogito ergo sum" konstituiert, unterliegen andererseits einer „Liquidation" der „Produkte" und „Produzenten", die durch die Verwissenschaftlichung der Produktion und deren über den Markt vermittelte Rationalität herbeigeführt wird (Fink 1966).

„Volkssouveränität" und „Technokratie" geraten nach Finks Diagnose im 20. Jahrhundert in ein „fatales Missverhältnis". Ihre Wirkungsmacht gründet sich darauf, dass den Menschen – den Einzelnen ebenso wie der Menschheit insgesamt – „keine Muster" mehr zur Seite stehen – „weder im Himmel noch auf Erden" – , an denen sich das Denken und Handeln rational und verlässlich orientieren könnte. Wissenschaft und Demokratie, die einst zur Brechung überkommener Vormundschaftssysteme beitrugen, geraten selbst in eine Krise:

„Das mündige Volk steht vor einem Zivilisationsapparat, in dem sich nur noch ‚Spezialisten' auskennen, und kann zu vielen Fragen überhaupt nicht mehr begründet Stellung nehmen. Und wenn es in seiner Willensbekundung auf die großen Linien der Politik sich einschränken will, um den Männern seines Vertrauens den Umgang mit den Spezialisten zu überlassen, so kann es nie davor sicher sein, auch in diesen Entschlüssen schon manipuliert zu sein." (Fink 1960, S. 12)

In einer solchen Situation kann sich nach Fink Bildungsreform nicht mehr allein auf Wissenschaft und Politik gründen. Bildung verlangt vielmehr, dass auch die über Herrschaft und Politik hinausweisenden koexistenzialen Weltverhältnisse von „Arbeit" und „Liebe" sowie „Spiel" und „Tod" in ihrer Bedeutung erkannt und gestärkt werden. Im „Bremer Plan" kommt diese Seite moderner Bildung noch zu kurz, in seiner Begründung für diesen Plan weist Fink jedoch auf sie hin, wenn er von den „ungeheuerlichen Zumutungen" spricht, welche „die Erwachsenenwelt an das Kind" seit jeher richtet. Sie liegen heute nicht mehr vorrangig darin, dass den Kindern ein Bildungsgang auferlegt wird, in dem sie „aus dem Paradiesglück" heraustreten und den „dunklen Schatten von Tod, Schicksal und frühem Leid" ausgesetzt werden, sondern hängen mit Gefährdungen des „Wegs des Kindes" zusammen, die von der verwissenschaftlichten Zivilisation ausgehen, welche zunehmend auch die Lebenswelt von Kindern erfasst.

Sollen die Spannungen zwischen der Lebenswelt von Kindern und der Welt der verwissenschaftlichten Zivilisation reflektiert werden, gilt es eine neue „Elementardidaktik" zu entwickeln, die die Unterschiede und Abstimmungsprobleme zwischen den verschiedenen Formen der Welt- und Selbsterfahrung nicht unterschlägt, sondern im Unterricht thematisiert und bearbeitet. Urteilskraft und über Denken und Selberhandeln vermittelte Partizipation stellen sich unter modernen Bedingungen in einem zugleich wissenschaftsorientierten und anwendungsbezogenen Unterricht keineswegs von selber ein. Sie verlangen vielmehr, dass die nachwachsende Generation in die verschiedenen Wissensformen didaktisch eingeführt und gesellschaftspädagogisch auf den Eintritt in die ausdifferenzierten Bereiche der Praxis vorbereitet wird.[2]

Hier schließen – der Sache nach – die von Hartmut von Hentig für die Bielefelder Versuchsschulen ausgearbeiteten Arbeits- und Forschungskonzepte an. In „Systemzwang und Selbstbestimmung" beschreibt von Hentig (1969, S. 7 ff.) die Denkfigur einer Erziehung, die wissenschaftliche Rationalität mit pragmatischer Urteilskraft und einer an komplexen Partizipationsmöglichkeiten orientierten Handlungskompetenz verbindet. Die Pragmatik dieser Erziehung richtet er an „Wenn-dann-Hypothesen" aus, die nicht lineare Schlussfolgerungen nahe legen, sondern dazu auffordern, „Spielräume" im Modus von „es-sei-denn" Aussagen auszuloten.

Die durch Erziehung und Unterricht zu sichernden Spielräume konkretisiert von Hentig für insgesamt 13 „Lernziele". Unter diesen bezieht sich das zweite auf „das Leben in der arbeitsteiligen (spezialisierten) Welt" (ebd., S. 82 ff.). Die ihm zugeordnete „Wenn-dann-Hypothese" lautet:

„Wenn in der eng verflochtenen ‚interdependenten' Industriegesellschaft die Bestimmung über die einzelnen gesellschaftlichen Funktionen den jeweiligen ‚Funktionären' überlassen wird, weil die Entscheidungen in den einzelnen Sachbereichen von niemand anderem beurteilt werden können, dann droht unser System zu einer Technokratie zu werden; die Aufsicht der Gesamtheit der Dilettanten (=Bürger) über ihre spezialisierten Sachwalter, als die unsere Demokratie angelegt ist, wird zur Illusion." (von Hentig 1969, S. 82ff.)

Zu dieser Illusion rechnet von Hentig auch zwei Scheinalternativen, von denen die eine auf Vielseitigkeit setzt und keinerlei Spezialisierung erlaubt und die andere ein „Rätesystem" propagiert, in dem eine Avantgarde die Macht ergreift und die technischen Möglichkeiten nach ihren politischen Zielen einsetzt. Beide Modelle werden abgelehnt, weil jedes auf seine Weise „die Öffentlichkeit der faktischen Expertokratie wehrlos ausliefert". Als „es-sei-denn" Option schlägt von Hentig vor: „Demgegenüber kann die Pädagogik nur zweierlei tun: erstens die falsche Auffassung von Allgemeinbildung, die sich unter Ausschließung von Spezialisierung erfüllt, systematisch abbauen; und zweitens ein Funktionsmodell aufstellen, in dem die Spezialisierung selbst auf den übergeordneten Auftrag und Zusammenhang verweist, aus dem sie einen Arbeitsanteil übernommen hat."

Als „Lernziele", die solche Spielräume eröffnen, werden genannt: „Die Schule muß [...] erstens die Funktion der Spezialisierung aus den zunächst ungegliederten Aufgaben heraus erfahrbar machen [...]. Sie muß zweitens die gegenseitigen Abhängigkeiten der ausspezialisierten Verfahren und Kompe-

---

[2] Zur didaktischen und sozialpädagogischen Seite der Begründung des „Bremer Plans" siehe Fink 1960, S. 14-20; Benner/Kemper 2007, S. 170 ff.; vgl. auch Benner 2009, Abschnitt 3.2.2.

tenzen als den Teil der Lernerfahrung besonders betonen, der sich immer wieder in der Selbständigkeit der Einzelaufgaben und -tätigkeiten verlieren will. Sie muß drittens die getrennt Arbeitenden zu Projekten wieder zusammenführen, die nur gemeinsam zu bewältigen sind."

Eine pragmatische Umsetzung dieser Ziele setzt voraus, dass Heranwachsende in der Schule Fähigkeiten zu „gemeiner Planung quer zu verschiedenen Kompetenzen", zum „Befragen von Experten", zur „Mitteilung von Spezialergebnissen" und zum „bewussten Offenhalten der Flanken der eigenen Tätigkeit für die Einmischung der Nachbartätigkeiten oder -disziplinen" entwickeln und einüben. Die Bielefelder Laborschule und das Oberstufen-Kolleg legen Aufgabenstellungen wie diese auf die verschiedenen Stufen des Bildungssystems und die Übergänge in die Primarstufe, in die Sekundarstufe I und II sowie in das Universitätsstudium aus. Dabei gliedert die Laborschule die pädagogische Arbeit nach „Erfahrungsbereichen", „Wahlbereichen" und „Projekten/Praktika", während das Oberstufen-Kolleg zwischen „Wahlbereichen", „Ergänzungsunterricht" und „Gesamtunterricht" unterscheidet (siehe von Hentig 1983; vgl. auch Benner/Kemper 2007, S. 322-340).

Vergleicht man die Reformkonzepte, die Fink für den Bremer Plan und von Hentig für die Bielefelder Versuchsschulen ausgearbeitet haben, so lassen sich nicht nur gemeinsame Problemstellungen, sondern auch ungeklärte Fragen identifizieren. Zu den gemeinsamen Problemstellungen gehört, dass beide Reformansätze über die Scheinalternativen „vielseitige Allgemeinbildung oder Spezialbildung" sowie „wissenschaftliche Grundbildung oder politische Bildung" hinausführen und die Bildungsziele der Schule an der Entwicklung einer auf unterschiedliche Wissensformen bezogenen Urteils- und einer in verschiedene Praxisfelder einführenden Reflexions- und Handlungskompetenz ausrichten. Ungeklärt bleibt, wie die von Fink geforderte „Elementardidaktik" die verschiedenen Wissensformen thematisieren und zusammenführen kann und wie die Reformprogramme der Bielefelder Versuchsschulen curricular konkretisiert, empirisch überprüft, mit Leistungen anderer Schulen verglichen sowie an Aufgaben kontrolliert und evaluiert werden können (siehe hierzu aus heutiger Sicht Terhart/Tillmann 2007).

Die Vorbehalte gegen Evaluationsforschung kulminieren damals wie heute in Argumenten, die besagen, das eigentlich Pädagogische sei nicht messbar, das wirklich Bildende nach Effizienzkriterien nicht überprüfbar. Pauschal vertreten, destruieren solche Argumente sich selbst. Denn ein nicht-messbares und nicht-überprüfbares Eigentliches könnte von allem und jedem und für alles und jedes behauptet und in Anspruch genommen werden. Die Abgrenzung, welche die Berufung auf ein Pädagogisch-Eigentliches vorzunehmen versucht, ist so irrational, dass sie zu keiner kritischen Positionierung taugt. Tiefer greifen Argumente, die daran erinnern, dass in gelingenden Erziehungs- und Bildungsprozessen jeweils negative Erfahrungen bildend wirksam sind. Diese stehen in einem Spannungsverhältnis zu pädagogischen Intentionen und erzieherischen Wirkungen und werden durch Evaluationen, die nur am Output interessiert sind, nicht erfasst. Auf dieses Argument wird im nächsten Abschnitt genauer eingegangen. Es ist hilfreich, um pädagogisch ausgewiesene und bildungstheoretisch legitimierte Kriterien dafür zu gewinnen, was unter einer adäquaten Evaluation von Lehr-Lernprozessen verstanden werden kann.

2. Über vergessene Zusammenhänge von Erfahrung und Wissen, Lehren und Lernen, Wissenschaft und Gesellschaft

In der Tradition von Sokrates bis Dewey und in neueren Diskussionen (vgl. Oser 1998) werden Lernen und Lehren als Prozesse verstanden, in denen nicht nur positive, Vorannahmen bestätigende, sondern auch negative, Vorannahmen korrigierende, falsifizierende oder problematisierende Erfahrungen eine wichtige Rolle spielen. Die Positionen, von denen im Folgenden die Rede sein wird, stimmen darin überein, dass sie Zusammenhänge zwischen Erkenntnistheorie, Wissenschaftstheorie und Theorien des Lernens und Lehrens analysieren und – jede auf ihre Weise – herausarbeiten, dass Lernen für Wissen und Wissenschaft für Lernen gegenstandskonstitutiv sind. Wissenschaft setzt nicht nur ihre lernende Aneignung voraus, sie bringt zugleich ihre Lehrbarkeit hervor. Vergleichbares gilt für die Kompetenzen, die mit didaktischer Unterstützung jeweils lernend erworben werden sollen. Sie schließen die Kompetenz eines nicht primär und nicht ausschließlich professionell verstandenen Lehren-Könnens ein. Die so aufeinander verweisenden Vorstellungen von Lernen, Lehren und Wissen sind, was ihren Entstehungs- und Verwendungskontext betrifft, in gesellschaftliche Kontexte eingebettet und können daher auf ihre impliziten oder expliziten Vorstellungen von Gesellschaft befragt werden. Dabei lässt sich zeigen, dass diese Vorstellungen nicht nur auf die jeweilige Gegenwart bezogene topische, sondern auch utopische Momente aufweisen.

Was nach Aristoteles für das Philosophieren generell gilt, trifft in gewissem Sinne auch auf das Lernen zu. Es fängt wie das Denken mit dem Staunen an. Gestaunt wird darüber, dass sich etwas anders als bisher angenommen verhält, dass Vertrautes und Gewohntes Irritationen ausgesetzt sein können, dass im Verlauf des Lernens Unterbrechungen auftreten und dass an Bekanntem Unbekanntes, an Fraglosem Fragwürdiges aufscheinen kann. In Platons Höhlengleichnis (Politeia 514a-521b) nehmen in einer Höhle gefesselt Sitzende auf einer Wand sich bewegende Schatten als Wirklichkeit wahr. Nachdem einem der Höhlenbewohner gewaltsam die Fesseln gelöst worden sind, fängt dieser an, neue Erfahrungen zu machen, die er anschließend an die Mitbewohner weiterzugeben versucht. Diese aber können sie nicht einfach von ihm übernehmen, sondern müssten, um zu ihnen zu gelangen, selber den schwierigen Weg eines über negative Erfahrungen vermittelten Lernens gehen.

Eine analoge Bedeutung erkennt Platon negativen Erfahrungen auch für das moralische Lernen zu. So lässt er Sokrates in der Apologie (31d) von sich sagen: „Mir aber ist dieses von meiner Kindheit an geschehen, eine Stimme nämlich, welche jedes Mal, wenn sie sich hören lässt, [...] von etwas abredet, was ich tun will, zugeredet aber hat sie mir noch nie." Moralische Erziehung kann wie theoretisches Lernen als ein Prozess beschrieben werden, der über die Verarbeitung negativer Erfahrungen vermittelt ist. Sie tradiert nicht einfach eine vorgegebene positive Moral affirmativ als wahre Moral, sondern bindet die „Bildung von Moral" (Thimm 2006) an Prozesse einer experimentellen Moralisierung zurück. In diesen wird eine vorgegebene Sitte ohne Rekurs auf ein absolut Gutes reflexiv so ausgelegt, dass Heranwachsende, die noch über keinen zureichenden Begriff von Moral verfügen, lernen, und nach dem Guten zu suchen (vgl. Benner 2006). Von der so verstandenen „Idee des Guten" heißt es in den Schlusspassagen des platonischen Höhlengleichnisses, sie sei nicht ein Mittel zur Erreichung eines noch höheren Zwecks, sondern habe ihren Sinn in sich selbst. Wer die Regierung des Staates beispielsweise um der Macht willen anstrebe, die ihm durch die Ausübung eines Regierungsamtes zukommt, der strebe nach Macht und nicht nach dem Besten für die Bürger. Darum gehöre es zur vernünftigen Ordnung der Polis, dass sie nicht von Menschen, die ausschließlich oder vorrangig an der Erhaltung ihrer Macht interessiert sind, sondern von reflektierenden Bürgern regiert werde. Nur sie könnten das politische Handeln als Suche nach einer Gerechtigkeit konzipieren, die ihren Zweck in sich selbst hat.

Von Sokrates bis Aristoteles sucht die Philosophie den Ort rationaler Erkenntnis und pragmatisch klugen Handelns in den engen Grenzen des griechischen Stadtstaates. Die topische Konzentration auf diesen Raum wird ungeachtet der Zweifel, die schon Sokrates gegen sie vorbringt, mit der Aussicht verbunden, es könne gelingen, eine gültige Hierarchie der Mittel und Zwecke rationalen Handelns auszuarbeiten. Der gesuchten Ordnung der Zwecke und Mittel zufolge sollen niedere Tätigkeiten – wie die Arbeit – Mittel für höhere Tätigkeiten – wie Freundschaft, Politik und Wissenschaft – hervorbringen, die als in Muße auszuübende Tätigkeiten keinen höheren Zwecken mehr dienen, sondern in sich selbst zweckmäßig sind.

Die von Platon an Sokrates exemplifizierte Fähigkeit, Heranwachsende vermittelt über negative Erfahrungen, die sie in Lernprozessen machen, zu lehren (vgl. Menon), äußert sich nicht in einer Einheit von Erfahrung und Lernen, sondern wirkt jenseits eines Lernens im praktischen Zirkel schon erworbener Vorstellungen. So wie im Höhlengleichnis nur ein Höhlenbewohner, der den Raum gemeinsamer Erfahrungen bereits verlassen hat, andere zum Verlassen der Höhle auffordern kann, so können auch nur Lehrer, die den Aufstieg von der Erfahrung zu einem reflexiven Wissen bereits hinter sich haben, Heranwachsende dazu auffordern, sich lernend mit dem ihrem Wissen einwohnenden Nicht-Wissen auseinanderzusetzen. Ganz in diesem Sinne unterscheidet Aristoteles zwischen dem Erfahrungswissen der Lernenden und dem wissenschaftlichen Wissen der Lehrenden. Erfahrung definiert er als etwas, das empirisch gegeben ist und sinnlich vorgestellt werden kann. Wissenschaftliches Wissen fasst er dagegen als Wissen um eine der Erfahrung zugrunde liegende Ordnung, die an der Erfahrung unmittelbar nicht aufscheint, aber mit Hilfe eines wissenschaftlich ausgebildeten Lehrers erkannt werden kann.

Auf Aristoteles geht die Ausarbeitung des antiken Begriffs der Wissenschaft zurück. Er definiert Wissenschaft als Wissen um Zweckursachen. Das antike Paradigma bestimmt noch das mittelalterliche Denken und wird erst in der frühen Neuzeit erschüttert, als unter den von Aristoteles unterschiedenen Ursachen (vgl. Physik 194b) die Wirkursache (causa efficiens) eine herausragende Stellung gegenüber der Materialursache (causa materialis), der Formursache (causa formalis) und der Zweckursache (causa finalis) erlangt. Den Zusammenhang von Wissen und Lehren bringt bereits Aristoteles auf einen über das antike Paradigma hinausweisenden Begriff. In seiner Metaphysik (981b) führt er aus: „Überhaupt ist dies ein Zeichen des Wissenden und Unwissenden, den Gegenstand lehren bzw. nicht lehren zu können, und darum sehen wir die Kunst mehr für Wissenschaft an als die Erfahrung; denn die Künstler können lehren, die Erfahrenen aber nicht."

Seit Sokrates, Platon und Aristoteles wird unter Lehren und einem didaktisch angeleiteten und unterstützten Lernen eine erfahrungs- und umgangserweiternde Tätigkeit verstanden. Unterricht basiert nicht auf der im einfachen Erfahrungslernen gegebenen Einheit von Lernen und Tun, sondern verlässt und überschreitet diese. Im erfahrungs- und umgangserweiternden Lernen wird nach einem Wissen gesucht, dessen Wahrheit nicht einfach nachvollzogen, sondern vermittelt über Irritationen und negative Erfahrungen gesucht werden muss. Lernen ist ein Prozess, in dem Lernende auf ein in ihrem Wissen enthaltenes Nicht-Wissen aufmerksam werden und von daher neue Vorstellungen entwickeln. Eine Erziehung, die solche Lernprozesse bei Heranwachsenden unterstützt, muss sich davor hüten, eine absolute Wahrheit vermitteln zu wollen, und statt dessen dafür sorgen, dass Lernende den Raum ihrer Vorerfahrungen verlassen, in Auseinandersetzung mit ihrem Wissen und Nicht-Wissen neue Erfahrungen machen und diese reflektieren.

Die sokratische Figur eines an der Grenze von Wissen und Nicht-Wissen stattfindenden Lehrens und Lernens findet sich auf diese Weise auch noch im aristotelischen Aufstieg von der Erfahrung zu den dieser zugrunde liegenden Zweckursachen. In einem modifizierten Sinne gilt dies auch für das Paradigma der neuzeitlichen Wissenschaft und die ihm zugrunde liegenden Formen von Erfahrung, Wissen, Lernen und Lehren. Es organisiert das Überschreiten vorgängiger Erfahrungen nicht nur mit Bezug auf die Vorerfahrungen jener, die nach ihm unterrichtet werden, sondern auch mit Blick auf das aristotelische Paradigma und dessen teleologische Ausrichtung. Bacons neue Ordnung versteht sich als eine Überwindung des antiken Paradigmas und versucht, ohne dessen metaphysische Prämissen einer zweckmäßig geordneten Welt auszukommen. Sie gründet neuzeitliche Empirie und Wissenschaft auf kausale Formen von Erfahrung und Wissen, die wiederum neue topische und utopische Bezüge aufweisen.

Während die antiken Ordnungssysteme von einer perfekten Ordnung des Kosmos ausgehen, die sie mimetisch einzuholen suchen, und im Bereich der praktischen Erfahrungen nicht über die Polis hinaus fragen, sondern die Freiheit der griechischen Polisbürger von der Unfreiheit der Barbaren und Sklaven abgrenzen, geht es in modernen Systemen des Wissens um eine Ordnung, die nicht fertig, sondern evolutiv in Entwicklung begriffen ist. Im Zentrum von Bacons „Novum organon" stehen nicht mehr Erfahrungen, die in einen metaphysischen Ordnungszusammenhang der Natur oder der Gesellschaft eingebettet sind, sondern Erfahrungen, die ausdrücklich erst jenseits solcher Annahmen gedacht und gemacht werden können. Bacons Grundannahme lautet, dass in der neuzeitlichen Wissenschaft nicht Wissen und Zweck, sondern „Wissen und Können [...] in eins zusammen[fallen]" und dass das, „was in der Betrachtung als Ursache erscheint, [...] in der Ausübung zur Regel" wird (Bacon 1620, S. 26, 1. Buch, Aphorismus 3). Kriterium für die Wahrheit des Wissens ist nun, dass es ein Können ermöglicht, welches menschliche Macht über Natur, Psyche, Gesellschaft und Geschichte immer weiter steigert. Machtsteigerung wird dann als rational angesehen, wenn sie nicht willkürlich und beliebig erfolgt, sondern in wissenschaftlichen Wissensformen begründet ist, die Macht verleihen.

Auch diesem Paradigma zufolge erweitern sich die Möglichkeiten von Wissen und Können vermittelt über negative Erfahrungen, die an der Grenze von Wissen und Nicht-Wissen sowie Können und Nicht-Können gemacht werden. Die Grenze des Wissens neuzeitlicher Wissenschaft wird von Bacon bis Popper als die eines Noch-nicht-Wissens und Noch-nicht-Könnens interpretiert. Neuzeitliche Wissenschaft ahmt nicht mehr eine in sich zweckmäßige Ordnung nach, zu der philosophische Reflexion aufsteigen zu können meinte, sondern arbeitet daran, ihre Macht immer weiter auszudehnen. Sie konstruiert neue hypothetische Ordnungen eines kausalanalytischen Wissens und überprüft dieses an Erfahrungen, die sie bei seiner Anwendung macht.

Die neue Ordnung der Wissenschaften legt Bacon – wie Aristoteles zuvor die teleologische Ordnung der Erfahrung und des Wissens – auf alle Bereiche der Wirklichkeit aus. So stellt er fest, neuzeitliche Wissenschaft werde nicht nur natürliche, sondern auch psychische sowie gesellschaftliche Sachverhalte und Prozesse kausal erklären und unter dem neuen Paradigma als evolutive Prozesse deuten (vgl. Bacon 1620, S. 93, 1. Buch, Aphorismus 127). Auch die neue Ordnung des Wissens und der Wissenschaften ist gesellschaftlich vermittelt und enthält utopische Momente. Dies lässt sich an Bacons Erzählung „Neu-Atlantis" (1627) verdeutlichen, mit der er für das neuzeitliche Paradigma und seine universelle Geltung wirbt. Bacons Neu-Atlantis ist eine perfekte Gesellschaft, in der die neue Ordnung des Wissens und Könnens bereits erfolgreich auf alle Formen menschlichen Zusammenlebens und Handelns ausgelegt worden ist. Neu-Atlantis ist nicht real, sondern existiert in Bacons Erzählung nur als Utopie. Bacon stellt sie dem Leser so dar, als seien in der beschriebenen Gesellschaft für alle ungelösten Fragen der Natur-, Seelen- und Menschenbeherrschung befriedigende Antworten gefunden. Wie diese gefunden wurden und worin sie im einzelnen bestehen, wird allerdings nicht gezeigt.

Bacons Neu-Atlantis wird als eine perfekte, in sich geschlossene Gesellschaft vorgestellt, die abgeschottet von der übrigen Welt existiert und in keiner lernenden Wechselwirkung zu ihrer Umgebung steht. Neue Erkenntnisse werden aus dem „Ausland" durch Spionage importiert, ohne dass es nach innen oder nach außen so etwas wie eine diskutierende Öffentlichkeit gibt. Als geschlossene Gesellschaft ist Bacons Neu-Atlantis noch der Konzeption der antiken Polis verpflichtet. Die Arbeitsteilung zwischen denjenigen Bürgern, welche die neuzeitliche Wissenschaft und ihre Technologien erfinden, importieren oder weiterentwickeln, und jenen, die sie lediglich gebrauchen und im Handeln anwenden, liest sich wie eine neuzeitliche Fassung des platonischen Ständestaats.

Bacon erkennt dem Paradigma neuzeitlicher Wissenschaft eine universelle, auf Induktion und Bearbeitung negativer Erfahrungen gegründete Geltung zu, erbringt den Nachweis für die Richtigkeit dieser Auffassung jedoch nicht am Beispiel einer real existierenden Experimentiergemeinschaft, sondern narrativ mit den Mitteln einer spekulativen Utopie. Diese setzt sich zwar kritisch von den Prämissen des teleologischen Denkens ab, ist aber blind gegenüber den ideologischen Prämissen der eigenen Position. Die Legitimität der neuen Einheit von Wissen und Macht wird von Bacon zweifach begründet, einmal durch die Annahme, neuzeitliche Wissenschaften erkenne in den Gesetzen der Natur, der Psyche und der Gesellschaft eine göttliche Ordnung, die vom Schöpfer der Welt selbst vorgegeben sei, dann durch die Versicherung, vor dieser Ordnung seien alle Menschen insofern gleich, als sie nur denjenigen Macht verleihe, die sie erkennen und ihre Gesetze anzuwenden verstehen.

Neu-Atlantis trägt neben rationalen auch totalitäre Züge, die von Bacon selbst jedoch nicht als solche erkannt werden. Insbesondere bleibt ihm der Widerstreit zwischen dem antiken und dem neuzeitlichen Paradigma verborgen. Bacons „Novum organon" und „Nova Atlantis" versuchen, das teleologische Paradigma der Antike ohne Bearbeitung des Widerstreits abzulösen, der bis heute zwischen teleologischen und kausalen Wissensformen besteht. Die Spannungen zwischen der alten und der neuzeitlichen Ordnung des Wissens, Lernens und gesellschaftlichen Handelns hat Rousseau, der mit Möglichkeiten eines Hinausgehens über beide experimentiert, ansatzweise reflektiert. In seinen Diskursen zieht er nicht nur Bacons Fortschrittsutopie in Zweifel, sondern unterscheidet er zugleich zwischen natürlicher und gesellschaftlicher Ungleichheit. Die Möglichkeit eines republikanischen Gemeinwesens macht er nicht von der Ablösung des antiken durch das neuzeitliche Paradigma, sondern von einem Gesellschaftsvertrag abhängig, der auf der freien Zustimmung der Bürger basiert. In seiner Abhandlung über Erziehung grenzt er die Bildung eines Menschen, der mit der modernen Mensch-Bürger-Differenz kritisch umzugehen versteht, von der Erziehung des antiken Bürgers und der komparativen Existenz des neuzeitlichen Besitzbürgers ab.

Lern- und Bildungsprozessen erkennt Rousseau wieder eine offene und experimentelle Bedeutung zu, die schon in den Blickwendungen des Höhlengleichnisses angesprochen war, bei Bacon aber auf das szientifisch-technische Paradigma eingeschränkt worden ist. Während Aristoteles Aussagen über die Ordnung von Erfahrung, Wissen und Wissenschaft an vorgegebene Zweckzusammenhänge in Natur und Gesellschaft zurückbindet, fragt Rousseau, wie künftig Erkenntnisse über die Ordnungen von Natur und Gesellschaft zu gewinnen sind, wenn unter den Bedingungen des Herrschaftssystems des Absolutismus und des Siegeszugs des Paradigmas neuzeitlicher Wissenschaft nicht mehr von einer guten Ordnung der Zwecke und Mittel ausgegangen werden kann. Seinem „Diskurs über den Ursprung und die Gründe für die Ungleichheit unter den Menschen" (1755/1984) stellt er die lateinische Übersetzung einer Aussage aus dem ersten Buch der Politik des Aristoteles voran. An dieser zeigt er auf, dass der von Aristoteles beschrittene Weg der Erkenntnis unter modernen Bedingungen nicht mehr gangbar ist.

Bei Aristoteles (Politik 1254a 35ff.) heißt es: „Non in depravatis, sed in his quae bene secundum naturam se habent, considerandum est quid sit naturale." („Das Naturgemäße muß man aber an denjenigen Dingen abnehmen, die sich in ihrem natürlichen Zustande befinden, nicht an denen, die verderbt sind.") Rousseau dagegen ist der Auffassung, dass das Natürliche nach diesem Verfahren weder als solches noch in seiner gesellschaftlichen Vermitteltheit erkannt werden kann. Mit Blick auf die menschliche Natur und die gesellschaftliche Verfasstheit des Menschen unter den Bedingungen des Ancien Régime stellt er fest: „Wir wissen nicht, was uns unsere Natur zu sein erlaubt." („Nous ignorons ce que nôtre nature nous permet d'être." (Émile 1762a/1979, S. 45f.)

Von hierher gelangt er zu dem Ergebnis, der Mensch müsse lernend seine Bestimmung selber hervorbringen, ohne von dieser Rückschlüsse auf eine durch die Natur vorgegebene Bestimmung vornehmen zu können. Zur Begründung rationaler Ordnungen der Erfahrung, des Wissens, der Wissenschaft und des zwischenmenschlichen Handelns reichen nach Rousseau weder das teleologische Ordnungsmodell der Antike, mit dem Aristoteles u. a. die Sklaverei rechtfertigt, noch das szientifische Paradigma Bacons aus, das der Utopie einer Einheit von Wissen und Macht anhängt und um seine eigene gesellschaftliche Vermitteltheit nicht weiß.

In seinem Erziehungsroman „Émile" (1762a/1976) entwirft Rousseau ein pädagogisches Programm, das die Möglichkeit moderner Erziehung an Bildungsprozesse zurückbindet, die über Wechselwirkungen zwischen der Selbst- und der Welttätigkeit der Lernenden vermittelt sind. Diesem Programm zufolge gehen bildende Wirkungen nicht unmittelbar von positiven erzieherischen

Intentionen, sondern von einer widerständigen Welt aus, die ihre bildende Bedeutung unter dem Einfluss einer „negativen Erziehung" entfaltet. Als „éducation négative" beschreibt Rousseau eine spezifische Form pädagogischen Einwirkens, die Lehr-Lernprozesse so konzipiert, dass Lernende in Auseinandersetzung mit einer vorgegebenen Welt irritierende negative Erfahrungen machen und durch diese dazu angehalten werden, ihre Vorstellungen neu zu ordnen.

Das Programm negativer Erziehung liegt schon Rousseaus Ausführungen zur Bildung der Sinne zugrunde. Im ersten Buch des Émile führt er aus, „[e]rst durch die Bewegung lernen wir, daß es Dinge gibt, die nicht wir sind". Anders als Aristoteles ordnet er die Bewegungen nicht mehr in einem teleologischen Raum. Vielmehr interpretiert er sie als Wechselwirkung zwischen den Selbstbewegungen des Menschen und dessen Bewegungen in der Welt. Die Entwicklung und Bildung der Sinne bezieht er auf beide Aspekte der Bewegung zurück. So sagt er vom Kleinkind, die in der heutigen Forschung verbreitete Stilisierung des Gehirns zum Leibapriori vermeidend: „Es sieht die Gegenstände, die sich zuerst im Gehirn, dann in seinen Augen spiegelten, nun in Reichweite, da es sich keine andere Entfernung vorstellen kann, als was es erreichen kann" (1762a/1976, S. 41).

Im zweiten Buch des Émile weitet Rousseau sein Modell der Bildung der Sinne auf andere Sinne aus – vom Tastsinn über den Gesichts- und Gehörsinn auf den Geschmacks-, Geruchs- und Gemeinsinn – und im dritten Buch auch auf das Erlernen der Anfangsgründe der neuzeitlichen Wissenschaft. Stets sind es Irritationen schon erworbener Vorstellungen, Kenntnisse und Kompetenzen, die zum Lernen von Neuem Anlass geben. Auch moralische Urteilsformen und Kompetenzen werden auf diese Weise durch negative Erfahrungen erworben. Ihre im vierten Buch beschriebenen Grundregeln folgen nicht mehr dem aristotelischen Modell der Gewohnheitsbildung, sondern weisen advokatorischen Erfahrungen und sympathetischer Anteilnahme am Leid der Mitmenschen eine konstitutive Bedeutung für die Bildung von Moral zu.

Wie schon Platon und Bacon reflektiert auch Rousseau die Begriffe der Erfahrung, des Wissens und der Wissenschaft nicht nur erkenntnis- und lehrlerntheoretisch, sondern arbeitet zugleich praktische und gesellschaftstheoretische Bezüge heraus. Seine Analysen entwickeln ein Verständnis menschlicher Interaktion und Kommunikation, das nicht primär auf eine Legitimation vorgegebener Formen von Herrschaft, sondern auf den vernünftigen Gebrauch von Freiheit ausgerichtet ist. Bildungsprozessen, die der Transformation nicht-reziproker in reziproke Beziehungen dienen, erkennt er eine für moralische Bildungsprozesse grundlegende Bedeutung zu. Hierzu führt er aus, schon im Umgang mit dem Weinen des Kleinkindes seien Herr-Knecht-Verhältnisse zu vermeiden und Handlungen zu wählen, durch die sich beim Kind und später beim Jugendlichen eine reflektierende Urteilskraft und eine auf reziproke Wechselwirkungen zwischen Menschen ausgerichtete Handlungskompetenz ausbilden und entwickeln können.

Rousseaus Begriff der Erziehung steht unter republikanischen Prämissen, die er in seiner Abhandlung „Über den Gesellschaftsvertrag" (Contrat social) durch das Prinzip einer Identität von „Untertan" und „Oberhaupt" zu fassen sucht (Rousseau 1762b/1981, S. 281; siehe hierzu Tröhler 2004). Seinem Begriff einer auf Freiheit und Rechtsgleichheit gegründeten Gesellschaft liegen pragmatische pädagogische Prämissen der Ausbildung einer vernünftigen Urteilskraft und Handlungskompetenz zugrunde. Utopisch – nämlich weder in der zeitgenössischen Gesellschaft noch in einer anderen gesellschaftlichen Ordnung einlösbar – sind dagegen Rousseaus Vorstellungen von einem irrtumsfreien Allgemeinwillen (Contrat social 1762b/1981, S. 291f.) und einem Gleichgewicht von Bedürfnissen und Fähigkeiten (Émile 1762a/1976, S. 191 ff.). Sie sind nicht mit dem Begriff einer unbestimmten Bildsamkeit und Perfektibilität abgestimmt und zeigen an, dass Rousseau unter den Bedingungen der feudalen Ordnung des Spätabsolutismus auf Restteleologien in Natur und Gesellschaft noch nicht gänzlich verzichten konnte.

Weiter fortgeschritten zeigt sich die Entteleologisierung von Erziehung und Bildung bei John Dewey, der Rousseaus Antwort auf die Frage nach dem Ziel der Erziehung, dieses sei „das[jenige] der Natur selbst" (Émile 1962a/1976, S. 11), in die pragmatische Fassung transformiert, der „Vorgang der Erziehung (habe) kein Ziel außerhalb seiner selbst" (1912/1964, S. 75). Erziehung wird von Dewey als eine „Lebensnotwendigkeit" und als eine „Funktion der Gesellschaft" beschrieben. In beiden Hinsichten besteht ihre Aufgabe darin, die „Qualität der Erfahrung" zu verbessern und für deren „regen Austausch" zu sorgen (ebd., S. 25). Während geschlossene Gesellschaften einen Kanon von Erfahrungen kennen, den sie durch Erziehung zu tradieren suchen, sind moderne Gesellschaften nicht an ihrem „unveränderten Fortbestand" interessiert, sondern haben ihren „Wandel – zum Besseren – als Endzweck" (ebd., S. 113).

Vergleichbare Strukturen erkennt Dewey auch in Wissenschaft und Technik sowie in Geschichte und Politik. Anders als viele der deutschen Reformpädagogen seiner Zeit weist er traditionellen Formen herkunftsorientierter Gemeinschaften keinen Primat mehr vor der Gesellschaft zu. In der modernen Gesellschaft erkennt er jenen offenen und zugleich leeren Raum, in dem die Einzelnen die Formen ihrer Sozialisation mit wählen und nacheinander oder auch gleichzeitig verschiedenen Gemeinschaften angehören können (ebd., S. 113 ff.).

Erfahrung, Wissenschaft, Gesellschaft und Demokratie weisen nach Dewey eine analoge evolutive Struktur auf. In dieser ist die „Fähigkeit, aus Erfahrung zu lernen", überall wirksam (ebd., S. 68). Unter dieser Fähigkeit versteht Dewey allerdings nicht mehr eine unbestimmte Lernfähigkeit im Sinne von Rousseaus Begriff der Perfektibilität oder Schleiermachers und Humboldts Begriff der Bildsamkeit, sondern eine gewisse „Plastizität" der Anlagen. Die gesellschaftliche Seite dieser Plastizität beschreibt er wie folgt:

„Eine Gesellschaft [...] die für die gleichmäßige Teilhabe aller ihrer Glieder an ihren Gütern und für immer erneute biegsame Anpassung ihrer Einrichtungen durch Wechselwirkung zwischen den verschiedenen Formen des Gemeinschaftslebens sorgt, ist soweit demokratisch. Eine solche Gesellschaft braucht eine Form der Erziehung, die [...] diejenigen geistigen Gewöhnungen schafft, die soziale Umgestaltungen sichern, ohne Unordnung herbeizuführen." (ebd., S. 136)

Anlagenplastizität und Wechselwirkung sind nach Dewey Strukturmerkmale, die allen Prozessen des Lebens und Wachstums in Natur und Gesellschaft zugrunde liegen. Sie bestimmen in demokratischen Gesellschaften auch Erziehung und Politik. Auf Seiten der Objekte wie der Subjekte von Erfahrung und Erkenntnis erklären sie, wie in Bildungsprozessen Neues entsteht. Das Neue geht auch bei Dewey von Irritationen aus, die anzeigen, dass eine bisher stabile Ordnung in Veränderung begriffen ist oder ein für wahr gehaltenes Wissen fragwürdig wird. Demokratische Meinungsbildung, wissenschaftliche Rationalität und methodisch geleitetes Denken- und Handeln-Lernen folgen nach Dewey demselben Muster. Sie gehen (1.) jeweils von konkreten Problemen und Fragen aus, entwerfen (2.) für diese hypothetische Lösungsmuster, erproben (3.) deren Brauchbarkeit experimentell, prüfen (4.) ihre Verallgemeinerbarkeit und entwickeln (5.) Handlungsstrategien, die über die Ausgangsproblemlage hinausführen (vgl. ebd., S. 201 und 218; siehe hierzu English 2005).

Deweys Systematik weist eine holistische Struktur auf, vor der die Unterschiede zwischen Aristoteles, Bacon und Rousseau verschwimmen. Platons Ideal einer Gesellschaft, in der jeder seine Bestimmung gemäß seinen naturgegebenen Möglichkeiten findet, wird von Dewey mit der bereits von Aristoteles beschriebenen Struktur der Erfahrung und mit Rousseaus Begriff einer offenen Lernfähigkeit so zusammengedacht, dass die Differenzen zwischen diesen Positionen an Bedeutung verlieren und Evolution in jene Lücke einspringt, welche die Verabschiedung des teleologischen Denkens hinterlassen hat (vgl. hierzu Bellmann 2007).

Deweys monistische Theorie der Erfahrung und der Erfahrungsverarbeitung und ihre holistische Auslegung auf alle Bereiche des Denkens und Handelns kennzeichnen seinen Ansatz im Rahmen der hier diskutierten Ansätze als eine pragmatische Position des Übergangs von stärker gegenstandstheoretisch argumentierenden Ansätzen zu vornehmlich wissenschaftstheoretisch argumentierenden Neuansätzen des 20. Jahrhunderts. Handlungstheorie und Wissenschaftstheorie fallen bei Dewey noch nicht auseinander. Sie werden auf der Grundlage des amerikanischen Pragmatismus so miteinander verschränkt, dass Evolution sowohl als Paradigma des Handelns als auch als Paradigma des wissenschaftlichen Fortschritts gedacht werden kann (zur weiteren Entwicklung vgl. Popper 1994, S. 255 ff.).

3. Urteils- und Partizipationskompetenz als Basiskompetenzen öffentlicher Erziehung und Unterweisung und ihre Auslegung auf die Oberstufe des Bildungssystems

Die primär methodologisch und metatheoretisch ausgerichteten Ordnungssysteme des 20. Jahrhunderts betonen mit ihren unterschiedlichen empirischen, strukturalistischen, hermeneutischen, phänomenologischen, ideologiekritischen, handlungstheoretischen und systemtheoretischen Denkformen stärker Differenzen, die in Deweys Holismus vernachlässigt werden. Aufgrund ihrer Vielfalt erlauben sie es, die bei Dewey ausgeblendeten Abgrenzungsprobleme zwischen unterschiedlichen Formen von Erfahrung und Theoriebildung genauer zu reflektieren und den Eigenlogiken von Ökonomie, Moral, Erziehung, Politik, Kunst und Religion eine größere Aufmerksamkeit zu widmen.

Zu den Aufgaben öffentlicher Erziehung gehört auch heute die Entwicklung einer an den verschiedenen Formen des Wissens ausgerichteten Urteilskompetenz und einer auf die verschiedenen Handlungsfelder der menschlichen Praxis bezogenen Partizipationskompetenz. In Herbarts Allgemeiner Pädagogik werden diese Aufgaben als solche einer Erweiterung von alltäglicher Welterfahrung zu Spekulation und Geschmack und einer Öffnung des zwischenmenschlichen Umgangs für Politik und Religion beschrieben. Die erste Horizonterweiterung bezieht sich auf die Übergänge von der sinnlichen Welterfahrung in die hypothetisch-spekulativen Denk- und Urteilsformen neuzeitlicher Wissenschaft und die Formen ästhetischer Erfahrung in Musik, Kunst und Literatur. Durch sie soll eine Verkürzung der Wirklichkeit auf eine szientifisch-technische Weltansicht vermieden werden. Die zweite Horizonterweiterung zielt auf eine Überschreitung herkunftsbedingt begrenzter Umgangsformen im Zusammenleben der Generationen und die Ausbildung einer Partizipationskompetenz, die individuell und weltbürgerlich zugleich ausgerichtet ist und religiöse Kommunikation auch über die Grenzen einzelner Konfessionen hinaus ermöglicht.

Herbarts doppelte Trias einer in Erfahrung, Wissenschaft und Kunst gegliederten Urteils- und Deutungskompetenz und einer auf zwischenmenschlichen Umgang, Politik und Religion bezogenen Handlungs- und Partizipationskompetenz kann heute weiter differenziert werden. Im Bereich der Deutungs- und Urteilskompetenz lassen sich mit Blick auf die Diskurse des 20. Jahrhunderts lebensweltliche, szientifische, historisch-hermeneutische, ideologiekritische, voraussetzungskritische und anwendungsbezogene Wissensformen unterscheiden und im Bereich der Urteilskompetenz ökonomische, pädagogische, ethische, politische, ästhetische und religiöse Kompetenzbereiche voneinander abgrenzen.

Lebensweltliche Formen des Wissens sind nach Husserl (1936/1992) über leibzentrierte Welterfahrungen vermittelt. Sie gehen der Entwicklung der anderen Formen von Erfahrung und Wissen zeitlich voraus und verändern sich zugleich unter deren Einfluss. Sie lassen sich daher nicht, wie Husserl noch meinte, den anderen Formen von Erfahrung und Wissen transzendentalphänomenologisch vorordnen, sondern unterliegen ihrerseits einem Prozess fortschreitender Verwissenschaftlichung. Die Unterscheidung zwischen lebensweltlichen und verwissenschaftlichten Erfahrungen lässt durchaus zu, dass in lebensweltlichen Erfahrungen bereits eine verwissenschaftlichte Welt thematisiert wird (vgl. Rumpf 2006). Gleichwohl ist die auf Husserl zurückgehende Unterscheidung zwischen lebensweltlichen und szientifischen Erfahrungen weiterhin bedeutsam, denn ohne sie könnten Abstimmungsprobleme zwischen den verschiedenen Wissensformen nicht angemessen reflektiert werden.

An die Stelle von Husserls Dual ist inzwischen eine Vielzahl älterer und jüngerer, nicht aufeinander reduzierbarer Formen der Erfahrung und des Wissens getreten, so die auf Kants „Kritik der reinen Vernunft" (1781/1787) zurückgehende Unterscheidung zwischen empirischen und transzendentalkritischen Betrachtungsweisen, die Unterscheidung zwischen positivistischen und kritisch-rationalistischen Theoriekonzepten (siehe Popper 1935/1971), die Abgrenzungen zwischen geisteswissenschaftlichen und reflektierenden Ansätzen der Hermeneutik (siehe Gadamer 1960/1975; Buck 1969), die Differenzierung zwischen szientifischen und ideologiekritischen Fragestellungen (siehe Horkheimer 1937/1988; Adorno 1966/1973) und die Abgrenzung dogmatisch-positioneller und skeptischer Positionen (siehe Fischer 1989, 1993; Ruhloff 1993, 2000). Sie alle sind für die Entwicklung kritischer Urteilskompetenz relevant und unverzichtbar, denn sie eröffnen Perspektiven für eine Pluralisierung kritischen Denkens und eine reflexive Differenzierung unterschiedlicher Weisen von Partizipation (vgl. Benner/English 2004; Walter/Leschinsky 2007), die schulischen Unterricht sowie Übergänge von diesem in eine Berufsausbildung und ein Studium orientieren können.

Zusammenhänge zwischen den verschiedenen Wissens- und Partizipationsformen lassen sich mit Blick auf die unterschiedlichen Aussagesysteme der Wissenschaften mit Schülerinnen und Schülern erst auf der Oberstufe des Bildungssystems bearbeiten. Dabei kann z. B. an der Evolutionstheorie gezeigt werden, dass Grundbegriffe wie Mutation, Vererbung und Selektion lebensweltliche und historische Voraussetzungen haben, die bis in frühe Erfahrungen aus der Haustier- und Pflanzenzucht und die Anfänge des Kampfes bürgerlicher Subjekte um Reichtum und Macht zurückreichen. Die unterrichtliche Bearbeitung solcher Zusammenhänge erleichtert es, Applikationen der Evolutionstheorie auf menschliches Handeln nicht nur szientifisch-technisch zu konzipieren, sondern auch ökonomisch, moralisch, pädagogisch, politisch und religiös zu thematisieren und zu problematisieren (vgl. die Unterscheidung von sechs Ebenen einer bildenden Interpretation der Aussagesysteme neuzeitlicher Wissenschaft in Benner 1987/2010, S. 256ff.).

Möglichkeiten eines Unterrichts, der in die Unterscheidung der genannten Wissensformen einführt und die zwischen diesen bestehenden Unterschiede reflektiert, gibt es aber auch schon in früheren Altersstufen. Am Ausspruch eines Sechsjährigen lässt sich dies verdeutlichen, der seinen Vater zum Bankautomat begleitet und anschließend mit der Feststellung konfrontiert, er wisse nur zwar endlich, wo das Geld herkomme, nicht aber, wie er in den Besitz einer Karte gelange, die es auch ihm erlaube, sich aus dem Automaten mit Geld zu versorgen. Überlagerungen zwischen lebensweltlichen und über wissenschaftliche Rationalität vermittelten Erfahrungen sind auch in diesem Beispiel präsent. Sie können im Unterricht analysiert und reflektiert werden, z. B. wenn dieser in mathematische Operationen der Zinseszinsrechnung so einführt, dass nicht nur die mathematischen Formeln verstanden, sondern auch die lebensweltlichen Erfahrungen im Umgang mit Geld erörtert, die historisch-gesellschaftlichen Anfänge dieser Rechenart erinnert, und die Ideologie, das Geld vermehre sich nach den Regeln der Zinseszinsrechnung auf der Bank, kritisiert werden.

Dass Aufgaben, die solchen Ansprüchen genügen, in den Schulbüchern und im Unterricht unserer Schulen, aber auch in den Formulierungen für Bildungsstandards und in Testaufgaben für internationale Schulleistungsvergleiche immer noch selten sind oder gänzlich fehlen, weist auf Forschungsdesiderata hin, die nur durch eine interdisziplinäre Kooperation zwischen Systematischer Pädagogik, Allgemeiner Didaktik, Fachdidaktik und Empirischer Bildungsforschung bearbeitet werden können.

Mit den von der Bildungsforschung in den zurückliegenden Jahren entwickelten Ansätzen zur Erfassung domänenspezifischer (vgl. Baumert/Stanat/Demmrich 2001) und domänenübergreifender Kompetenzen (vgl. Klieme/Kunke/Leutner et al. 2001) lassen sich nicht nur Kompetenzen in so genannten harten Fächern und Lernbereichen beschreiben und testen. Die vorliegenden Ansätze sind zugleich hilfreich, um mehrperspektivische, bildungstheoretisch anspruchsvollere Aufgaben zu bearbeiten. Sie erlauben es, Kompetenzstufenmodelle und Evaluationsinstrumente auch für reflexive Bereiche der ästhetischen, moralischen und religiösen Bildung zu entwickeln. So stellen die Ansätze zur domänenspezifischen Kompetenzmessung – beispielsweise mit dem Rasch-Modell – Strategien bereit, mit denen sich Kompetenzmodelle und Differenzierungen von Anspruchsniveaus auch für Lernbereiche entwickeln lassen, die bisher durch PISA, TIMMS und LAU nicht erfasst werden. Und die Verfahren zur Messung domänenübergreifender Kompetenzen geben wichtige Hinweise, wie Partizipationskompetenzen nicht nur formal, sondern auch domänenspezifisch zu interpretieren und zu fassen sind.[3]

Forschungsschulen wie die Bielefelder Laborschule und das Bielefelder Oberstufen-Kolleg könnten mit Blick auf jüngste Entwicklungen in Bildungs-

---

[3] Vgl. hierzu für den Bereich religiöser Deutungs- und Partizipationskompetenz Benner/Krause/Nikolova et al. 2007 und Nikolova/Schluß/Weiß/Willems 2007 sowie für den Bereich moralischer Urteils- und Handlungskompetenz Benner/Nikolova/Swiderski 2007; siehe auch S. 159-172 in diesem Band.

theorie und Bildungsforschung die Funktion übernehmen, in Weiterentwicklung ihrer Gründungskonzepte verstärkt mit Formen eines Lehrens und Lernens zu experimentieren, das in die genannten Wissensformen einführt und diese domänenspezifisch auf die ganze Breite der zur schulischen Allgemeinbildung gehörenden Deutungs- und Anwendungsbereiche auslegt (vgl. hierzu für den Religionsunterricht Obst 2008). Dabei käme es darauf an, fruchtbare Wechselwirkungen zwischen didaktischen Aufgaben und Testaufgaben zu erzeugen und zu kontrollieren. Der empirischen Bildungsforschung fiele hierbei die Aufgabe zu, die Auswirkungen bildungstheoretisch und fachdidaktisch orientierter Unterrichts- und Schullebenkonzepte auf die Entwicklung von Urteils- und Partizipationskompetenzen zu evaluieren. Parallel dazu könnte bildungstheoretische Grundlagenforschung zu einer Optimierung der Testinstrumente beitragen und dafür sorgen, dass diese künftig stärker an didaktische Aufgabenstellungen anschließen, zentrale Beziehungen zwischen den verschiedenen Wissens- und Urteilsformen thematisieren und Übergänge in relevante Partizipations- und Handlungsbereiche erfassen.

Auf der Suche nach einer Didaktik der Urteilsformen und einer auf ausdifferenzierte Handlungsfelder bezogenen partizipatorischen Erziehung[1]

Weite Teile der didaktischen, schulpädagogischen und schulreformerischen Diskussion werden gegenwärtig von dem Dual Wissens- oder Anwendungsorientierung beherrscht.[2] Unter Wissensorientierung wird dabei sowohl Alltagswissen als auch im schulischen Unterricht vermitteltes Wissen verstanden. Letzteres bezieht sich in der Sekundarstufe I auf den Bereich der Kunden und in der Sekundarstufe II auch auf wissenschaftspropädeutisches Wissen. Unter einer stärkeren Anwendungsorientierung wird dagegen eine Orientierung schulischer Lehr-Lern-Prozesse an Kompetenzen verstanden, die für das Lösen konkreter Aufgaben erforderlich sind. Der Dual Wissens- oder Anwendungsorientierung verweist dann auf eine Ablösung älterer Vorstellungen, denen zufolge Unterricht vornehmlich Wissen vermitteln soll, durch neuere Reformkonzepte, welche öffentliche Erziehung stärker darauf verpflichten, pragmatische Kompetenzen bei Schülerinnen und Schülern zu entwickeln, die für das Leben in der modernen Welt sowie im Beruf brauchbar und nützlich sind.

Dass öffentliche Schulen Kompetenzen erzeugen helfen, die für weiterführende Lernprozesse brauchbar und nützlich sind, ist jedoch keine Errungenschaft gegenwärtiger Reformbemühungen, sondern gehört seit den Anfängen des Nachdenkens über gemeinsam zu organisierende Lehr-Lern-Prozesse zum Kernbestand der didaktischen und schulpädagogischen Theoriebildung. Der Dual Wissens- oder Anwendungsorientierung greift daher zu kurz. Er blendet die Zusammenhänge aus, die zwischen den Bildungszielen eines wissens- und eines anwendungsbezogenen Unterrichts bestehen. Will man nicht der Illusion erliegen, Schule und Unterricht ließen sich von einer Wissens- auf eine Anwendungsorientierung umstellen, muss man sowohl die Wissens- als auch die Anwendungshorizonte öffentlicher Erziehung und Unterweisung genauer fassen, als dies in der gegenwärtigen Diskussion oft der Fall ist.

---

[1] Der Text wurde auf einem an der Universität Basel veranstalteten Symposion zum Thema „Jenseits von Bildungsstandards und Kompetenzdiskurs? Standortbestimmungen zur Theorie und Empirie des schulischen Unterrichts" vorgetragen und ist erschienen in: Pädagogische Korrespondenz. Heft 39. Münster 2009, S. 5-20.

[2] Weithin vergessen sind Überlegungen, wie sie K. Beck (1982) in seiner Studie zur „Struktur didaktischer Argumentationen" entwickelt und H. Aebli (1983) auf dem 8. Kongress der DGfE in Regensburg zur Diskussion gestellt hat.

Die folgenden Überlegungen versuchen zu zeigen, dass die Wissensorientierung von Unterricht auf die Entwicklung einer Urteilskompetenz zielt, welche die klassischen Formen von Erfahrung, Wissen, Lernen und Lehren berücksichtigt, und dass eine angemessene Anwendungsorientierung darin liegen könnte, Querverbindungen zwischen den unterschiedlichen Formen des Wissens und den ausdifferenzierten Feldern des gesellschaftlichen Handelns in Lehrplänen, Einheitlichen Prüfungsanforderungen, Unterrichts- und Evaluationskonzepten stärker zu berücksichtigen. Zu den Aufgaben aktueller Bildungsreformen gehörte dann nicht, traditionelle Formen der Wissensorientierung durch neue Formen einer Anwendungsorientierung zu ersetzen, sondern Konzepte der Entwicklung von Urteils- und Partizipationskompetenz zu entwickeln und diese sowohl domänenspezifisch als auch fächerübergreifend zu erproben und zu kontrollieren.

Meine Überlegungen gliedern sich in vier Teile. Im ersten Teil werden Umrisse einer Didaktik der Urteilsformen vorgestellt, in der unterschiedliche Arten der Erfahrung, des Wissens, des Lernens und Lehrens zum Zuge kommen. Der zweite Teil erläutert das Gemeinte an einem klassischen Beispiel. Der dritte Teil versucht zu zeigen, dass das Konstrukt der methodischen Leitfrage hilfreich sein könnte, um die Beziehungen zwischen systematischer Didaktik, empirischer Bildungsforschung und Fachdidaktiken auf eine neue Grundlage zu stellen. Im letzten Teil werden einige Folgerungen für die weitere Diskussion über Möglichkeiten und Aufgaben einer an Urteils- und Partizipationskompetenz interessierten Unterrichts- und Bildungsforschung skizziert.

1. Vorüberlegungen zu einer Didaktik der Urteilsformen

Schulisches Lernen vollzieht sich im Unterschied zum vor- und außerschulischen Lernen nicht in einer Einheit von Lernen und Anwenden, sondern führt in Kulturtechniken und Wissensformen wie Schriftsprache, Mathematik, naturwissenschaftliche Grundkenntnisse, Geschichte und Fremdsprachen, aber auch in Reflexionen des Umgangs mit Andersdenkenden und Fremden ein, die durch einfachen Gebrauch oder direkte Partizipation nicht erworben werden können. Unmittelbar anwendungsbezogene, ohne den Umweg über Wissen auskommende Aufgaben beziehen sich dagegen auf ein früheres oder späteres Stadium im Lernen, machen aber nicht die basale Struktur schulischer Erziehung und Unterweisung aus. Schulisches Lehren und Lernen soll Erfahrung und Umgang zunächst einmal überschreiten und künstlich erweitern. Eine Einheit von Lernen und Anwenden, die es sie beim Sehen-, Gehen- und Laufen- sowie Sprechenlernen gibt, kann, darf und muss es in schulisch institutionalisierten Lehr-Lernprozessen nicht als Normalfall geben.

Schon Herbart bestimmte von hierher die Aufgaben schulischer Erziehung und Unterweisung als solche einer Erweiterung von Erfahrung und Umgang.

Schulische Erfahrung (1) soll zu wissenschaftlicher oder spekulativer Welterfahrung (2) und zu Kunst und Geschmack (3), zwischenmenschlicher Umgang (4) dagegen zu Interesse an Gesellschaft und Politik (5) sowie zu Religion (6) erweitert werden:

Reihen der Welt-Erkenntnis und der menschlichen Teilnahme
(1) Welterfahrung   (4) zwischenmenschlicher Umgang

(2) Wissenschaft   (3) Kunst und   (5) Politik und   (6) Religion
und Spekulation   Geschmack   Gesellschaft

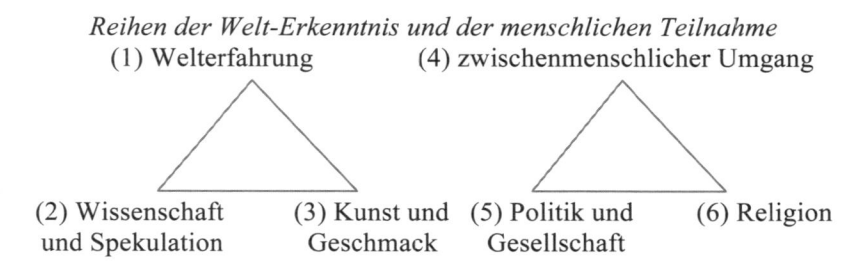

Herbarts erste Trias von alltäglicher Erfahrung, spekulativer Wissenschaft und ästhetischer Welterfahrung zielte darauf, dem Paradigma von neuzeitlicher Wissenschaft und Spekulation kein Monopol gegenüber alltäglichen Erfahrungen einzuräumen. Darum sieht sie keine Aufhebung von Erfahrung in Wissenschaft, sondern eine doppelte Erweiterung der Vorerfahrungen der Lernenden zu neuzeitlicher Wissenschaft und Kunst vor. Diese Trias lässt sich heute mit Blick auf die im 20. Jahrhundert erarbeitete Pluralisierung kritischer Urteilsformen als Differenzierung des Wissens in (1) lebensweltliche, (2) teleologische, (3) hypothetisch-szientifische, (4) historisch-hermeneutische, (5) ideologiekritische und (6) transzendentalkritische Wissensformen fassen.

Auch in Herbarts zweiter Trias wird deren Ausgangsform, der zwischenmenschliche Umgang, nicht in Politik und Religion aufgehoben, sondern in die Trias von Ethik, Politik und Religion überführt. Eine analoge Erweiterung wie für die erste Trias kann auch für die zweite vorgenommen werden (zum folgenden Schema siehe Benner 1987/2010, S. 43).

Ausdifferenzierte Praxisbereiche

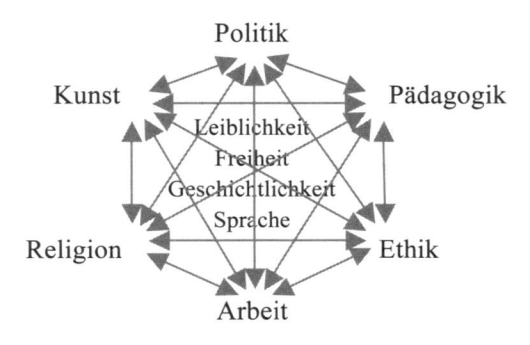

Politik
Kunst   Pädagogik
Leiblichkeit
Freiheit
Geschichtlichkeit
Sprache
Religion   Ethik
Arbeit

Der durch Sitte und Konventionen bestimmte zwischenmenschliche Umgang gliedert sich heute nicht nur in Partizipationen an Gesellschaft, Politik und Religion, sondern auch in solche an Beruf und Ökonomie sowie ästhetischen und medialen Weltdarstellungen.

Für schulische Lehr-Lern-Prozesse gilt, dass die bildende Qualität von Unterricht weder durch bloße Wissensvermittlung noch durch einen unmittelbares Anwendungsbezug ausgewiesen werden kann, sondern davon abhängt, dass Lehrer die zu vermittelnde und anzueignende Sache erst einmal fragwürdig machen und anschließend den Lernprozess ihrer Schüler durch Akte eines didaktischen Fragens und Zeigens steuern (vgl. Prange 2005). Die Fragen sind dabei von den Lehrenden jeweils so zu stellen, dass sie nicht die zu suchenden Antworten vorgeben, sondern bei den Lernenden eine Denkbewegung in Gang setzen, die über Irritationen, Staunen und negative Erfahrungen vermittelt sind. Auf diese Weise lassen sich in schon erworbenen Wissenszusammenhängen „Spalten" öffnen, an die sich Neues anlagern kann.[3] Für Bildungsprozesse gilt, was der französische Schriftsteller Robert Bober an den „Auszügen aus dem Tagebuch von Raphaël (1981-1982)", einem Juden, der den Holocaust überlebte, so verdeutlicht: Es ist jeweils das Unsichtbare oder „Fehlende, das sehen läßt." (Bober 1997, S. 157f.)

2. Erläuterung an einem klassischen Beispiel

An einem sokratisch-platonischen Beispiel lassen sich die bisher nur theoretisch angesprochenen Zusammenhänge verdeutlichen. Sokrates führt mit Menon, dem Oberhaupt einer Familie, im gleichnamigen Text ein Gespräch über Lehren und Lernen. In diesem Gespräch geht es bereits um die später im Höhlengleichnis explizierte These, dass Lernprozesse sich durch Blickwechsel vollziehen, welche Lernende, angestoßen durch Fragen und Irritationen, vollziehen, und dass die Kunst des Lehrens nicht darin besteht, „blinden Augen ein Gesicht einzusetzen", sondern darin, Wendungen des Blicks zu veranlassen und anzubahnen. Am Beispiel einer geometrischen Aufgabe verdeutlicht Sokrates im Gespräch mit Menon und einem Knaben aus dessen Familiengemeinschaft, was hierunter zu verstehen ist. Er vergewissert sich zunächst, dass der Knabe, der zuvor keinen Unterricht in Geometrie erhalten hat, aus der Alltags- und Umgangssprache die Form des Quadrates und die Länge der Maßeinheit eines Fußes kennt. Ausgangspunkt der Irritationen ist die Figur eines 2 x 2-füßigen Quadrats:

---

[3] Zur bildenden Bedeutung des Spalts siehe Waldenfels 2004; Benner/English 2004; Andrea English 2008 bindet die bildende Bedeutung von Irritationen neuerdings an unterbrochene Erfahrungen (interruptions) zurück. Vgl. auch die Analyse von Unterrichtstranskripten bei Gruschka 2007.

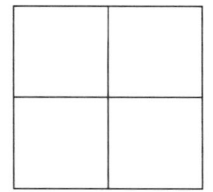

Sokrates fragt den Knaben, ob er wisse und zeigen könne, was das Doppelte dieses Quadrats sei. Da der Knabe nicht nur von der Form des Quadrats und der Länge eines Fußes, sondern auch vom Doppelten schon erworbene Vorstellungen hat, verlängert er, seines Vorwissens sicher, die aus der ersten Zeichnung stammenden Außenseiten des 2 x 2- oder 4-füßigen Quadrats auf das Doppelte und gelangt zu der folgenden Figur:

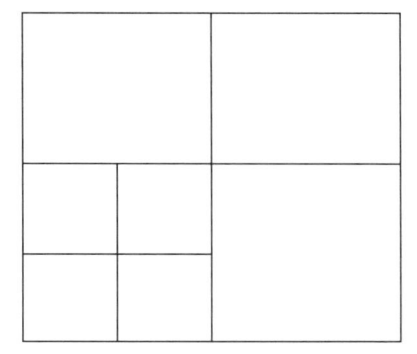

Auf Sokrates Nachfragen vollzieht er einen ersten Blickwechsel und bemerkt, dass er mit der Verdoppelung der Seitenlänge die Fläche der Ausgangsfigur nicht verdoppelt, sondern vervierfacht hat. Er sucht nun nach einem Quadrat, das größer ist als das Ausgangsquadrat und kleiner als das vervierfachte Quadrat und findet in der obenstehenden Figur eine neue Antwort.

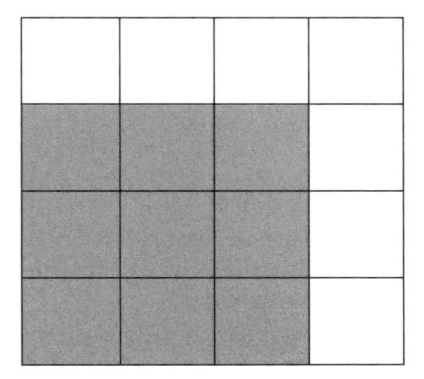

Aber auch sie hält der Prüfung nicht stand. Durch Nachzählen findet der Knabe heraus, dass das so gefundene Quadrat nicht das Doppelte des 4-füßigen ist, sondern anstelle des 8-füßigen Quadrats ein Quadrat von 3 x 3, also 9 Füßen umfasst.

Wissen und Nicht-Wissen befinden sich im Denken des Knaben nun in einer gewissen Konfusion. Er weiß nun, dass er das Richtige nicht weiß. Er befindet sich in einem Zwischenraum zwischen Wissen und Nicht-Wissen, Können und Nicht-Können. Er weiß, dass keines der für ihn sichtbaren Quadrate das gesuchte ist und dass alle Blickwechsel, die er bisher vollzog, nicht zu der gesuchten Antwort hingeführt haben. Das Richtige muss er nun im Falschen suchen und er weiß nicht, wie er es in diesem finden kann.

An dieser Stelle kommt Sokrates dem Knaben zur Hilfe. Die Hilfe besteht nicht darin, dass er blinden Augen ein Gesicht einsetzt, sondern dass er einen neuerlichen Blickwechsel anstößt und vor dem Knaben auf etwas zeigt, was dieser nicht sieht bzw. noch nicht gesehen hat, aber in den Blick nehmen muss, um angesichts der aufgetretenen Irritationen etwas Neues lernen und auf dessen Grundlage dann weiterlernen zu können.

Worauf zeigt Sokrates? Die Antwort gibt die folgende Figur:

Sokrates zeigt nicht auf horizontale oder vertikale Linien, sondern auf die Diagonale im Ausgangsquadrat und eröffnet dadurch im Wissen und Nicht-Wissen des Knaben einen Spalt, in dem neues Wissen und Können Raum gewinnen kann. Der Knabe beginnt durch diesen Hinweis, seinen eigenen Blick nicht nur auf die horizontalen und vertikalen Linien im Quadrat zu lenken, sondern auch nach geeigneten Diagonalen zu suchen.

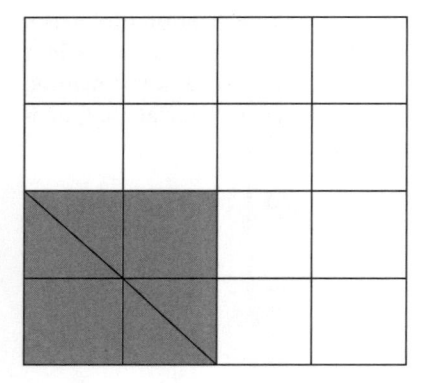

Der Knabe erkennt nun, dass die Diagonale das Ausgangsquadrat halbiert, und indem er auch in die drei angrenzenden Quadrate Diagonalen einzeichnet, findet er schließlich das Doppelte des 4-füßigen Ursprungsquadrats:

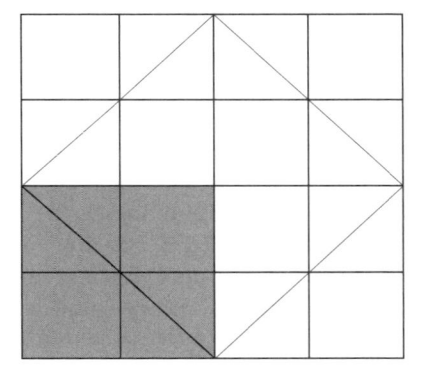

Das Beispiel zeigt, dass die Logiken des Lehrens und des Lernens keineswegs identisch sind und dass Lehr-Lernprozesse durch didaktische Akte des Fragens und Zeigens gesteuert werden können, in denen der Lehrer nach etwas fragt und auf etwas zeigt, das sich auf Vorstellungsräume zwischen Wissen und Nicht-Wissen sowie Können und Nicht-Können der Lernenden bezieht. Auf diese Weise erkennen Lehrer die Bildsamkeit ihrer Schüler an, indem sie diese durch Fragen und Zeigen mit einer bildsamen Welt konfrontieren und zum Selber-Denken und -Urteilen sowie -Handeln auffordern.

An Platons didaktischer Lektion im Menon lassen sich nicht nur die unterschiedlichen Logiken des Lehrens und Lernens, sondern ansatzweise auch die verschiedenen Wissensformen erläutern. Die gezeigten Figuren stellen nichts Geringeres als die antike Version des Satzes des Pythagoras dar. Von der in ihm eingegangenen lebensweltlichen Form der Erfahrung und des Wissens ist schon bei Platon die Rede. Die 4-, 9- und 16-füßigen Quadrate basieren ja nicht unmittelbar auf abstrakten geometrischen Annahmen. In die Quadrate ist vielmehr die heute noch in nautischen Maßen überlieferte lebensweltliche Form der Erfahrung eingegangen, dass Längen beim Abschreiten mit dem Maß des Fußes gemessen werden können. Ihnen liegt zugleich eine teleologische Form der Erfahrung und des Wissens zugrunde, die von einer keineswegs durch den menschlichen Verstand erfundenen, sondern von einer von diesem in der Welt vorgefundenen inneren Zweckmäßigkeit zeugt. Die dem Quadrat eigene zweckmäßige Ordnung können wir heute noch an Faltspielen bemerken, die Kinder ausführen, wenn sie die Ecken von Quadraten unter Halbierung der Außenseiten eines Quadrats so einschlagen oder knicken, dass dabei ein Quadrat entsteht, dessen Fläche genau halb so groß ist. Diese Ordnung zeigt sich im Menon-Beispiel als immanente Zweckmäßigkeit des 16-füßigen Quadrats, aus dem durch den von Sokrates angestoßenen und von dem Knaben vollzogenen Blickwechsel das gesuchte 8-füßige Quadrat als das doppelte des 4-füßigen Ausgangsquadrats entsteht. Die Zeigekunst des Sokrates ist wie die Bildsamkeit des suchenden und findenden Knaben nicht nur an lebensweltliche Erwartungen, sondern auch an die innere Zweckmäßigkeit der Ordnung des Quadrats selbst zurückgebunden. Sie erlaubt es dem Knaben, im Falschen – dem 16-füßigen Quadrat – das Richtige zu suchen und auf dem Umweg vom 4-füßigen über das 16-füßige zum 9-füßigen Quadrat schließlich im 16-füßigen das 8-füßige Quadrat zu finden.

Wir kennen heute den Satz des Pythagoras nicht in der Form der von Sokrates und dem Knaben in den Sand eingezeichneten Figuren, sondern denken an ein rechtwinkliges Dreieck, dessen Hypotenusen-Quadrat die Summe der beiden Katheten-Quadrate ist. Die hypothetisch-szientifische Logik des modernen Satzes des Pythagoras erschließt sich uns erst, wenn wir diese nicht mehr teleologisch aus der inneren Zweckmäßigkeit geometrischer Formen, sondern als Konstrukt des neuzeitlichen Verstandes fassen, welcher denkend Ordnungszusammenhänge entwirft, um diese an der Erfahrung zu überprüfen. Im cartesischen Koordinatensystem nimmt der antike Satz des Pythagoras die Form der für den Kreis geltenden Gleichung $x^2 + y^2 = r^2$ an, welche für die x- und y-Werte all jener Punkte gilt, die den Kreis bilden:

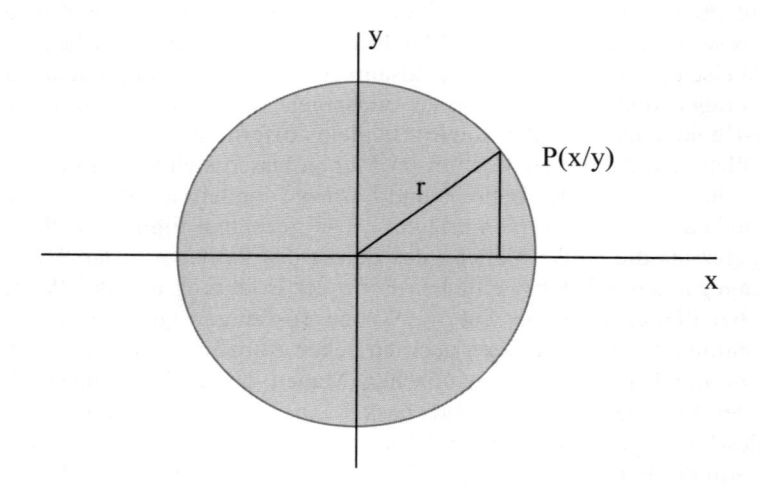

In dieser Version wird der Satz des Pythagoras nicht teleologisch, sondern durch das „Ich denke" des neuzeitlichen Subjekts konstituiert, welches nicht nach immanenten Zweckmäßigkeiten sucht, die es erkennend nachzuahmen gilt, sondern auch im Bereich geometrischer Systeme in die Natur mathematische Gesetze hineinlegt, um diese an der Erfahrung zu überprüfen.

Betrachtet man die Differenzen zwischen der teleologischen und der hypothetisch-szientifischen Version des Satzes des Pythagoras, so lassen sich leicht Bezüge zu den drei anderen Wissensformen herstellen. Die Differenzen zwischen der antiken und der neuzeitlichen Version des Satzes des Pythagoras können nämlich historisch-hermeneutisch an den Übergang vom antiken zum neuzeitlichen Denken zurückgebunden, ideologiekritisch durch einen Vergleich aristotelischer und baconianischer Wissensformen kontextualisiert sowie voraussetzungskritisch in ihren jeweiligen Wahrheitsansprüchen problematisiert werden.

Ein Unterricht, der domänenspezifisch in die sechs Erfahrungs- und Wissensformen einführt, kann die Entwicklung einer Urteilskompetenz fördern, in der die pluralen Formen von Kritik angemessen zur Geltung kommen. Ein solcher Unterricht wird Deduktionszusammenhänge vom Lehren zum Lernen oder umgekehrt vermeiden und zwischen den Logiken des Lehrens und jenen des Lernens grundlagentheoretisch, fachspezifisch und empirisch unterscheiden.

3. Zur Bedeutung methodischer Leitfragen

In diesem Zusammenhang gewinnt eine didaktische Konzeption neuerlich Bedeutung, die der Erziehungswissenschaftler Herwig Blankertz in seinen „Theorien und Modellen der Didaktik" entwickelt hat. Es ist dies der „Implikationszusammenhang (von) inhaltlichen und methodischen Entscheidungen". Blankertz' These vom methodischen Implikationszusammenhang besagt, dass der Methode nicht nur eine technisch-operative, sondern darüber hinaus auch eine „gegenstandskonstitutive" Funktion in der Erfahrung, im Erkennen, im Lernen und im Lehren zukommt.[4] Was jemand erfährt, denkt, lernt oder lehrt, wird dieser These zufolge niemals durch eine vorgegebene transzendentale oder empirische Ordnung, sondern methodisch konstituiert. Die hierauf abhebende methodische Leitfrage muss heute nicht so gedacht werden, das sie beispielsweise einem unter Berufung auf Dewey konzipierten Einheitsmodell von Erfahrung und Lernen verpflichtet ist oder, wie Blankertz in den 70er Jahren vorschwebte, einer einzigen legitimen Verknüpfung von traditioneller und kritischer Theorie folgt. Sie kann vielmehr auf die Formen der Erfahrung und des Wissens so ausgelegt werden, dass lebensweltlichen, teleologischen, szientifischen, hermeneutischen, ideologiekritischen, methodenkritischen und anwendungsbezogenen Erfahrungs-, Denk- und Wissensformen je spezifische methodische Leitfragen eines angemessenen Lehrens zugeordnet werden.

Die genannten Formen von Erfahrung, Wissen und Wissenschaft haben keineswegs ein und dieselbe Welt zum Gegenstand, sondern unterscheiden sich methodisch und kategorial voneinander. Sie stehen zudem in mannigfaltigen Beziehungen und können nicht in eine einzige Form überführt oder aufgehoben werden. Zwischen ihnen sind zahlreiche Übergänge möglich. Auch diese folgen keiner holistischen Einheitsstruktur von Erfahrung, Wissen und Können, sondern sind über Aporien des Lernens und Lehrens vermittelt, an

---

[4] Vgl. hierzu Herwig Blankertz ¹1969, S. 92ff.; ⁹1975, S. 94ff.; siehe auch den Verweis auf Gisela Blankertz 1967: „Wie schütze ich mich vor Infektion?", ebd., S. 100; siehe auch Kaiser 1972 und Kaiser/Menck 1972.

denen jeweils spezifische Leistungen und Grenzen ihrer spezifischen Gegenstandskonstitutionen aufscheinen.

Fokussiert man die methodische Leitfrage auf spezifische Zusammenhänge von methodischen und inhaltlichen Entscheidungen, so öffnet sich der Blick für mehrere Implikationszusammenhänge. Diese lassen sich exemplarisch am Thema Gesundheit/Krankheit erläutern, das Herwig Blankertz im Rückgriff auf eine Examensarbeit von Gisela Blankertz seinen Hinweisen zur Bedeutung der methodischen Leitfrage zugrunde legte. Blankertz illustrierte die gegenstandskonstitutive Kraft der methodischen Leitfrage an der Frage: „Wie schütze ich mich vor Infektion?" Die bei Kilpatrick auf eine Leitfrage für Projekte verkürzte Formel[5] eröffnet Zugänge zu einer mehrperspektivischen unterrichtlichen Behandlung von Sachverhalten und Problemen der Pflege und Erhaltung der Gesundheit sowie der Behandlung und Vorbeugung gegen Krankheiten, in der, wie das folgende Schema verdeutlicht, zentrale Formen der Erfahrung und des Wissens zum Zuge kommen.

Die auf den von Aristoteles reflektierten teleologischen Konstitutionszusammenhang von Erfahrung, Lernen und Lehren bezogene Leitfrage könnte beispielsweise lauten: Welche selbstzweckhaften Zusammenhänge liegen der Gesundheit zugrunde, wie kann Medizin bei vorliegenden Krankheiten die Selbstheilungskräfte des Körpers stärken? Wie können Einsichten in solche Zusammenhänge durch Erfahrung und Erziehung erworben werden? Wie kann die Aufmerksamkeit von Lernenden von der Wahrnehmung einzelner Krankheitssymptome auf die Selbstheilungskräfte des Körpers gelenkt werden und was ist unter einer Lebensführung zu verstehen, die diese Kräfte stärkt und nicht schwächt?

Bacons Modell von Erfahrung, Lernen und Lehren liegt eine andere kategoriale Gegenstandskonstitution zugrunde, der eine andere methodische Leitfrage korrespondiert. Die zu erörternden Fragen lauten nun: Was sind die kausalen Ursachen von Krankheiten und wie kann man zwischen irrtümlich angenommenen und wirklichen Ursachen unterscheiden? Welches Können folgt aus diesem Wissen und wie kann man Heranwachsenden beibringen, sich klug vor Infektionen zu schützen?

---

[5] Diese Frage findet sich der Sache nach schon in Kilpatricks Typhusexperiment, von dem wir heute wissen, dass es niemals stattgefunden hat, sondern von einem Doktoranden Kilpatricks erfunden wurde, um bei Kilpatrick zu promovieren. Zur späten Korrektur von Kilpatricks Erzählung über die angebliche Bewährung der Projektmethode im Typhusexperiment siehe Knoll 1992.

Paradigma	Methodische Leitfrage/ Gegenstandskonstitution
Teleologische Ordnung nach Aristoteles	Durch welche Bewegungen von Kräften und Säften lassen sich die Selbstheilungskräfte des Körpers stärken?
Szientifische Ordnung nach Bacon	Was sind die kausalen Ursachen von Krankheit und durch welche Mittel schützt man sich vor Infektion?
Hermeneutische Ordnung nach Gadamer	Welches Gesundheitsverständnis liegt dem aristotelischen und dem baconeanischen Wissenschaftsverständnis zugrunde und in welchen Sprachformen artikulieren sich diese?
Hypothetisch-falsifikatorischer Problemlösungsrahmen nach Popper	Warum leben statistisch gesehen Arme kürzer und Reiche länger und wie sind die Beziehungen zwischen Armut, Reichtum, Krankheit und Gesundheit optimal zu verändern?
Ideologischer Verblendungszusammenhang nach Adorno	Sind Krankheiten einfach als gesellschaftlich verursacht hinzunehmen und welche Ideologien verbergen sich hinter den Strategien der modernen Medizin?
Lebensweltliche Ordnung nach Husserl und Fink	Wie zeigen sich Krankheit und Gesundheit in den koexistenzialen Handlungsfeldern Arbeit, Liebe, Herrschaft, Tod und Spiel und wie werden sie dort lebensweltlich erfahren?
Nichthierarchische Ordnung der ausdifferenzierten Bereiche des Handelns	Was ist unter einem ökonomisch, moralisch, politisch, ästhetisch und religiös gelingenden Leben zu verstehen und wie verhalten sich in diesem Krankheit und Gesundheit zueinander?

Über die teleologischen und technologischen Ausgangsmodelle von Aristoteles und Bacon hinausweisende Spielräume entstehen, wenn auch die Gegenstandskonstitutionen und methodischen Implikationszusammenhänge der Reflexionsansätze des 20. Jahrhunderts bedacht werden. Von Gadamer (1960/1975) her lassen sich konstitutive Vorurteilsstrukturen in den Blick nehmen, die über die teleologischen Denkformen des Aristoteles hinausweisen und Bacons Ideal einer radikalen Überwindung jeglicher Vorurteile widerstreiten. Die methodische Leitfrage lautet hier: Welche wirkungsgeschichtlichen Antizipationen sind in sprachlich vermittelten Weltdeutungen von Gesundungsprozessen und Krankheitsverläufen wirksam und wie können diese so reflektiert werden, dass Spielräume für neue medizinische Erfahrungen und ein neues Verständnis von Gesundheit und Krankheit entstehen? Wirkungsgeschichtliche Erinnerung kann z. B. den Blick dafür schärfen, dass Menschen in medizinischer Hinsicht lernen, sich zu ihren Krankheiten zu verhalten und ein

Leben mit der Krankheit zu führen. Zu der Maxime „Wissen ist Macht" tritt dann als die konkurrierende Maxime diejenige hinzu, dass Selbstsorge und Selbstumgang zu einem humanen Leben gehören, welches Wechselfälle von Gesundheit und Krankheit kennt und am Ende zum Tode führt.

Von Popper (1934/1973) her lässt sich Bacons Paradigma mit einer weiteren Leitfrage konfrontieren. Wenn neuzeitliche Wissenschaft nicht, wie Bacon meinte, auf induktiv zu gewinnenden Erfahrungen basiert, sondern mit Theorien und Antizipationen arbeitet, die an der Erfahrung scheitern können, wie lassen sich dann durch eine am Prinzip der Falsifizierbarkeit wissenschaftlicher Aussagesysteme orientierte Forschung die Spielräume für neue Hypothesen und Hypothesensysteme erweitern? Rückfragen dieser Art müssen keineswegs zwangsläufig zu einer Erneuerung des einheitswissenschaftlichen Programms des „Novum organon" von Bacon führen. Sie können den Blick über dieses hinaus beispielsweise für evolutive Prozesse öffnen, die nicht der Formel von der Einheit von Wissen und Macht folgen, sondern zwischen einer die Natur erhaltenden und pflegenden und einer die Natur zerstörenden Ausübung von Macht zu unterscheiden erlauben. Die methodische Leitfrage könnte dann lauten: Wie lassen sich natürliche von kulturellen Krankheiten unterscheiden und welche Überlagerungen beider gibt es? An welchen Formen von Kausalität finden menschliches Wissen und menschliche Macht ihre Grenze? Wie kann neuzeitliche Wissenschaft Zusammenhänge zwischen natürlicher und kultureller Evolution erforschen? Wie lassen sich die Wissensformen und Strategien einer fortschreitenden Machsteigerung um solche einer aufgegebenen Sorge um die Erhaltung der natürlichen Lebensgrundlagen und basalen Bildungsmöglichkeiten der Menschen erweitern?

Die Vorurteilsstrukturen sprachlich vermittelter Selbst- und Weltdeutungen können nicht nur wirkungsgeschichtlich und kritisch-rationalistisch, sondern auch ideologiekritisch, phänomenologisch sowie voraussetzungskritisch durch eine Problematisierung unseres Vernunftgebrauchs reflektiert werden. Horkheimer und Adorno (1947/1971) haben eingangs ihrer „Dialektik der Aufklärung" die Ideologiekritik in Bacons „Novum organon" einer nochmaligen Ideologiekritik im Hinblick auf ihre gesellschaftlichen Voraussetzungen unterzogen. Dabei konnten sie zeigen, dass das von Bacon beschriebene Programm neuzeitlicher Wissenschaft nicht als Annäherung menschlichen Wissens an die naturgesetzliche Ordnung eines Schöpfergottes interpretiert werden kann, sondern gesellschaftlichen Wertüberzeugungen einer Identität von Wissen und Macht verpflichtet ist, die im Kontext neuzeitlicher bürgerlicher Gesellschaften entstanden sind. Die methodische Leitfrage nimmt nun die folgende Gestalt an: Wie ist die Geltung und Reichweite eines Wissens, das Macht verleiht und Welt machtförmig interpretiert, mit Blick auf Phänomene und Sachverhalte wie Krankheit und Gesundheit zu bestimmen und welche alternativen Wissensformen gilt es zu erinnern, wenn der Zusammenhang von Wissen und Macht reflektiert und nicht zu der Ideologie verkommen soll, dass alle Krankheiten irgendwann einmal heilbar und die Lebensprozesse beliebig verlängerbar sein werden?

Von Husserl her können schließlich lebensweltliche von szientifischen Erfahrungszusammenhängen unterschieden und die Abstraktionsleistungen der an neuzeitliche Subjektivität gebundenen szientifischen Wissensformen so reflektiert werden, dass lebensweltliche Phänomene nicht zu sekundären Qualitäten reduziert werden. Der Verweis auf die phänomenologische Differenz begründet zwar ebenso wie die anderen angesprochenen Unterscheidungen keine neue transzendentale Ordnung, führt jedoch über den Dual zwischen normativ-teleologischen und szientifisch-technischen Optionen und Orientierungen hinaus. Die methodische Leitfrage zielt alsdann nicht mehr darauf, hinter der empirischen Welt eine von dieser quasi unantastbare Lebenswelt sichtbar zu machen, sondern erlaubt es, die Lebenswelt als ein Korrektiv zur Erweiterung szientifisch verkürzter Erfahrungen zu nutzen. Im Rückgriff auf lebensweltliche Phänomene können Weltbezüge thematisiert werden, die sich z. B. auf Aspekte von Krankheit beziehen, die nicht durch die Formen eines herrschaftlichen Wissens und einer machtförmigen Technik erfasst werden, sondern damit zusammenhängen, dass Krankheit immer auch erlitten wird.

4. Zur Bedeutung der skizzierten Zusammenhänge von Erfahrung, Lernen und Lehren für erziehungswissenschaftliche Forschung, Lehrerbildung und Schulreform

Zum Abschluss möchte ich nach der Bedeutung fragen, die den angesprochenen Formen und Zusammenhängen von Erfahrung und Lernen, Wissen und Lehren mit Blick auf erziehungswissenschaftliche Forschung, Lehrerbildung und Schulreform zukommen könnte. Die älteren Paradigmen beziehen sich auf die Unterscheidung zwischen Wissensformen, die an überdauernden ewigen Zwecken ausgerichtet sind, und solchen, die den neuzeitlichen Wissenschaften zugrunde liegen. Erstere suchen das menschliche Denken und Handeln an vernünftigen Zwecken auszurichten, die menschlicher Willkür entzogen sind. Letztere verleihen dem Menschen Macht über Natur, Psyche und Gesellschaft. Die in der Hermeneutik, im kritischen Rationalismus, in der kritischen Theorie und im Pragmatismus reflektierten Zusammenhänge weisen über den Dual von antikem und neuzeitlichem Wissen hinaus und lenken den Blick auf didaktische Leitfragen, die jenseits des Duals von Input und Output zu erörtern sind. Für die noch ausstehende fachdidaktische Auslegung der pluralen Wissensformen und ihrer fachspezifischen Leitfragen lassen sich vier Problemkonstellationen festhalten:

(1.) Lernen findet nicht zwischen einem Input an Wissen und einem Output an Können statt, sondern ist an das Fraglichwerden schon erworbener Vorstellungen und an Irritationen zurückgebunden, in denen die Lernenden neue Erfahrungen machen, in denen sie selbst andere in einer für sie anderen Welt werden. Nicht nur positiven Erfahrungen, in denen vorgegebene Vorstellungen des Wissens und Könnens bestätigt werden, sondern auch negativen Erfahrungen, die Spalten zwischen Wissen und Nicht-Wissen, Können und Nicht-Können erzeugen, kommt eine bildende Bedeutung zu.

(2.) Es gibt nicht eine einzige Form des Lernens und der dieser zugrunde liegenden positiven und negativen Erfahrungen, sondern verschiedene Formen. Diese reichen von zweckgeleiteten Erfahrungen über solche einer Einheit von Wissen und Macht und schreiten fort zu historisch-hermeneutischen, kritisch-rationalistischen, ideologiekritischen und pragmatischen Formen des Wissens. Öffentliche Erziehung, die diese Formen zur Geltung bringt, muss sich zum Grundsatz einer Pluralisierung von Erfahrungen, Reflexionsformen und Kritik bekennen. Für sie gilt, dass keine der unterschiedenen Wissensformen monopolisiert werden oder die anderen überwältigen darf, sondern dass Kontroversen zwischen den verschiedenen Formen der Erfahrung und des Wissens offenzulegen und auszutragen sind.

(3.) Es wird weiterhin Inputorientierungen für öffentliche Lehr-Lern-Prozesse und Evaluationen ihres Outputs geben. In- und Output müssen jedoch so definiert werden, dass bildende Prozesse selbst zwischen und jenseits von Input und Output lokalisiert werden können. Ziel öffentlicher Erziehung kann es nicht sein, nach Maßgabe irgendeines Inputs Outputs zu erzeugen. Ziel ist vielmehr, Heranwachsende urteils- und partizipationsfähig zu machen, urteilsfähig in den ausdifferenzierten Wissensformen und partizipationsfähig an ökonomischen, moralischen, politischen, pädagogischen, ästhetischen und religiösen Diskursen und Entscheidungsprozessen.

(4.) Zur Demokratie gehört, dass die Pädagogen und Lehrer nicht die Politiker im Staate sind. Soll dies so bleiben, darf der Staat die Erziehung nicht darauf verpflichten, einen in seinem Sinne fertigen Menschen an die Lebensgemeinschaften abzugeben. Urteils- und Partizipationsfähigkeit als Erziehungsziele öffentlicher Bildung schließen jedwede Perfektion im Sinne erziehungsstaatlicher oder staatspädagogischer Ideale aus. Fragen, in denen Staat und Gesellschaft um die angemessene Auslegung und Konkretisierung der Idee des Guten ringen, dürfen nicht durch Erziehung entschieden oder vorentschieden werden. Darum liegen auch hier die didaktisch relevanten Aufgaben jenseits von wissensorientierter Input- und kompetenzorientierter Outputsteuerung und -orientierung.

# III. Fach- und bereichsdidaktische Erprobungen

NEGATIVE MIMESIS UND RADIKAE KONSTRUKTION[1]

Die Begriffe „Nachahmung/Mimesis" und „Konstruktion" verweisen auf unterschiedliche Modelle zur Beschreibung und Erklärung von Bildungsprozessen. Diese werden in der Regel isoliert verfolgt oder als Alternativen gehandelt. Die folgenden Überlegungen diskutieren am Beispiel der moralischen Erziehung, inwieweit sich moralische Bildungsprozesse nach dem einen oder anderen Modell interpretieren lassen und ob sie nicht vielleicht angemessener in einem Spannungsfeld zwischen Nachahmung und Konstruktion anzusiedeln sind. Sie versuchen eine Maxime zu befolgen, die Michele Borrelli in seinem Traktat zur „Utopisierung von Kritik" aufgestellt hat. In ihm stellt er fest, Kritik sei „nur dann kritisch, wenn sie konträre Positionen nicht von vornherein liquidiert". Für den Widerstreit mimetischer und radikal-konstruktivistischer Konzepte besagt dies, dass radikaler Konstruktivismus, wenn er kritisch und nicht allein dogmatisch verstanden werden will, nicht-konstruktivistische Deutungen von Bildungsprozessen zulassen muss und dass mimetische Konzeptualisierungen von Bildungsprozessen sich für konstruktivistische Denkformen öffnen sollten. Die Einlösung dieser Maxime wird mimetischen Positionen zweifellos leichter fallen als radikal-konstruktivistischen. Gelänge dies auf beiden Seiten, so ließen sich Bildungsprozesse vielleicht angemessener zugleich zwischen und jenseits von Mimesis und radikaler Konstruktion verorten; zwischen diesen, weil nun Momente aus beiden Konzepten für ihre Beschreibung herangezogen werden können, jenseits von beiden, weil das „zwischen" keinen ontologischen Ort bezeichnet, sondern so gefasst werden muss, dass auch weitere Thematisierungsmöglichkeiten zugelassen sind.

1. Positive und negative moralische Erfahrungen in Christine Nöstlingers Essay „Moralisch unterwegs"

Negative und positive moralische Erfahrungen spielen in Sozialisations- und Bildungsprozessen eine wichtige Rolle. Der Schweizer Erziehungswissenschaftler Fritz Oser hat in zahlreichen Interviews herausgefunden, dass negativen moralischen Erfahrungen sogar eine ganz besondere Bedeutung zukommt. Auf die Frage, was die frühesten moralischen Erfahrungen sind, an die sie sich erinnern, antworteten die von Oser interviewten Personen mit Beispielen, in

---

[1] Der Beitrag ist Michele Borrelli gewidmet und erschienen in dem von J. Breithausen und F. Caputo hrsg. Band: Pensiero critico. Scritti internationali in onore di Michele Borrelli. Consenza 2011, S. 179-200.

deren Zentrum nicht positive, sondern negative moralische Erfahrungen stehen (vgl. Oser 1998; Benner 2006). Niemand erinnerte sich an eine erste gute Tat, mit der er ein moralisches Problem gelöst hatte, alle aber an moralische Probleme, die ihnen zu schaffen gemacht haben. Negative moralische Erfahrungen legen danach so etwas wie eine Spur, auf der positive moralische Einstellungen erworben werden können (vgl. hierzu English 2005). Zugleich sind negative moralische Erfahrungen immer schon eingebettet in positive moralische Kontexte, um die – auf Seiten der Lernenden – in ihnen allerdings noch nicht gewusst wird.

Zusammenhänge dieser Art lassen sich auch für andere Bereiche des Lernens nachweisen. Könnten Erwachsene erinnern, wie sie als Kinder sehen, greifen, laufen und sprechen gelernt haben, so würden sie vielleicht Probleme wiedererinnern, die sie meistern mussten, um dies alles lernen zu können. Merkwürdigerweise erinnern wir uns aber nicht an die Anfänge unseres Sehen-, Greifen-, Laufen- und Sprechenlernens (vgl. Meyer-Drawe 2005). An die Anfänge moralischen Lernens hingegen glauben sich viele Menschen erinnern zu können. Natürlich kann man bezweifeln, ob solche Erinnerungen wirklich Erinnerungen an die Anfänge, oder nur die frühesten und mithin ältesten Erinnerungen sind. Aber das soll im Folgenden nicht die Frage sein. Gefragt werden soll vielmehr, ob Nachahmung oder Konstruktion grundlegende Merkmale der Erfahrungsverarbeitung in Bildungsprozessen sind, die auch dann auf deren zeitliche Struktur verweisen, wenn erste Anfänge rekonstruktiv nicht zu ermitteln sein sollten.

In ihrem Essay „Moralisch unterwegs" erinnert die 1936 geborene österreichische Schriftstellerin Christine Nöstlinger die Stationen ihres eigenen moralischen Sozialisationsprozesses (siehe Nöstlinger 1980). Eingangs berichtet sie, dass ihre Erinnerungsarbeit mit einer für sie irritierenden Erfahrung begann, die sie um 1970 machte, als sie anfing, Geschichten für Kinder zu schreiben. Auf der Suche nach einer Moral, die sie Kindern nahebringen könnte, glaubte sie damals feststellen zu müssen, dass in ihrer Erziehung versäumt worden sei, ihr „Maßstäbe mitzugeben", an denen sie ihre „Handlungen messen kann, in moralischer Hinsicht". Zehn Jahre später machte sie dann vor dem Hintergrund der mit dem „Kinderbuchschreiben" verbundenen „Erinnerungsarbeit" die nicht minder irritierende Erfahrung, dass sie sich zu Beginn dieser Arbeit „sehr geirrt" hatte. Statt weiterhin ein Fehlen ihr durch Erziehung vermittelter Maßstäbe zu beklagen, konstatiert sie nun: „Jeder Mensch, der mir in meiner Kindheit Bezugsperson war, hat in ‚moralischer Hinsicht' emsig an mir gewerkt." (ebd., S. 1) Aus der Perspektive der doppelten Irritation legt sie nun dar, dass ihr moralischer Bildungsgang nicht durch fehlende Maßstäbe, sondern durch ein Wechselbad unterschiedlicher Moralen bestimmt war, die untereinander keineswegs harmonierten, sondern vielfach in Widerstreit zueinander standen. In der Reflexion hierauf stellt sie fest, schon als Kind „moralisch unterwegs" gewesen zu sein. An Bezugspersonen, die Stationen ihrer moralischen Sozialisation markieren, führt sie nacheinander ihre

Mutter, ihren Großvater, ihre Schwester, die Volksschullehrerin und schließlich den aus dem Zweiten Weltkrieg zurückkehrenden Vater an. Vom Wechselbad ihrer moralischen Erfahrungen heißt es im Text (vgl. ebd. S. 1-6):
– Die ersten moralischen Erfahrungen habe sie im Umgang mit der Mutter gemacht, die ihr beibrachte, dass „lügen, raufen, streiten, bockig-sein" zu den moralisch erlaubten Handlungen gehören, das alleinige oder auch wechselseitige Anfassen der Geschlechtsteile hingegen nicht und „Eigentumsdelikte" nur dann, wenn dabei nicht die eigene Familie, sondern Fremde bestohlen werden.
– Unter dem Einfluss dieser Morallektionen habe sie in einem nahe gelegenen Tabak- und Zeitungsladen regelmäßig Zigaretten gestohlen und diese in ihrem Puppenkoffer für den in Kriegsgefangenschaft lebenden Vater aufbewahrt.
– Als der Inhalt des Köfferchens nicht zu- sondern abnahm, habe sie entdeckt, dass der Großvater nicht die Moral ihrer Mutter teilte, sondern mit dem Inhalt des Köfferchens der Enkelin seine „Nikotinsucht" befriedigte.
– Durch die Volksschullehrerin sei sie dann darüber aufgeklärt worden, dass das Wort „Gewissen" nicht ihr gutes Gewissen beim fürsorglichen Stehlen, sondern das „schlechte Gewissen" bezeichne, das sich im Falle von Diebstahl und anderen Verfehlungen bei sogenannten guten Menschen von selbst einstelle. Fortan habe sie nicht mehr mit gutem Gewissen gestohlen, sondern angefangen, sich beim Stehlen „gewissenlos" zu fühlen.
– Dem aus dem Zweiten Weltkrieg zurückkehrenden Vater sei es schließlich gelungen, die Tochter davon zu überzeugen, dass man ein „schlechtes Gewissen" nur zu haben braucht, „wenn man die Dinge, die man für richtig hält, nicht sagt und nicht tut".
– Nach der Annahme dieser Überzeugung sei sie mit vierzehn Jahren dem „Vater eine helle Freude" und der „kleinbürgerlichen Umgebung ein rechter Greuel" gewesen.
– Um zu erkennen, „dass das Bild", das ihr der Vater von seiner Person vermittelte, „erstunken und erlogen war", habe sie weitere 15 Jahre gebraucht. Dasselbe lasse sich von jener Moral sagen, mit der sie der Vater zu befreunden suchte. Deren Grundsatz habe gelautet, „daß Weiber, die herumschmusen und dann das ‚Letzte' verweigern, das Letzte sind" (Nöstlinger 1980, S. 1-6).

Nöstlingers Essay erinnert Begegnungen mit Personen, die – jede auf ihre Weise - über fest gefügte moralische Grundsätze verfügten und – zum Leidwesen und Glück für Christine – einander widerstreitende Moralen repräsentierten. Unter dem Einfluss von Normen und Lebensformen, die ihr als „mores" nahe gebracht wurden, musste sich Christine mit verschiedenen Tugenderwartungen auseinander setzen. Nacheinander erlernte sie auf diese Weise die Tugenden und Untugenden des fürsorglichen Diebstahls, der heteronomen Gewissensprüfung und der versuchsweisen Promiskuität. Erst später wurde sie gewahr, dass sie bei der Nachahmung und Übernahme der verschiedenen Moralen zu keiner Moral gelangte, an der sie als ihrer eigenen Moral und einer legitimen Moral für den Umgang mit anderen hätte festhalten können.

Nöstlingers Rückblick auf ihre eigene moralische Sozialisation ist ein eindrucksvolles Beispiel dafür, dass in Prozessen moralischer Erziehung und Sozialisation einander widerstreitende Moralen wirksam werden können, ohne dass der Durchgang durch sie zu deren dauerhaften Übernahme und Anerkennung führen muss (vgl. Benner 2006; Remus 2009). Nöstlingers Essay könnte von daher für wissenschaftliche Analysen zur Herausbildung von moralischer Urteilskraft und Handlungskompetenz zur Aufstellung folgender Hypothesen Anlass geben: Moralische Urteilskraft und Handlungskompetenz können weder durch eine bloße Nachahmung von Bezugsmoralen noch durch die Konstruktion einer eigenen Moral erworben werden. Durch Nachahmung von Bezugsmoralen nicht, da diese weder einzeln noch zusammengenommen eine in sich stimmige Moral ergeben müssen. Durch die Konstruktion einer eigenen Moral nicht, weil sich Moral nicht auf bloße Selbstverhältnisse urteilender und handelnder Personen, sondern auf zwischenmenschliche Problemkonstellationen bezieht, die interaktiv und intersubjektiv interpretiert und ausgelegt werden müssen (vgl. Weiß 2004; Thimm 2006).

2. Mimetische und radikal-konstruktivistische Konzepte zur Beschreibung und Deutung von Bildungsprozessen

Wir wenden uns nun den bereits genannten mimetischen und radikal-konstruktivistischen Modellen zur Beschreibung und Erklärung moralischer Bildungsprozessen zu und befragen diese darauf hin, ob sie Hinweise für eine vertiefte Analyse negativer und positiver moralischer Erfahrungen enthalten.

Konträrere Positionen als die einer mimetischen und einer radikal-konstruktivistischen Interpretation von Bildungsprozessen sind gegenwärtig in der theoretischen und praktischen Pädagogik kaum vorstellbar. Von diesen erhebt erstere unter Berufung auf antike und moderne Denkformen die Tatsache und den Begriff der Nachahmung zu einer Basiskategorie für pädagogische Arrangements und sozialwissenschaftliche Beschreibungen von Bildungsprozessen (vgl. Gebauer/Wulf 1992; Wulf/Gebauer 1998). Letztere setzt dagegen auf ein Lernen, das seine Vorstellungen selbst herstellt und konstruiert und jenseits aller Wechselwirkungen mit einer gebenden Welt von statten geht (vgl. Maturana 1985; von Foerster 1981; von Glasersfeld 1987).

Mimetische Konzepte beschreiben Bildungsprozesse als Nachahmung erfahrbarer Handlungen, Rituale und Weltdeutungen und halten am Weltbezug allen Lernens fest. Radikal-konstruktivistische Konzepte gehen dagegen von autopoietischen Bildungsprozessen aus, die weder durch eine Außenwelt noch durch pädagogische Akteure zu beeinflussen sind. Mimetische Bildungskonzepte stehen in der Tradition antiker, auf Platon und Aristoteles zurückgehender Denkformen, welche die Orientierung des Menschen in der Welt an vorgegebene Ordnungen des Kosmos und der Polis ausrichten, die es in Bildungsprozessen nachzuahmen gilt. Gegenwärtige Anstrengungen versuchen dieses Modell auf moderne Bildungsprozesse zu übertragen, die seit Rousseau ohne eine teleologische Gesamtordnung auskommen und über die Einübung von Ritualen vermittelt sind, die in interaktiven Prozessen stets von neuem ausgehandelt und interpretiert werden müssen. Radikal-konstruktivistische Konzepte schließen dagegen der Sache nach an Fichtes solipsistische Bildungslehre an, welche das denkende Ich zum Prinzip und Anfang aller seiner Erfahrungen erhebt und die dem Ich gegenüberstehende Welt als eine vom Ich gesetzte interpretiert. Der radikale Konstruktivismus verschärft Fichtes Solipsismus noch dadurch, dass er dessen Interpretation des menschlichen Leibes als eines weltoffenen Organs (vgl. Fichte 1796, S. 60ff.) mit Verweis auf Hypothesen der Hirnforschung durch die Annahme eines Gehirn-Aprioris ersetzt. Diesem zufolge ist der Mensch nicht mehr über seinen Leib mit der Welt verbunden und die Welt nicht mehr leiblich vermittelt erfahrbar, sondern konstruiert das Gehirn seine eigenen Vorstellungen autonom aus sich selbst heraus.[2] Erfahrungen werden vom radikalen Konstruktivismus als selbsterzeugte Erfahrungen interpretiert, die das Gehirn mit seinen eigenen Konstrukten macht, wenn es zwischen diesen Verbindungen herzustellen sucht. Je nach Erfolg oder Misserfolg entsprechender Versuche spricht der radikale Konstruktivismus von Viabilität oder Inviabilität (vgl. von Glasefeld 1996). Viable Konstruktionen zeichnen sich durch eine plausible Anschlussfähigkeit einzelner Konstrukte aus, inviable durch Irritationen, die eine Nicht-Anschlussfähigkeit bestimmter Konstrukte anzeigen und das Gehirn zu erneuten Konstruktionsanstrengungen herausfordern.

Nachahmung und Konstruktion markieren einander ausschließende Positionen. Mimetische Konzepte kennen keine Räume für frei konstruierende Akte, die von den sich bildenden Subjekten und deren Selbst- und Weltentwürfen ausgehen. Radikal-konstruktivistische Konzepte kennen dagegen nur die Selbstgewissheit autopoietischer Gehirne, nicht aber die Nachahmung von Fremdem, die an der Erfahrung scheitern oder auch nicht scheitern kann. Gleichwohl sehen sich beide Ansätze mit dem Problem konfrontiert, ob Mimesis bzw. radikale Konstruktion ohne Rückgriff auf andere Modellannahmen Bildungsprozesse plausibel erklären können.

Nachahmung soll dem mimetischen Modell zufolge der Weg sein, auf dem Heranwachsende sich in den kulturellen Bestand einer Gesellschaft eingewöhnen und sich diesen aneignen. Wie aber kann ein dem Lernenden zunächst Fremdes und Unbekanntes durch Nachahmung überhaupt angeeignet werden? Nachgeahmt werden kann doch nur etwas, wovon der Lernende bereits eine Anschauung und eine Vorstellung hat. Man denke nur an das Kleinkind, das Sehen, Hören und Tasten noch nicht koordinieren oder noch nicht laufen kann.

---

[2] Zur pädagogischen Rezeption dieser Vorstellung siehe Müller 2005; zur Kritik vgl. Pongratz 2009.

Es lernt ja das Laufen nicht durch Nachahmung, sondern vermittelt über Bewegungen wie das Krabbeln, die ihm von Erwachsenen zu diesem Zweck keineswegs vorgemacht werden müssen. Die Auskunft, das Kind lerne all das, was es nicht kann, durch Nachahmung, besitzt somit nur eine eingeschränkte, nicht aber eine universelle Plausibilität und Erklärungskraft.

Auf die Frage nach den nicht durch Nachahmung zu erklärenden Phänomenen des Lernens geben mimetische Konzepte keine Antwort. Zur Stärke des mimetischen Modells gehört, dass es um die konstitutive Funktion der Welterfahrung für Lern- und Bildungsprozesse weiß, zu seiner Grenze, dass es Nachahmung auf Nachahmung zurückführt und damit das Problem unterschlägt, wie Lernende etwas nachahmen können, das sie noch nicht kennen, sondern sich gerade erst aneignen.

An dieser Stelle greift das radikal-konstruktivistische Modell, das Lernen als einen Bildungsprozess beschreibt, der im Gehirn stattfindet und dort neuronale Vernetzungen hervorbringt, die eine Viabilität zwischen bis dahin unkoordinierten Erfahrungen – z. B. solchen des Tastens, Hörens, Sehens und Greifens – erzeugt. Aber auch die radikal-konstruktivistische Auskunft besitzt nur eine begrenzte Erklärungskraft. Die Antwort, das Kind lerne alles, was es nicht kann, von selbst, lässt nämlich unerklärt, wieso Lernende überhaupt ohne schon vorhandene Vernetzungen tätig werden können.[3] Auch radikal-konstruktivistische Konzepte weisen somit eine starke und eine schwache Seite auf. Zu ihrer starken Seite gehört, dass sie zwischen viablen und nicht-viablen Konstruktionen unterscheiden und Bildungsprozesse als Abarbeitung negativer Erfahrungen in Folge von Inviabilität zu fassen versuchen. Ihre Grenze zeigt sich daran, dass sie kein plausibles Kriterium für die Abgrenzung von Viabilität und Inviabilität aufweisen können, wenn sie Nicht-Viabilität als sich nicht einstellende Viabilität und Viabilität als Überwindung von Nicht-Viabilität definieren.

Die unterschiedlichen Lernkonzepte beider Ansätze lassen sich bis in die Strategien hinein verfolgen, die sie für pädagogische Interaktionen empfehlen. Mimesis findet in der Wechselwirkung von Vor- und Nachmachen statt, und ist über eine Aneignung und Interpretation von Ritualen vermittelt, die sinnstiftend in kommunikative Prozesse eingehen. Sie kann sowohl auf symmetrische ethische als auch auf asymmetrische pädagogische Kommunikationsprozesse ausgelegt werden. So verlangt das Ritual des Schenkens, dass der Schenkende sich in den Beschenkten hineinversetzt und nicht etwa seine eigenen, sondern dessen Bedürfnisse berücksichtigt. In pädagogischen Prozessen bezieht sich Mimesis dagegen insbesondere auf Lernprozesse von Heranwachsenden. Durch die Einübung und den Gebrauch von Ritualen ahmen Lernende,

---

[3] Es muss offenbar schon vor der Vernetzung eine Viabilität geben, die das, was radikale Konstruktivisten Vernetzung nennen, mitkonstituiert und erst möglich macht. Diesen Aspekt der Viabilität spricht die Pädagogik im Begriff der Bildsamkeit an, den Rousseau als die Fähigkeit, Fähigkeiten zu entwickeln, bestimmt hat; vgl. hierzu Benner/Brüggen 2004.

kulturelle Deutungsmuster und Vollzüge nach, die ihnen Zugänge zu einer gemeinsamen Welt eröffnen. Mimetische Konzepte erforschen, wie Nachahmung und Nachzuahmendes Lernprozesse strukturieren. Ihre Maxime lautet, Bildungsprozesse seien in den Formen eines kultivierten Nachahmens zu konzipieren. Sie ist an den mimetisch Lernenden, nicht aber an den pädagogisch handelnden Akteur gerichtet. Vom Nachahmenden verlangt sie womöglich die Nachahmung von etwas, das dieser noch gar nicht kann und durch Nachahmen daher auch nicht zu lernen vermag.

Der Maxime eines universalisierten Nachahmens stellt der Konstruktivismus die Maxime eines letztlich nur antipädagogisch einzulösenden Konstruierens gegenüber. Lernen soll das Kind nur durch eigene und in Auseinandersetzung mit eigenen konstruierenden Akten. Dem pädagogischen Akteur legt der radikale Konstruktivismus im Umgang mit Lernenden ein antipädagogisches Erziehungsverbot auf, das pädagogische Einwirkungen aller Art zu unterbinden sucht (vgl. Göstemeyer 1993). Dem Lernenden spricht er eine Selbstverantwortung für seinen eigenen Bildungsprozess zu, welche die pädagogischen Akteure weitgehend von ihrer professionellen Verantwortung entlastet und den Heranwachsende eine Verantwortung für sich selbst zuschreibt, welche diese nicht ohne Weiteres wahrnehmen können.

Mimetische Konzepte erklären nicht, wie Kinder etwas lernen, das sie – wie z. B. das Sehen und Laufen – gar nicht nachahmen können und durch Nachahmung auch nicht erlernen können. Sie weisen aber auf die Unverzichtbarkeit von Ritualen hin, die Lern- und Kommunikationsprozesse strukturieren. Radikal-konstruktivistische Konzepte erfassen dagegen nicht, welche Lernprozesse Kinder in Wechselwirkung mit einer widerständigen Welt durchlaufen, wenn sie hörend und sprechend Sprache erfinden und nachahmen. Sie bringen aber Voraussetzungen in den Blick, an die mimetische Prozesse zurückgebunden sind und die durch Mimesis unmittelbar nicht gesichert werden können.

3. Mimetische und konstruktivistische Deutungsmuster in Christines Bildungsgang

Kehren wir nach diesen theoretischen Betrachtungen zu Christine Nöstlingers Essay „Moralisch unterwegs" zurück, um an ihm die Reichweite mimetischer und radikal-konstruktivistischer Konzepte zu prüfen.

In Nöstlingers Beschreibung der Stationen des moralischen Bildungsgangs des Mädchens Christine finden sich Hinweise darauf, dass moralische Bildungsprozesse weder exklusiv auf nachahmende noch ausschließlich auf konstruktivistische Akte zurückzuführen, sondern über eine bildende Verarbeitung negativer moralischer Erfahrungen vermittelt sind. Das könnte die Annahme stützen, dass sie sich in einem Spannungsfeld von Mimesis und Konstruktion bewegen. Die mimetischen Momente in Christines Bildungsgang verweisen auf eine materiale Basis ihrer moralischen Sozialisation und Bildung, welche darin besteht, dass in ihr Vorbilder wirksam sind, die der Nachahmung zugrunde liegen. Nachahmung muss jedoch nicht notwendig zu einer Übernahme der im Vorbild präsentierten positiven Moral führen, sondern kann auch zu negativen Erfahrungen mit der nachgeahmten Moral führen, von denen Irritationen ausgehen, die zu einer distanzierenden Auseinandersetzung mit dieser Moral freisetzen. Die Suchbewegungen der heranwachsenden Person lassen sich in Anlehnung an den radikalen Konstruktivismus als Konstrukte deuten, die nicht durch Nachahmung entstehen, sondern selbst entworfen sind. Da in den Neukonstruktionen von Moral jedoch Irritationen und negative Erfahrungen verarbeitet werden, sind sie nicht autonome Konstruktionen eines autopoietischen Gehirns, sondern mit Anstrengungen verbunden, die durch die Nachahmung und eine distanzierende Auseinandersetzung mit der Moral von Bezugspersonen angestoßen worden sind. Das könnte Anlass genug sein, in der weiteren Theoriebildung Phänomenen einer negativen Mimesis und einer an ihnen sich abarbeitenden Transformation fremder in eigene moralische Muster eine besondere Aufmerksamkeit zu widmen.

Nöstlingers Essay enthält zahlreiche Hinweise darauf, dass Christine
- erstens die Moralen einiger Bezugspersonen nachahmt, andere Bezugspersonen und deren Moral aber von der Nachahmung ausschließt,
- zweitens Neukonstruktionen von Moral vornimmt, welche die ihr vorgelebten Moralen in eine eigene Moral transformieren,
- und drittens beim Nachahmen wie beim Neukonstruieren negative Erfahrungen macht, die auf mögliche Übergänge von mimetisch orientierten in konstruktivistisch ausgerichtete Lernprozesse und von diesen in jene verweisen.

An einigen Stationen ihres Bildungsganges lässt sich dies genauer zeigen. Wir wählen aus den Stationen einige aus: Christines frühe moralischen Erfahrungen in der Kindergruppe der Mutter, einen moralischen Konflikt zwischen ihrer Mutter und Großmutter, die Auseinandersetzung mit den verschiedenen Moralen des Großvaters, die Beziehung zur Schwester und zur Lehrerin und schließlich die Auseinandersetzung mit der Moral des Vaters.

Zur frühen moralischen Erziehung durch ihre Mutter führt Nöstlinger (1980) aus:

„Da meine Mutter Kindergärtnerin und ich in ihrer Kindergruppe war, hatte ich tagtäglich Gelegenheit, die Moritz-Drohungen zu hören." (S. 1)

Unter Moritz-Drohungen verstand Christine moralische Missbilligungen und mit diesen einhergehende Strafen, die ihre Mutter einsetzte, um den Kindern „mores", d.h. gesittete Verhaltensweisen beizubringen. In Anlehnung an Wilhelm Buschs Geschichte von „Max und Moritz" werden für Christine aus den Mores-Drohungen „Moritz-Drohungen", an denen sie wahrnimmt, dass ihre Mutter solche Missbilligungen nur bei bestimmten Verfehlungen vornahm, bei anderen hingegen nicht. Nöstlinger erinnert:

„Moritz-lernen mußten die Buben, die sie auf dem Klo beim Kreuzbrunzen (Doktorspiele unter Kindern) ertappte, und die Mädchen, die beim Mittagsschlaf mit den Händen unter der Decke herumfummelten. Und Moritz-lernen mussten auch die, die sich aus der Gruppe entfernten und in der Garderobe Jausenäpfel aus fremden Kindergartenkörberln mausten (stahlen)." (ebd.)

Christines Mutter suchte den Kindern in ihrer Funktion als Kindergärtnerin offenbar beizubringen, was diese unterlassen sollten, ließ ihnen ansonsten aber gewisse Freiheiten in moralischer Hinsicht. Hierzu führt Nöstlinger aus:

„Lügen, raufen, streiten, bockig-sein – und was ein Kleinkind sonst noch an Unarten liefern kann – zog Moritz-lernen nicht nach sich. Soweit ich mich erinnere, fielen nur Sittlichkeits- und Eigentumsdelikte in diese Sparte." (ebd.)

Was nun die Eigentumsdelikte betrifft, erinnert Nöstlinger sich an einen Konflikt zwischen Mutter und Großmutter, an dem sie unterschiedliche Auslegungen des Diebstahlverbots kennenlernte. Nöstlinger berichtet:

„Aber ich weiß genau, dass mir die Sache mit den Eigentumsdelikten zu schaffen machte, weil meine Mutter selber stahl und stolz darauf war. ... Von meiner Großmutter hinterher auf etwaige Skrupel beim Stehlen angesprochen, erklärte sie seufzend: ‚Für meine Kinder tu ich alles!'." (S. 2)

Bei der Entwicklung einer eigenen Moral musste Christine einen Weg für den Umgang mit fremdem Eigentum finden. Sie entschied sich für die Moral der Mutter und gegen die der Großmutter, ahmte also das Verhalten und die Maxime der Mutter nach, aber nicht am selben Fall, sondern in einer eigens auf sie selbst zugeschnittenen und von ihr mitkonstruierten Situation. Nöstlinger erinnert sich:

„Stehlen, wenn man es nicht für sich selber, sondern für jemand anderen tat, vermutete ich aus ihren Worten, war keine unmoralische, sondern eine sehr moralische Handlung. Mit Elan eiferte ich meiner Mutter nach. Ich stahl heldenhaft, wo es nur ging, und achtete stets darauf, dass ich nicht für mich selber stahl. Stehlen war in meiner Kinderzeit leider nicht einfach, weil Krieg war und es in den Geschäften kaum etwas zu kaufen und zu stehlen gab. ... Am liebsten stahl ich Zigaretten für meinen Vater. Regelmäßig besuchte ich die Trafikantin, die ein chronisches Blasenleiden hatte und ständig auf der Suche nach einer vertrauenswürdigen Person war, die den Zigarettenschatz hütete, während sie auf das Klo lief. ... Die ... Zigaretten versteckte ich zu Hause unter dem Bett, im Puppenkoffer. Der Vater, für den ich moralisch unterwegs war, war ja irgendwo, unauffindbar, in Russland." (S. 2f.)

Christine bestiehlt nicht den Obst- und Gemüsehändler, sondern die Trafikantin. Sie entwickelt dabei kein Mitleid mit der an einem Blasenleiden erkrankten Frau, sondern stiehlt mit gutem Gewissen für andere, nämlich für ihren Vater. Negative moralische Erfahrungen mit dem Stehlen machte sie nicht, weil sie irgendwann ertappt wurde, sondern weil es gewisse Unterschiede zwischen der Moral ihrer Mutter und der ihres Großvaters gab, die sie allerdings lange nicht bemerkte. Zu ihnen führt Nöstlinger aus:

„Ich stahl jahrelang Zigaretten. Trotzdem wurde mein Puppenkoffer nicht einmal halbvoll. Damals fand ich für diesen Sachverhalt nur mythische, märchenhafte Erklärungen. Auf die Idee, daß mein Großvater seine Nikotinsucht an meinem Puppenkofferinhalt stillte, kam ich nicht. Den weißlockigen Vorvorderen hätte ich nie in die Schar der Moritz-Lernenden einzureihen gewagt, der bestand für mich nur aus Verboten und Geboten, und wichtig war, herauszubekommen, welche Gebote und Verbote ihm dringlich waren und auf welche es ihm weniger ankam." (S. 3)

Was Diebstahl bedeutet, lernte Christine nicht beim nachahmenden Stehlen, sondern in einer Situation kennen, in der sie selbst bestohlen wurde. Ihre mythischen Erklärungen für den Tatbestand, dass der Bestand an gestohlenen Zigaretten nicht zunahm, schoben die Auseinandersetzung mit den Erfahrungen des Stehlens und des Bestohlenwerdens noch eine Zeit lang hinaus. Bei der Suche nach einer Moral für das eigene Handeln gewannen zunächst Erfahrungen an Bedeutung, die sie beim Großvater machte. Dessen Umgang mit der Enkelin folgte nicht der von der Mutter beherzigten Maxime, Weniges, in moralischer Hinsicht Böses, zu missbilligen und ansonsten Freiheit in Denken und Tun zu gewähren. Der Großvater hing nicht der Konzeption einer negativen moralischen Erziehung an, sondern zog es vor, positiv zu moralisieren. Nöstlinger erinnert sich:

„Sein ewiges ‚Ordnung lerne, übe sie, Ordnung spart dir Zeit und Müh' konnte man ignorieren. ‚Die Hände auf den Tisch und stumm wie ein Fisch' war so unwichtig wie ein Dutzend anderer gereimter Aufträge auch." (ebd.)

Wichtiger waren dem Großvater bestimmte Verhaltensweisen, die er nicht akzeptieren konnte. Durch sie wurde er für Christine zu einer wichtigen moralischen Sozialisationsinstanz. Christine ließ sich zwar nicht durch die positive Ordnungsmoral des Großvaters affizieren, wohl aber durch gewisse Merkwürdigkeiten, durch die dieser in ihrer Umgebung auffiel.

„Man durfte kein Nazi sein, auch kein Nazi im Kindesalter. Das hieß: die Sehnsucht nach bunten Winterhilfswerksmännchen verbergen, das Lied ‚Adolf Hitler, unserm Führer, weih wir unser Leben' nicht singen." (ebd.)

Unter dem Einfluss der positiven Moral ihres Großvaters und in Unkenntnis von deren genauer Regelstruktur beginnt Christine mit neuen moralischen Orientierungen zu experimentieren. Und wieder können wir ein Gemisch von Nachahmung und eigener Konstruktion erkennen. Nöstlinger erzählt:

„Um den moralischen Ansprüchen des Großvaters zu genügen, hob ich, in der Schule angekommen, den Arm beim deutschen Gruß nur zur halben Höhe …, aß die Schokolade, die mein Nazi-Onkel aus Frankreich schickte, mit sündigen Schuldgefühlen, in aller Heimlichkeit. Schob mir meine Mutter die Schokoladenschachtel unter den Augen des Großvaters zu, sagte ich: ‚Danke nein, von dem will ich nichts!' – und war der moralische Familienheld des Tages." (ebd.)

Während Christine bei ihrer Anlehnung an die Moral der Mutter, die für ihre Kinder alles zu tun bereit ist, selbstkonstruierte moralische Verhaltensweisen entwickelt, wenn sie für den Vater Zigaretten stiehlt, experimentiert sie bei ihrer Anlehnung an die Moral des Großvaters mit eigenen Entwürfen einer positive Nachahmung. Was nachgeahmt bzw. nicht nachgeahmt wird, ist über Entscheidungen vermittelt, die Christine nicht durch die nachgeahmte Person vorgegeben werden, sondern die sie selbst trifft. Mimetische Prozesse gehen also Verbindungen mit selbst konstruierten Handlungsvarianten ein, die nicht unmittelbar durch Nachahmung entstehen, sondern durch eigene Wahl und in Experimenten mit negativen Erfahrungen zustande kommen. Die Grenzen mimetischen moralischen Lernens werden besonders an Christines Verhältnis zu ihrer Schwester sichtbar, über das Nöstlinger schreibt:

„Ansonsten war meine große Schwester eine moralische Instanz in meinem Kinderleben. Sie hatte nicht nur religiöse Neigungen und bedrohte mich latent mit zehn Geboten und sieben Todsünden, ihr Tagesablauf hatte auch echten Vorbildcharakter. Sie lernte viel, übte sogar freiwillig Klavier, hatte freundliche Freundinnen, stahl nicht, log nicht, war nicht frech, grüßte alle höflich, wusch sich täglich den Hals ... und bohrte nicht in der Nase. Das waren an und für sich noch keine moralischen Handlungen, hochmoralisch aber war, dass sie durch dieses Verhalten meiner Mutter nur zur Freude gereichte und keinen Kummer machte. Familie, Nachbarn und Schule waren sich einig, daß meine Schwester ein ‚gutes Kind' sei. An ihr, hieß es, solle ich mir ein Beispiel nehmen, durch simple Nachahmung ihres Verhaltens könne ich es auch leicht zum ‚guten Kind' bringen." (S. 3f.)

Dass Moral nicht nur nachgeahmt, sondern auch gewählt und wählend immer zugleich transformiert und neu konstruiert wird, zeigt sich in Nöstlingers Essay daran, dass es Christine nicht gelingt, ihre Schwester nachzuahmen und dadurch ein braves Mädchen zu werden.

Die abzulegende und die zu erwerbende Moral stehen offenbar in keinem spiegelbildlichen Verhältnis, demzufolge die Einsicht in das, was gemieden werden soll, schon zur Einsicht in das führen könnte, was zu tun wäre. Zwischen dem Wissen um das Falsche und der Erkenntnis des Guten besteht vielmehr ein Hiatus, der nicht einfach übersprungen werden kann. In Christines Bildungsgang zeigt sich dies an den Lektionen, die ihr ihre Volksschullehrerin zu erteilen sucht. Über ihre Lehrerin schreibt Nöstlinger:

„Diese Person fragte mich immer nach meinem ‚schlechten Gewissen' ab. Ob es sich denn bei meinen diversen Untaten nicht rege? Sie sprach auch vom ‚reinen Gewissen', welches ein Ruhekissen sei. Und sie forderte mich auf, mein Gewissen ‚zu erforschen'. Sie gebrauchte das Wort ‚Gewissen' mit so einer Selbstverständlichkeit, ganz so, als sei das ein Begriff wie ‚Hunger' und ‚Durst', so als ob jeder so ein Gewissen haben und dieses Wort auch verstehen müsse." (S. 4)

Christine beginnt über das Gewissen nachzudenken und holt auch Erkundigungen bei anderen ein. Schließlich beginnt sie verschiedene Formen des Gewissens zu unterscheiden,

- das „Alltagsgewissen" ihrer Mutter, das dieser sagt, trotz Müdigkeit müsse sie am Abend noch das Geschirr waschen, „sonst" könne sie „nicht mit ruhigen Gewissen schlafen gehen",
- das „Religionsgewissen" ihrer Schwester, die einmal die Woche zur Beichte geht,
- und als „dritte Gewissensart" das Gewissen ihres Großvaters, der zuweilen sagt: „Das lässt sich mit meinem Gewissen nicht vereinbaren". (S. 4)

Von diesen drei Gewissen ist Christine das ihrer Mutter vertraut und lehnt sie das ihrer Schwester – für sich jedenfalls – ab. Das Gewissen des Großvaters bleibt ihr fremd; es äußerte sich zuweilen, wenn dieser mit ihrer Mutter über Dinge – die vermutlich mit den Verhältnissen während der nationalsozialistischen Diktatur zusammenhängen – sprach, die sie nicht verstand.

Nöstlingers Ausführungen zeigen, dass das Gewissen nichts ist, was man einfach haben kann, dass es vielmehr gebildet werden muss und dass es sogar mehrere Gewissen nebeneinander geben kann, das gute Gewissen ihrer Mutter, das schlechte, der Beichte bedürftige Gewissen ihrer Schwester und das auf geheimnisvolle Weise zu bestimmten Dingen „nein" sagende Gewissen ihres Großvaters. Eine weitere Lektion im Prozess der Gewissensbildung macht Christine bei ihrem Vater, der ihr ein autonomes Gewissen zumutet und diesem Moralvorstellungen unterlegt, die für sie später ihre Glaubwürdigkeit verlieren. Nöstlinger erinnert sich:

„Acht Jahre war ich alt, als mein Vater vom Krieg und aus Russland zurückkam. Mein Vater wurde die große Liebe meines Lebens. ... Endlich bot sich mir ein ... anderes ‚Vorbild' als meine Schwester an.

Ein gutes Kind – laut Vatergeschichten – verhielt sich so: das gute Kind befreundet sich in der Schule ... nicht mit anderen Guten, sondern mit den schlecht beleumdeten Schülern. ... Das gute Kind muckt auf, wenn ihm oder anderen Ungerechtigkeit widerfährt. Das gute Kind hat auch ein ‚Gewissen'. Unter der Anleitung meines Vaters konnte ich mit diesem Begriff auf einmal etwas anfangen. Ich verstand das so: ein schlechtes Gewissen muß man haben, wenn man die Dinge, die man für richtig hält, nicht sagt und nicht tut. Oder noch ärger: wenn man sich gar nicht bemüht herauszufinden, was richtig und was falsch ist. ...

Mit vierzehn Jahren war ich so weit, dass ich meinem Vater eine helle Freude und meiner kleinbürgerlichen Umgebung ein rechter Greuel war." (S. 5f.)

Vom Vater lernt Christine, dass Gewissensfragen mit Unterscheidungen über gut und böse zusammenhängen, über deren Stimmigkeit gestritten werden kann. Die Unterscheidungen selbst können daher weder durch Nachahmung anderer noch durch eigenes Konstruieren legitimiert werden. Sie verlangen vielmehr nach einer reflektierenden Auseinandersetzung mit positiven und negativen Moralen. Sie führen nicht zu einer letzten Gewissheit in moralischen Fragen, können aber die Einsicht schärfen, dass man – wie andere auch und jeder auf seine Weise – „moralisch unterwegs" ist. Wie Christine zu die-

ser über die Moral des Vaters noch hinausführenden Einsicht gelangt, beschreibt Nöstlinger so:
„Die nächsten fünfzehn Jahre habe ich dann gebraucht, um einzusehen, daß das Bild, das mir mein Vater von seiner Person gegeben hat, erstunken und erlogen war. Er hat mir nicht erzählt, wie er war, er hat mir erzählt, wie er gern hätte sein wollen. ...
Sicher ist, daß ich zum ersten Mal mit einem ins Bett gegangen bin, weil mein Vater immer gesagt hat, daß Weiber, die herumschmusen und dann das ‚Letzte' verweigern, das Letzte sind." (S. 6)
Christine Nöstlingers Essay „Moralisch unterwegs" legt eine ganze Reihe möglicher Schlussfolgerungen nahe. Fünf von ihnen könnten lauten:
(1.) Wir wissen vielleicht in Grenzen, was das Böse ist und was das Gute nicht ist; aber wir kennen womöglich nur das Böse und müssen das Gute selber für uns und mit anderen suchen und hervorbringen.
(2.) Moralische Erziehung sollte vielleicht in dieses Wissen und Nicht-Wissen um das Gute einführen.
(3.) Gewissensbildung ist weder Bildung eines positiven noch Bildung eines negativen Gewissens.
(4.) Gewissensbildung verlangt nach reflektierender Urteilskraft und Zivilcourage.
(5.) Hierfür können intergenerationelle Diskurse und die Austragung von Streit hilfreich sein, nicht aber affirmative Nachahmung und radikale Konstruktion.

4. Moralische Bildungsprozesse zwischen und jenseits von Mimesis und radikaler Konstruktion

An moralischen Bildungsprozessen lassen sich, wie gezeigt, mimetische und konstruktivistische Strukturen herausarbeiten, die über die vermeintliche Alternative von reiner Mimesis oder radikaler Konstruktion hinausweisen. Nachahmung und Konstruktion sind nicht nur Modelle für sozialwissenschaftliche Beschreibungen von Bildungsprozessen, sondern auch Technologien moralischen Lernens, dann jedenfalls, wenn Prozesse der Nachahmung entteleologisiert und nicht nur Formen einer positiven, sondern auch solche einer negativen Mimesis zugelassen und mit erfasst werden und man Konstruktionen entradikalisiert und nicht autopoietisch auslegt.
Was sich aber konkret in den moralischen Übergängen zwischen mimetischen und konstruktivistischen Entwürfen, Versuchen und Erfahrungen vollzieht, lässt sich in den Kategorien mimetischer und konstruktivistischer Modelle nicht erfassen. Das könnte Anlass genug sein, moralische Bildungspro-

zesse nicht nur zwischen, sondern auch jenseits von Mimesis und radikaler Konstruktion anzusiedeln.[4]

Nachahmung und Konstruktion stellen nicht nur Technologien einer lernenden Aneignung einer guten, sondern auch einer bösen Moral dar. Darüber, wie zwischen gut und böse zu unterscheiden ist und wie in Kenntnis des Bösen nach dem Guten gesucht werden kann, sagen sie nichts Verlässliches aus.

Zum Kern moralischer Erziehung und Bildung gehören darum weder Nachahmung, noch Konstruktion, sondern die Entwicklung von moralischer Urteils- und Handlungskompetenz. Für sie stellen mimetische und konstruktivistische Bildungskonzepte hilfreiche Technologien bereit. Es kommt aber darauf an, das moralische Mimesis nicht nur vollzogen, sondern auch beurteilt und Konstruktionen nicht nur gesetzt, sondern auch geprüft werden.[5]

---

[4] Siehe hierzu den von Köpping/Schnepel/Wulf hrsg. Band 18 der Zeitschrift Paragrana, der Handlung und Leidenschaft „jenseits von actio und passio" thematisiert und Beiträge wie den von Christoph Wulf enthält, der „Mimetisches Handeln als Geflecht von actio und passio" interpretiert.

[5] Wie moralische die Entwicklung von moralischer Urteils- und Handlungskompetenz durch Erziehung und Unterricht gefördert werden kann, ist eine Frage, die über den Dual von Mimesis und Konstruktion hinausführt. Auf sie geht der folgende Beitrag an.

ETHIKUNTERRICHT UND MORALISCHE KOMPETENZ
JENSEITS VON WERTE- UND TUGENDERZIEHUNG
(GEMEINSAM MIT MARTINA VON HEYNITZ, STANISLAV IVANOV,
ROUMIANA NIKOLOVA, CLAUDIA POHLMANN, CLAUDIA REMUS)[1]

1. Vorbemerkung

An der Frage, ob moralische Kompetenzen und der Beitrag des Ethikunterrichts zu ihrer Entwicklung messbar sind, scheiden sich die Geister. Viele Philosophie- und Ethiklehrer/-innen sind skeptisch, ob sich die reflexiven Leistungen ihres Unterrichts überhaupt adäquat in Testaufgaben thematisieren und übersetzen lassen. Bildungsreformer sprechen dagegen von einer notwendigen – schon vollzogenen oder zumindest anstehenden – Umstellung der traditionellen Wissensorientierung von Lehrplänen und Unterricht auf eine neue Kompetenzorientierung. Diese soll sicherstellen, dass das im Unterricht Gelernte auch in außerschulischen Situationen und Kontexten flexibel angewendet und zur Klärung und Bearbeitung von Problemen eingesetzt werden kann. Erziehungswissenschaftler und Bereichsdidaktiker aus von der empirischen Bildungsforschung (PISA, TIMSS, LAU u. a.) bisher nicht bearbeiteten Lernbereichen äußern in diesem Zusammenhang die Vermutung, dass die vorliegenden Kompetenzmodellierungen allenfalls auf so genannte ‚harte' Kompetenzdomänen wie Leseverständnis, Sprachgebrauch, Schreiben von Aufsätzen, Mathematik und Naturwissenschaften, nicht aber auf ‚weiche' Lernbereiche wie Sport, Kunst, Philosophie, Religion, Literatur usw. applizierbar sind.

Es gibt gegenwärtig jedoch nicht nur Befürworter und Kritiker einer verstärkten Kompetenzorientierung von Erziehung und Unterricht, sondern auch Stimmen, die darauf hinweisen, dass die Unterscheidung zwischen harten und weichen Unterrichtsbereichen zu einer Abwertung und Marginalisierung wichtiger Kompetenzdomänen im schulischen Kontext führen könnte. Nicht nur empirische Bildungsforscher, sondern auch Fachdidaktiker und systematische Erziehungswissenschaftler arbeiten zurzeit an einer Überwindung dieses Duals. Die empirische Bildungsforschung erkennt an, dass sie fachdidaktische und domänenspezifische Modellierungen weder aus eigener Kraft entwickeln, noch aus psychologischen Modellen ableiten kann und daher auf eine Zusammenarbeit mit den Fachwissenschaften und ihren Didaktiken angewiesen ist. Umgekehrt erkennen die Fachdidaktiken an, dass postulatorische bildungsthe-

---

[1] In den zitierten Aufgabenbeispielen überarbeitete Fassung eines Beitrags aus: Zeitschrift für Didaktik der Philosophie und Ethik 32 (2010), S. 304-312.

oretische Orientierungen für die Konzeptualisierung, Durchführung und Ergebnissicherung konkreter Forschungsvorhaben nicht ausreichen. Systematische und historische Erziehungswissenschaftler weisen ergänzend darauf hin, dass schon in der Vergangenheit Aufgaben öffentlicher Erziehung niemals nur der Vermittlung von Kenntnissen und Wissen, sondern immer auch der Förderung von Fähigkeiten galten, die für eine mündige Teilhabe am öffentlichen Leben und seinen Handlungsfeldern notwendig sind.

Schon Aristoteles führt in seiner Politik aus, die gemeinsame Erziehung der nachwachsenden Generation habe dafür zu sorgen, „dass man die Jugend von den nützlichen Dingen das Notwendige" lernen lasse (Pol. 1337b 3-5). Zum Notwendigen rechnet er nicht nur (harte) Fächer wie Lesen, Schreiben, Rechnen und Geometrie, sondern auch (weiche) Fächer wie Gymnastik und Musik. Von diesen seien erstere „zu Geldgeschäften, zur Haushaltung, zu Erlernung der Wissenschaften und zu mancherlei Staatsgeschäften von Nutzen" (ebd. 1338a 15-18) und taugten letztere als „Bildungsmittel" für „edle Geistesbefriedigung in der Muße" (ebd. 1338a 20-21). Die Tugend fasste er nicht als unmittelbares Resultat der Erziehung, sondern als ein Ergebnis von Reflexion und Handeln auf, das bei Erwachsenen erst im späteren Lebenslauf sichtbar werde. Herbart griff in seiner „Allgemeinen Pädagogik" diesen Gedanken auf, wenn er davor warnte, Heranwachsende durch Unterricht tugendhaft machen zu wollen. Weder Tugend noch Wertefestigkeit seien angemessen als Ziele moralischer Erziehung und Unterweisung zu fassen. Vielmehr sei die Jugend durch öffentliche Erziehung aus ihren Bindungen an die Moralen der Stände herauszuführen und in einer „heilsamen Charakterlosigkeit"[2] zu halten, die verhindere, dass Kinder und Jugendliche einfach vorgegebene moralische Überzeugungen und Haltungen übernehmen. Der modernen Erziehung wies er die Aufgabe zu, in den Heranwachsenden eine an ethischen Elementarurteilen orientierte Urteilskraft sowie eine Bereitschaft zur individuellen und gemeinsamen Bearbeitung moralischer Probleme zu entwickeln.

Eine Umstellung der vermeintlich traditionellen Wissens- auf eine angeblich neuartige Kompetenzorientierung ist vor dem Hintergrund der angesprochenen Traditionen und Problemzusammenhänge weder notwendig, noch wünschbar oder möglich. Aufgabe einer Erfahrung und Umgang erweiternden öffentlichen Erziehung wird es vielmehr auch in Zukunft sein, in den Umgang mit Wissensformen einzuführen, die durch sozialisatorische Erfahrungen unmittelbar nicht erworben werden, weil ihre Aneignung über eine reflexive Erfahrungserweiterung vermittelt werden muss. Was hierunter zu verstehen ist, hat Platon für die antike Paedeia im Höhlengleichnis als einen durch Wendungen des Blicks bestimmten Prozess beschrieben und Kant für die moderne Erziehung auf den Begriff gebracht, in der Erziehung komme es „vorzüglich darauf an ..., dass Kinder denken" lernen (Kant 1803/1966, S. 707).

---

[2] Herbart 1806. S. 500. Asmus ersetzt fälschlicherweise „Charakterlosigkeit", deren Sinn er nicht erkennt, durch „Charakterfestigkeit"; vgl. Herbart 1806/1965, S. 104.

Für eine philosophisch und bildungstheoretisch ausgewiesene Modellierung der durch Ethikunterricht zu fördernden Kompetenzen bedeutet dies, dass Wertsicherheit und Tugend nicht zu den im Ethikunterricht zu vermittelnden Kompetenzen gehören, dass die Förderung moralischer Urteilskraft in der Vielheit ethischer Denkformen und die Vermittlung der Kompetenz, moralische Probleme diskutieren und bearbeiten zu können, dagegen sehr wohl eine zentrale Aufgabe des Ethikunterrichts ist. Bei der Modellierung hierauf bezogener Kompetenzen ist zwischen didaktischen Aufgaben, Prüfaufgaben und Testaufgaben zu unterscheiden (vgl. Benner 2007). Didaktische Aufgaben strukturieren unterrichtliche Lehr-Lernprozesse. Prüfaufgaben kontrollieren, ob die Schüler/-innen das im Unterricht zu Vermittelnde gelernt haben. Testaufgaben dienen im Projekt ETiK[3] dem Ziel, ein Modell zur Erfassung moralischer Kompetenz zu entwickeln, diese in Teilkompetenzen zu differenzieren und die Anforderungsniveaus zu ermitteln, in denen die Teilkompetenzen von Heranwachsenden erreicht werden. Die Ausdifferenzierung moralischer Kompetenz in Teilkompetenzen und deren Unterscheidung nach Anforderungsniveaus stellen Konstrukte dar, die nicht naturalistisch missverstanden werden dürfen. Andere theoretische Problemorientierungen können zu anderen Kompetenzprofilen führen. Keines von ihnen erfasst moralische Kompetenz in allen ihren Voraussetzungen, Phänomenen und Artikulationsformen. Das gilt vor allem für jene Seiten moralischer Kompetenz, die erst durch das Handeln in den Ernstsituationen des Lebens entstehen und lebenslangen Lernprozessen unterliegen.

Das Modell, das wir im Folgenden beschreiben, haben wir im Rahmen des von der DFG geförderten Projekts ETiK entwickelt. Es versteht sich ausdrücklich als ein vorläufiges Modell, das versucht, Perspektiven aus verschiedenen ethischen und moralpädagogischen Diskursen in sich aufzunehmen und eine Orientierung zu entwickeln, die auf die Aufgaben öffentlicher schulischer Erziehung und Unterweisung zugeschnitten ist. Das Modell verfolgt Ziele, die vorrangig auf die Konstruktion von Testaufgaben und die Unterscheidung von Teilkompetenzen sowie deren Anforderungsniveaus gerichtet sind. Die Testaufgaben weisen zwar Bezüge zu didaktischen Zielen eines öffentlichen Ethikunterrichts auf, beanspruchen aber nicht, aus ihnen unmittelbar didaktische Aufgaben ableiten zu können. Für ihre Beurteilung ist daher das Kriterium ihrer didaktischen Anschlussfähigkeit ebenso wichtig wie die Beurteilung ihrer ethischen und moralpädagogischen Prämissen und die Prüfung ihrer empirischen Tauglichkeit zur Erfassung moralischer Kompetenzen und Teilkompetenzen.

---

[3] „Entwicklung eines Testinstruments zu einer didaktisch und bildungstheoretisch ausgewiesenen Erfassung moralischer Kompetenzen, bezogen auf den Ethikunterricht an öffentlichen Schulen".

2. Der Ansatz des DFG-Projekts ETiK

Anliegen des DFG-Projekts ETiK ist es, ein bildungstheoretisch, fachdidaktisch und empirisch ausgewiesenes Testinstrument zur Erfassung moralischer Kompetenzen 15-Jähriger zu entwickeln, die durch den Philosophie-, Ethik- oder auch LER-Unterricht[4] gefördert werden. Das im Projekt entwickelte Modell definiert moralische Kompetenz durch die Teilkompetenzen „moralische Grundkenntnisse", „moralische Urteilskompetenz" und „moralische Handlungskompetenz". Diese dreifache Modellierung und domänenspezifische Auslegung des Kompetenzbegriffs haben wir im Projekt nicht rein normativ gesetzt oder empirisch aus faktischen Leistungen von Schüler/innen erhoben, sondern fachdidaktisch und bildungstheoretisch begründet, an Testaufgaben konkretisiert und empirisch an Schülerantworten überprüft.

Das folgende Tableau hält im Feld moralische Grundkenntnisse an der traditionellen Wissensorientierung des Unterrichts fest und differenziert zudem dessen kognitive Aufgabenstellung in diejenigen einer Vermittlung von „bestimmender" und „reflektierender" Urteilskraft sowie moralischer Handlungskompetenz, verstanden als Fähigkeit, moralische Probleme zu bearbeiten und zu ihnen Stellung zu nehmen.

(II) moralische Urteilskompetenz		*(III) moralische Handlungskompetenz*
bestimmende Urteilskraft	reflektierende Urteilskraft	Fähigkeit, zu moralischen Problemen Stellung zu nehmen
(I) moralische Grundkenntnisse		

Abb. 1: Modellierung moralischer Kompetenz im DFG-Projekt ETiK[5]

Durch diese dreifache Ausrichtung soll erstens verhindert werden, dass moralische Kompetenzen in der Tradition früherer Lehrplanpräambeln an einem Maximum pädagogischer, ethischer, politischer und gesellschaftlicher Wünschbarkeiten ausgerichtet werden, welches kein Unterricht vermitteln und erreichen kann. Durch sie soll zweitens erreicht werden, dass die in Ethik und Pädagogik bewährte Unterscheidung zwischen Wissen, Urteilen und Handeln

---

[4] LER: **L**ebenskunde, **E**thik, **R**eligion
[5] Die hier vorgestellten Dimensionen moralischer Kompetenz stehen nicht in einem hierarchischen Verhältnis zueinander. Eine Hierarchisierung findet erst innerhalb der Anforderungsniveaus einer jeweiligen Dimension statt.

nicht einer dem Ethikunterricht äußerlich bleibenden rein psychometrischen Diktion und Betrachtungsweise geopfert wird.

Die Testaufgaben zur Erfassung der Teilkompetenz moralische Grundkenntnisse haben wir in Anlehnung an aktuelle Lehrpläne und Schulbücher für die Fächergruppe Philosophie/Ethik/LER in der Sekundarstufe I entwickelt. Dabei haben wir solche Begriffe grundlegend genannt, die für die Erörterung ethischer Probleme elementar sind und deren Kenntnis für ein kultiviertes Streiten und Urteilen hilfreich ist.

Die Testaufgaben zur Erfassung moralischer Urteils- und Handlungskompetenz werden mit Blick auf moralische Probleme entwickelt, die sich im Horizont einer vorgegebenen eigenen Moral, in der Auseinandersetzung mit fremden Moralen und in öffentlichen Diskursen über moralische Fragen stellen. Moralische Urteilskompetenz bezieht sich auf moralische Orientierungen, die man historisch im Anschluss an die philosophischen Ethiken bei Sokrates, Platon, Aristoteles, Kant, Herbart und Nietzsche nach verschiedenen Urteilsformen in aporetische, teleologische, kategorische und problematisierende differenzieren kann. Systematisch lassen sich diese durch die Unterscheidung zwischen bestimmender und reflektierender Urteilskraft genauer fassen. Bestimmende Urteilskraft klärt einen besonderen Fall durch dessen Subsumtion unter eine als allgemein geltend angenommene Regel. Reflektierende Urteilskraft interpretiert solche Regeln im Lichte eines konkreten Falls und modelliert sie gegebenenfalls neu (vgl. Martens 2006). Moralische Handlungskompetenz meint die Fähigkeit, moralische Probleme nicht nur beurteilen, sondern auch zu ihnen Stellung nehmen und sie planend angemessen bearbeiten zu können. Sie wird im Projekt ETiK als eine Problembearbeitungskompetenz gefasst, die sich auf den „virtuellen" Raum des Entwerfens ethischer Handlungen in moralischen Problemzusammenhängen bezieht. Sie schließt ausdrücklich nicht schon die Fähigkeit ein, in konkreten Situationen tatsächlich moralisch zu handeln, sondern ist der für öffentliche Erziehung und Bildung generell geltenden Aufgabe verpflichtet, Erfahrung und Umgang durch Unterricht zu erweitern, nicht aber das künftige Denken und Handeln der Heranwachsenden durch Erziehung zu normieren und sicherzustellen.

Als normative Orientierung, die an die Stelle bekannter Werte- und Tugendkataloge tritt und auf Probleme des Umgangs mit eigener, fremder und öffentlicher Moral auszulegen ist, werden in der Projektarbeit jene Elementarurteile herangezogen, die Herbart im Anschluss an die aristotelische und kantische Ethik aufgestellt hat (siehe Herbart 1808/1851, S. 33ff.).[6] Sie orientieren die Entwicklung moralischer Urteils- und Handlungskompetenz für alle nur denkbaren Willensverhältnisse, bezogen auf
- das Verhältnis von Wille und Urteil an der Idee der „inneren Freiheit" (HEKON),

---
[6] Die aristotelischen Begriffe sind jeweils in Klammern hinzugefügt.

- das Verhältnis mehrerer Willen in ein und demselben Individuum an der Idee der „Vollkommenheit" im Sinne von Vielseitigkeit (TELEIOTES),
- den Willen eines Individuums gegenüber einem vorgestellten fremden Du an der Idee eines „motivlosen Wohlwollens" (EUNOIA),
- einander widerstreitende Willen verschiedener Subjekte an der Idee des „Rechts" (DIKE),
- Konflikte, in denen zwischen Individuen getroffene Vereinbarungen von einer Seite verletzt werden, an der Idee der „Billigkeit" (EPIEIKEIA).

Zum Reichtum dieser Ideen gehört, dass man sie mit Sokrates aporetisch, mit Platon und Aristoteles teleologisch, mit Kant kategorisch und mit Marx und Nietzsche problematisierend und ideologiekritisch auslegen kann, ohne dass eine Auslegung die anderen außer Kraft setzt.

Das hier nur kurz skizzierte Modell moralischer Kompetenz lehnt sich an den von Franz Weinert formulierten Kompetenzbegriff an. Dieser definiert Kompetenz als „bei Individuen verfügbare oder durch sie erlernbare, kognitive Fähigkeiten und Fertigkeiten, um bestimmte Probleme zu lösen, sowie die damit verbundenen motivationalen, volitionalen und sozialen Bereitschaften und Fähigkeiten, um die Problemlösungen in variablen Situationen erfolgreich und verantwortungsvoll nutzen zu können." (Weinert 2001, S. 27) Das im Projekt ETiK entwickelte Modell erfüllt aufgrund seiner ethischen und moralpädagogischen Ausrichtung zugleich eine Forderung, die Eckhard Klieme in seinem von der Kultusministerkonferenz in Auftrag gegebenen Gutachten für eine domänenspezifische Auslegung des Weinertschen Kompetenzbegriffs in den verschiedenen Schulfächern aufgestellt hat (vgl. Klieme 2003, S. 24). Bei der Auslegung des Kompetenzbegriffs auf den Lernbereich Ethik werden allerdings notwendige Modifizierungen in zwei Richtungen vorgenommen. Das Projekt ETiK konzentriert sich erstens bei der Konstruktion von Testaufgaben auf die kognitiven Aspekte fachlichen Lernens und Könnens, die im Zentrum des öffentlichen Ethikunterrichts stehen. Und es definiert zweitens moralische Kompetenz nicht als eine schon auf die Lösung moralischer Probleme, sondern als eine auf deren Reflexion und Bearbeitung ausgerichtete Kompetenz.

3. Aus der Projektarbeit: Aufgabenkonstruktion, erste Ergebnisse, Beispiele

Im Folgenden werden zunächst Probleme der Aufgabenkonstruktion, dann Fragen der Modellierung der Anforderungsniveaus in den verschiedenen Kompetenzbereichen erörtert und anschließend Beispielaufgaben zur Diskussion gestellt.

3.1 Allgemeine Anforderungen an die Aufgabenstruktur

Die vom Ansatz des Projekts an die Konstruktion von Testaufgaben zu stellenden Anforderungen beziehen sich auf die Inhalte, die Fragestruktur und die Formate der Aufgaben. Was die Inhalte betrifft, galt es Aufgaben zu konstruieren, die ethische Fragestellungen in den einzelnen Kompetenzbereichen jenseits eigener Einstellungen der Schüler/-innen thematisieren. Aufgaben, die nur Meinungen erheben, Gesinnungen erfassen oder die Einhaltung von Konventionen überprüfen, galt es ebenso zu vermeiden, wie solche, die Heranwachsende dazu auffordern, lediglich wünschenswerte Üblichkeiten zu reproduzieren („Gutmensch-Aufgaben"). Aufgaben dieser Art zeichnen sich durch Tendenzen zu einer positiven Moralisierung aus, die den Umweg über aporetische, teleologische, kategorische sowie ideologiekritische und problematisierende Urteilsformen scheut.

Die im Projekt angestrebten Testaufgaben versuchen demgegenüber
- Bezüge zu Themen eines anspruchsvollen Ethikunterrichts und seiner Lehrpläne und Schulbücher herzustellen,
- Alltagsprobleme aus der Erfahrungswelt der Heranwachsenden, aber auch aktuelle zeitgeschichtliche Fragen aufzugreifen,
- Denkformen der klassischen philosophischen Ethiken zu thematisieren und
- zu einer Auseinandersetzung mit eigenen, fremden und öffentlichen moralischen Problemen aufzufordern.

Die Arbeit an geeigneten Testaufgaben erwies sich u. a. auch deshalb als schwierig, weil immer wieder die Gefahr entstand, dass bei der Transformation anspruchsvoller moralischer und ethischer Probleme in Testaufgaben die reflexive Struktur philosophischen Argumentierens verloren ging. Im weiteren Verlauf des Projekts gelang es dann jedoch, dieser Gefahr durch offene bzw. halb-offene Aufgaben entgegenzuwirken, in deren Bearbeitung Schülerinnen und Schüler ihre Argumente differenziert einbringen konnten.

Chancen und Grenzen, solche Aufgaben zu entwickeln, werden nicht zuletzt durch die Formate bestimmt, die mit Blick auf die empirische Auswertung der Testergebnisse an die Einhaltung psychometrischer Gütekriterien gebunden sind. Geschlossene Formate bieten sich zur Konstruktion von Testaufgaben in besonderem Maße an und verlangen von den Konstrukteuren, zwischen eindeutig falschen und eindeutig richtigen Antwortmöglichkeiten so zu unterscheiden, dass auch die falschen Antworten ein hohes Maß an Stimmigkeit und Plausibilität besitzen. Um philosophischen und ethischen Ansprüchen zu genügen, konstruierten wir Aufgaben, die von den Schüler/-innen besondere reflexive Leistungen verlangen, weil in ihnen mehrere Antworten als richtig oder falsch identifiziert werden müssen. In weiteren Schritten entwickelten wir Aufgaben, welche zu einer Abgrenzung ethischer, rechtlicher, ökonomischer und religiöser Denkformen und Sachverhalte auffordern. Offene Aufgabenstellungen bieten besondere Möglichkeiten, den Reichtum und die Vielfalt der Denkformen und Problembearbeitungsweisen von Schüler/-innen zu erfassen, bereiten aber größere Schwierigkeiten bei der statistischen Auswertung. Um reflexiven Leistungen eine größere Aufmerksamkeit entgegenbringen zu können, boten sich halboffene Aufgaben an. Ihnen kommt innerhalb des Projekts eine zweifache Bedeutung zu: Zum einen werden sie eingesetzt, um Themenbereiche vorzutesten und auf der Grundlage von Schülerantworten geschlossene Fragen zu formulieren. Zum anderen tragen sie dazu bei, die kanonisierten Antworten geschlossener Aufgaben um reflexionsoffene Varianten zu ergänzen und zu vertiefen.

Für die Konstruktion entsprechender Testaufgaben erwiesen sich u. a. literarische Texte als hilfreich, die – wie Dürrenmatts Drama „Der Besuch der alten Dame", Nöstlingers Essay „Moralisch unterwegs" oder Marc Twains Roman „Die Abenteuer des Huckleberry Finn" – lebensweltliche mit gesellschaftlichen Problemlagen verknüpfen und eine reflexive Auseinandersetzung nahelegen, die unterschiedliche kategoriale Perspektiven in Beziehung zueinander setzt. Aber auch Frageformate, die klassische philosophisch-ethische Positionen zu Wort kommen lassen, und Aufgaben, die von Fallbeispielen ausgehen und diese mit variantenreichen Sichtweisen und Fragen konfrontieren, tragen dazu bei, domänenspezifisch ausgewiesene Testaufgaben zu konstruieren.

3.2 Kompetenzskalen und Anforderungsniveaus

Die für die Erfassung der drei Teilkompetenzen ‚moralische Grundkenntnisse', ‚moralische Urteilskompetenz' und ‚moralische Handlungskompetenz' entwickelten Testaufgaben haben ca. 1200 Schüler/-innen der Jahrgangsstufe 10 bearbeitet. Im Zuge der empirischen Berechnung der Kompetenzbereiche (Skalierung) konnten wir die drei bildungstheoretisch definierten Teilbereiche moralischer Kompetenz in zwei statistisch abgesicherte Test-Skalen überführen, erstens in moralische Grundkenntnisse sowie zweitens in moralische Urteils- und Handlungskompetenz.

Die Analyse beginnt mit der Ordnung der Testaufgaben nach aufsteigender Schwierigkeit und anschließender Suche nach Anforderungsmerkmalen der Aufgaben, die möglicherweise zur Erhöhung ihrer Schwierigkeit führen (z. B. Erfordernis fachbegrifflicher Kenntnisse, Komplexität u. a.). Entscheidend für die Abgrenzung einzelner Anforderungsniveaus ist zunächst die Bestimmung der Schwellen zwischen den Niveaus. Diese werden mit Hilfe so genannter „Schwellenitems" gebildet – das sind Aufgaben, die den qualitativen Anforderungssprung zum nächst höherliegenden Niveau kennzeichnen. Des Weiteren gilt es, diejenigen Aufgaben als „Markieritems" zu definieren, deren Anforderungsmerkmale als charakteristisch für ein jeweiliges Anforderungsniveau angesehen werden. In einem zweiten Schritt prüfen wir, ob die zunächst auf rein bildungstheoretisch-fachdidaktischer Grundlage basierende Auswahl der

Schwellen- und Markieritems auch empirischen Kriterien (vgl. Beaton/Allen 1992; Klieme 2000) entsprechen.

Das folgende Schema präsentiert ein vorläufiges Modell, mit dem Korrekturen an einer früheren Fassung vorgenommen werden (vgl. Ivanov/Nikolova 2009). Vorläufig sind insbesondere die Abgrenzungen der Anforderungsniveaus, die an einem weiter zu optimierenden Aufgabenpool überprüft werden sollen, nicht abschließend geklärt ist auch die Frage, ob das Kompetenzmodell aus einer übergreifenden Skala oder aus zwei bzw. drei Skalen bestehen wird. Die vorliegenden Ergebnisse legen ein zweidimensionales Modell nahe.

Dimension / Niveau	*Moralische Grundkenntnisse*	*Moralische Urteils- und Handlungskompetenz*
I	Schüler/-innen verfügen über moralische Grundkenntnisse mit konkretem, lebensweltlichen Fallbezug.	Schüler/-innen können moralische Sachverhalte und Handlungsoptionen nach Maßgabe eines eigenen ethischen Horizonts oder eines ausgewiesenen ethischen Ansatzes am Beispiel konkreter lebensnaher Fälle beurteilen.
II	Schüler/-innen verfügen über moralisches Grundwissen auf der Ebene allgemeiner Begriffe.	Schüler/-innen können moralische Sachverhalte im Spannungsfeld verschiedener (eigener, fremder, öffentlicher) Moralen auch jenseits der eigenen Lebenswelt reflektieren und zwischen verschiedenen Handlungsoptionen abwägen.
III	Schüler/-innen verfügen über moralisches Grundwissen zur Herstellung eindeutiger Beziehungen und Abgrenzungen unterschiedlicher begrifflicher Sachverhalte.	Schüler/-innen können ethische Sachverhalte und Handlungsoptionen nach allgemeinen Regeln kontextbezogen beurteilen und unterschiedliche Handlungsoptionen prinzipiengeleitet prüfen.
IV	Schüler/-innen verfügen über moralisches Grundwissen auf der Ebene problematischer Beziehungen und Abgrenzungen unterschiedlicher begrifflicher Sachverhalte, über die öffentlich gestritten wird.	Schüler/-innen können gesellschaftliche Konventionen/Normen problematisieren und die Geltung allgemeiner Regeln im Lichte von konkreten Abstimmungsproblemen thematisieren/reflektieren und/oder zwischen verschiedenen Handlungsoptionen abwägen.

Abb. 2: Vorläufiges Modell moralischer Kompetenz im Projekt ETiK

3.3 Moralische Grundkenntnisaufgaben

Grundkenntnisaufgaben beziehen sich auf genuin ethische Begriffe. Sie geben einen philosophisch-ethischen Sachverhalt vor und fordern dazu auf, unter mehreren vorgegebenen Bestimmungen diejenige(n) anzukreuzen, die der fraglichen Sache am ehesten angemessen sind. Auch ordnen sie einem philosophisch-ethischen Begriff verschiedene lebensweltliche Situationen zu und fragen dann danach, welche von ihnen am ehesten zu dem jeweiligen Begriff passt. Einige Aufgaben sind so konstruiert, dass bei ihrer Beantwortung Blickwechsel, z. B. zwischen ethischen, rechtlichen und politischen Betrachtungsweisen, vollzogen werden müssen. Vermieden wird dadurch eine einseitige Erfassung rein faktenorientierten Wissens, das sich lediglich auf der Ebene der Reproduktion bewegt. Die Anforderungsniveaus, auf denen Schüler/-innen Aufgaben dieser Art beantworten, weisen ein breites Spektrum auf. Sie reichen von Grundkenntnissen mit deutlichem Lebensweltbezug über Grundkenntnisse zu abstrakten Begriffen bis hin zu Grundkenntnissen im Bereich kategorial ausdifferenzierter und öffentlich strittiger Sachverhalte.

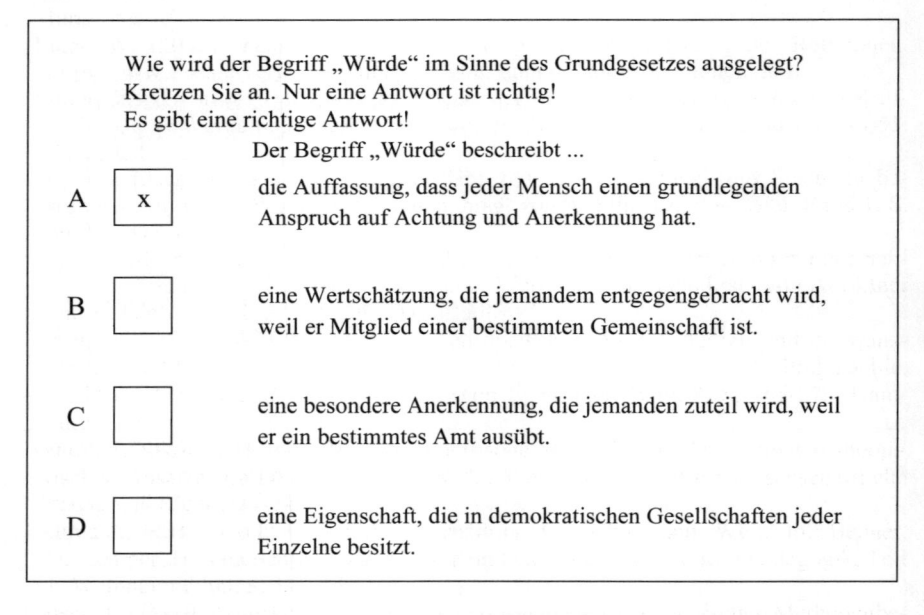

Wie wird der Begriff „Würde" im Sinne des Grundgesetzes ausgelegt?
Kreuzen Sie an. Nur eine Antwort ist richtig!
Es gibt eine richtige Antwort!

Der Begriff „Würde" beschreibt ...

A [x] die Auffassung, dass jeder Mensch einen grundlegenden Anspruch auf Achtung und Anerkennung hat.

B [ ] eine Wertschätzung, die jemandem entgegengebracht wird, weil er Mitglied einer bestimmten Gemeinschaft ist.

C [ ] eine besondere Anerkennung, die jemanden zuteil wird, weil er ein bestimmtes Amt ausübt.

D [ ] eine Eigenschaft, die in demokratischen Gesellschaften jeder Einzelne besitzt.

Dieses Aufgabenbeispiel ist dem Anforderungsniveau III zuzuordnen. Die richtige Antwort A besagt, dass Würde jedem Menschen zukommt und daher von der gesellschaftlichen Position, sozialen Herkunft und Mitgliedschaft in einer konkreten Gesellschaft abgegrenzt werden muss. Problematische Beziehungen zwischen Würde und gesellschaftlichem Status, wie sie auf Anforderungsniveau IV zur Sprache kämen, thematisiert die Aufgabe noch nicht.

3.4 Moralische Urteilskompetenzaufgaben

Fragen zur Erfassung moralischer Urteilskompetenz beziehen sich auf Aufgaben, in denen ethische Regeln angewendet, thematisiert oder reflektiert werden. Aufgaben, in denen Fälle im Lichte vorgegebener ethischer Regeln zu beurteilen sind, lassen sich mit Kant dem Typus der bestimmenden Urteilskraft, Aufgaben, in denen nach Regeln gefragt wird, die zur Klärung und angemessenen Beurteilung eines konkreten Falles geeignet sind, dagegen dem Typus der reflektierenden Urteilskraft zuordnen. Diese Unterscheidung kann auf Sachverhalte ausgeweitet werden, in denen unterschiedliche Ethiken miteinander konkurrieren oder ethische mit ökonomischen, rechtlichen, religiösen und politischen Sichtweisen abzustimmen sind. Ferner kann die Unterscheidung zwischen bestimmender und reflektierender Urteilskraft auch auf Perspektivwechsel zwischen eigener, fremder und öffentlicher Moral zur Geltung gebracht werden.

Die Anforderungsniveaus, auf denen Fragen zur bestimmenden und reflektierenden moralischen Urteilskompetenz beantwortet werden, weisen ebenfalls ein breites Spektrum auf. Sie reichen von der Beurteilung ethischer Sachverhalte am Beispiel konkreter lebensnaher Fälle über die Reflexion ethischer Sachverhalte im Spannungsfeld unterschiedlicher Ethiken oder Moralen bis hin zur Problematisierung von Konventionen und der Suche nach Antworten auf konkrete gesellschaftliche Abstimmungsprobleme.

Das folgende Beispiel entstammt einem Aufgabenkomplex, den wir in Anlehnung an Mark Twains Roman „Huckleberry Finn" entwickelt haben, da dieser Anschlussmöglichkeiten zu moralisch relevanten Themen, u. a. in der Auseinandersetzung mit Aspekten von „Freundschaft" oder mit Fragen gesellschaftlicher Werte, Normen und Konventionen bietet. Die Aufgabe ist dem Typus der bestimmenden Urteilskraft zuzuordnen, weil sie die Schüler/-innen dazu auffordert, diejenige Instanz zu identifizieren, die das Verhalten der Figur Huckleberry Finn begründet. Thematisiert wird in einem der Aufgabe vorangestellten Vortext Huckleberrys Entscheidung, seinen Freund, den entflohenen Sklaven Jim, nicht zu verraten. Obwohl er damit gegen die gesellschaftliche Moral und die damals übliche Rechtsprechung verstößt – und darauf zielt die Aufgabe selbst –, entscheidet er sich für die Moral der Freundschaft, die als „Stimme des Gewissens" zu ihm spricht.

Um zu der richtigen Antwort zu gelangen, müssen die Testpersonen verschiedene, im Kontext des Romans gültige Moralen auch jenseits ihrer eigenen Lebenswelt abwägen und im Sinne bestimmender Urteilskraft zu einer für die Situation der Romanfigur zutreffenden Auswahl gelangen. Damit repräsentiert diese Aufgabe die Merkmale von Aufgabenstellungen in Anforderungsniveau II der Skala moralische Urteils- und Handlungskompetenz.

	Wer spricht in dieser Situation mit Huck, so dass er das Gefühl bekommt, in der Klemme zu sitzen? Es gibt eine richtige Antwort!	
A	☐	die Stimme der Gesellschaft
B	x	die Stimme des Gewissens
C	☐	die Stimme des Rechts
D	☐	die Stimme des Gottes der Sonntagsschule

Das folgende Aufgabenbeispiel repräsentiert den Typus reflektierender Urteilskraft. Es arbeitet ebenfalls mit einer literarischen Vorlage. Sie entstammt Friedrich Dürrenmatts Drama „Der Besuch der alten Dame". Dieses bietet sich zur Konstruktion von Testaufgaben an, weil es sich mit Fragen individueller und gesellschaftlicher Gerechtigkeit sowie individuellen und kollektiven Umgangs mit Schuld auseinandersetzt. Das folgende Aufgabenbeispiel hat die Haltung des Bürgermeisters zum Gegenstand, der sich im Verlauf des Dramas dafür ausspricht, den Mitbürger Alfred zu töten, um das auf ihn von der „alten Dame" ausgesetzte Kopfgeld zu erhalten und der wirtschaftlich ruinierten Stadt aus der Krise zu helfen.

	An welchen Leisätzen orientiert sich die Begründung des Bürgermeisters für die Tötung Alfreds? Es gibt eine richtige Antwort!	
A	☐	Eine Welt ohne Gerechtigkeit wäre ebenso tyrannisch wie eine Welt, in der es nur Gerechtigkeit gäbe.
B	☐	Begangenes Unrecht muss aufgeklärt und nach Möglichkeit wieder gutgemacht werden.
C	☐	Böses muss manchmal auch ausgehalten werden und kann nicht in Gutes überführt werden.
D	x	Ideale müssen, wenn es nötig ist, auch mit Gewalt durchgesetzt werden.

Die empirische Auswertung der Testergebnisse platziert den Schwierigkeitsgrad dieser Aufgabe im oberen Viertel der Skala moralische Urteils- und Handlungskompetenz und stimmt mit fachdidaktischen und bildungstheoretischen Überlegungen, die diese Aufgabe dem Anforderungsniveau IV zuordnen, überein: Die geforderte richtige Lösung D verstößt gegen gültige Rechts- und Wertvorstellungen für das gesellschaftliche Zusammenleben, die das Töten von Menschen unter Strafe stellen. Den für die Antwort erforderlichen Perspektivwechsel konnte nur ca. ein Drittel der Schüler/-innen vollziehen. Fast die Hälfte entschied sich für die Antwort B, die stärker gesellschaftlichen Konventionen entspricht.

3.5 Moralische Handlungskompetenzaufgaben

Moralische Handlungskompetenzaufgaben erfassen nicht die Fähigkeit, in realen Situationen tatsächlich moralisch zu handeln, sondern suchen zu klären, wie Schüler/-innen zu moralischen Problemen mit Blick auf unterschiedliche Handlungsoptionen Stellung nehmen (vgl. Heynitz et al. S. 521 und 525). Die folgende Testaufgabe bezieht sich auf verschiedene Handlungsoptionen bei der Bearbeitung eines konkreten Fallbeispiels.

Zwei Schüler beobachten auf dem Schulhof, dass ein Mitschüler Drogen verkauft. Sie wollen ihn zukünftig daran hindern. Was sollten sie eher nicht tun? Es gibt eine richtige Antwort!

A ☐ den Fall der Polizei melden

B ☐ eine Lehrkraft informieren

C ☒ die Drogen stehlen

D ☐ den Mitschüler zur Rede stellen

Die Schüler/-innen sollen erkennen, dass der Diebstahl der Drogen als Lösung ausscheidet, und zu diesem Zweck die drei anderen Handlungsoptionen ausschließen. Die Aufgabe repräsentiert das Schwellenitem von Anforderungsniveau I zu Anforderungsniveau II und handelt von einem Übergang von der eigenen zur fremden Lebenswelt.

4. Ausblick: Leistungen und Grenzen des Modells

Das vorläufige Modell stellt, wie die Testaufgaben, auf denen es basiert, ein Resultat interdisziplinärer Arbeit dar, an der fachdidaktische Überlegungen zum Philosophie-, Ethik- und LER-Unterricht sowie bildungstheoretische Konzepte und Arbeitsverfahren der empirischen Bildungsforschung beteiligt sind. Zu deren Kooperation lässt sich sagen, dass psychometrische Mängel von Testaufgaben immer auf sachstrukturelle Defizite in der Formulierung bzw. im Gehalt der Aufgaben hinweisen, dass psychometrisch optimale Werte aber nicht zwingend auf eine inhaltliche Qualität einer Testaufgabe schließen lassen. Hierauf ist zurückzuführen, dass die Veränderung und Optimierung von Aufgaben stets doppelt geprüft werden muss.

Vorläufig sind nicht nur einzelne Formulierungen, sondern auch das hier vorgestellte zweidimensionale und vierstufige Modell. Seine Struktur hat sich zwar im Projekt ETiK I als die adäquatere im Vergleich zu ein- oder dreidimensionalen Modellen erwiesen. Aber auch dann, wenn am Ende von ETiK II ein anderes Modell den Vorzug erhalten sollte, werden die Abgrenzungen zwischen den drei Kompetenzbereichen Grundwissen, Urteils- und Handlungskompetenz Bestand haben.

Zum gegenwärtigen Stand der Aufgabenentwicklung können wir feststellen, dass zwar Aufgaben zu allen im Anschluss an Aristoteles, Kant und Herbart formulierten Elementarurteilen und zu allen genannten Urteilsformen konstruiert und auf Probleme der eigenen, fremden und öffentlichen Moral ausgelegt wurden, ohne dass jedoch alle Kombinationsmöglichkeiten bereits erfasst wären. Aus Sicht der empirischen Bildungsforschung, die aus pragmatischen Gründen an schlanken Instrumenten interessiert ist, muss man hierin keinen Mangel sehen. Aus fachdidaktischer und bildungstheoretischer Hinsicht ist gleichwohl eine weiterreichende Anschlussfähigkeit von Testaufgaben an didaktische Aufgaben wünschenswert.

Zu den möglichen Leistungen des Projekts könnte gehören, dass in ihm nicht nur eine Modellierung domänenspezifischer Kompetenz in einem sogenannten weichen Fach gelingt, sondern dass diese in einer Fassung vorgelegt werden kann, die sich jenseits der Kohlbergschen Abgrenzung präkonventioneller, konventioneller und postkonventioneller Niveaus bewegt. Alle Anforderungsniveaus zeigen bestimmende und reflexive Momente, die sich auf einen moralischen Umgang mit Konventionen beziehen. Vielleicht liegt hierin die besondere Angemessenheit des in ETiK entwickelten Modells an die philosophische Idee des Guten, die in der Ethik nie ausschließlich konventionell, präkonventionell oder postkonventionell gedacht worden ist.

ZUR ABGRENZUNG ,FUNDAMENTALER' UND
,FUNDAMENTALISTISCHER' KONZEPTE
RELIGIÖSER BILDUNG[1]

1. Nicht-fundamentalistische Grundstrukturen religiöser Bildung im Christentum

Seit ihren Anfängen erlaubt die christliche Religion – wider alle fundamentalistischen Strömungen und sektenhaften Verengungen, die in ihr wirksam waren und sind –, Abstimmungsprobleme zwischen Bildung und Religion – aber auch zwischen Religion, Moral, Ökonomie und Politik – nicht nur normativ, sondern auch reflektierend, problematisierend und innovatorisch zu behandeln. Trotz vieler nachdenklich stimmender und zur Sorge Anlass gebender Gegenbeispiele verlangt das Christentum von den Gläubigen keinen Kadavergehorsam gegenüber ewigen, das Denken und Handeln der Menschen positiv normierenden göttlichen Geboten. Es weiß sich vielmehr auf die jüdische Religion zurückbezogen, deren Zehn Gebote bei einer liberalen Auslegung negative Maximen formulieren, die sagen, was nicht getan werden soll. Der bildungstheoretisch bedeutsame Sinn dieser Gebote scheint mir darin zu liegen, dass sie die positive Ausgestaltung des menschlichen Denkens und Handelns unbestimmt lassen und damit in gewissem Sinne vor religiösem Fundamentalismus schützen. Der älteren jüdischen Religion zufolge prüfte Jahwe Abraham, indem er ein letztes Mal ein Menschenopfer forderte und diesem befahl, den eigenen Sohn zu töten, um dann jedoch, wie von Abraham ersehnt, auf den Vollzug des Opfers zu verzichten. Der Gott des Berges Sinai schloss später mit Mose einen Bund, in dem er versprach, nie mehr Menschenopfer als Prüfstein des Glaubens zu fordern. Die Gründungstexte des Christentums lassen sich in diesem Zusammenhang an vielen Stellen so lesen, dass der christliche Gott auf paradoxe Weise dieses Versprechen und die ihm vorausgegangene Prüfung erneuerte, indem er seinen eigenen Sohn für die Menschen opferte, damit sich künftig Gottes- und Menschenliebe nicht mehr ausschließen müssen.

Obwohl das Christentum – anders als die jüdische Religion – davon ausgeht, dass der Messias bereits in die Geschichte eingetreten ist, ist die Hoffnung auf eine in der Geschichte wirksam werdende Wechselwirkung zwischen

---
[1] Der Beitrag ist Karl Ernst Nipkow gewidmet und erschienen in dem von F. Schweitzer et. al., hrsg. Band: Religionspädagogik und Zeitgeschichte im Spiegel der Rezeption von Karl Ernst Nipkow. Göttingen 2008, S. 151-164.

Gottes- und Menschenliebe auch für Christen bis heute ein problematischer Sachverhalt. Die Frage nach der Rechtfertigung Gottes angesichts des Bösen in der Welt wird im Christentum nicht in das Belieben eines autokratischen Gottes gestellt, sondern auf das Denken und Tun der Menschen zurückbezogen. Religion tritt nicht als die einzige, wohl aber als eine spezifische Gestalt von Praxis und Reflexion auf, in der die Frage nach dem Bösen in der Welt reflektiert wird. Diese Frage kann nicht nur pädagogisch, ökonomisch, ethisch, rechtlich, politisch sowie in ästhetischen Darstellungen der Welt im Medium von Kunst, sondern auch religiös in den Formen eines reflexiven Umgangs mit Schuld und der Bitte um Vergebung bearbeitet werden. Die religiösen Aspekte des Umgangs mit dieser Frage lassen sich nicht an Ethik und Politik delegieren, sondern verlangen nach einer anamnetischen Solidarität mit den Opfern der Geschichte. In dieser wird eine nicht abzahlbare Schuld erinnert und um eine Vergebung gebeten, in der Menschen sich nicht selbst ihre Schuld vergeben, sondern ein Leben angesichts einer nicht entschuldbaren Schuld zu führen suchen.

Schon der in den Evangelien zu Worte kommende Jesus hatte auf seine Weise besondere Schwierigkeiten mit der erlösungstheologischen Auslegung der Schuld- und Entschuldungsfrage.[2] Erst das späte Evangelium des Johannes lässt ihn sagen: „Es ist vollbracht." (Johannes 19, 30) Die frühen Evangelien legen dagegen dieses „vollbracht sein" zweifach aus: zunächst bei Markus und Matthäus in den Worten „Mein Gott, mein Gott, warum hast Du mich verlassen?" (Matthäus 27, 46; Markus 15, 34), danach bei Lukas als „Vater, ich befehle meinen Geist in deine Hände!" (Lukas 23, 46). Gottverlassenheit und Geborgenheit in Gott schließen sich im Christentum – wie übrigens auch im Judentum und dies nicht erst seit der Shoa[3] – keineswegs aus, sondern gehören beide zur Religion. Unter bildungstheoretischer Perspektive lässt sich sagen, dass dem Christentum, in dem sich Gott nicht nur durch Propheten, sondern durch seine eigene Menschwerdung in der Geschichte offenbart, ein Verständnis von Religion und Leben zugrunde liegt, dessen Gottesbezüge nicht über unmittelbare Gotteserfahrungen, sondern über religiöse Mensch-Welt-Verhältnisse vermittelt sind. In diesen wird Gott in Anbetracht der Schöpfung als Geborgenheit und Ungeborgenheit in Gott-Vater, in Anbetracht der Menschen als Menschensohn und in Anbetracht der Beziehungen zwischen Vater und Sohn als Hoffnung auf einen die Welt und die Menschen mit Gott verbindenden religiösen oder heiligen Geist erfahren.

Ungeachtet aller in monotheistischen Religionen angelegten fundamentalistischen Gefahren, scheint mir die bildungstheoretische Anschlussfähigkeit der

---

[2] Zum historischen Jesu und zur Frühgeschichte des Christentums siehe *E. Schillebeeckx*: Jesus: Die Geschichte eines Lebenden. Freiburg i.Br. 1975/1992.

[3] Ein eindrucksvolles Beispiel dafür, dass negative Erfahrungen auch im Bereich des Religiösen bildende Wirkungen entfalten können, ist die Erzählung von Zivi Kolitz: Jossel Rakovers Wendung zu Gott, hrsg. von P.P. Badde mit Zeichnungen von T. Ungerer. Zürich 1946/2004.

christlichen Trinitätslehre darin zu liegen, dass sie Menschwerdung und Offenbarung sowie Bildung und Religion in ein nicht-hierarchischen Verhältnis zueinander zu stellen erlaubt. Diesem zufolge sind die Menschen in religiöser Hinsicht ebenso auf eine Offenbarung Gottes angewiesen, wie der Gott sich nur dem Menschen als einem bildsamen Wesen offenbaren kann. Religiöse Praxis ist nicht als eine Praxis von Göttern zu verstehen, die nach allem, was wir über sie sagen, ohne Religion auskommen. Sie ist vielmehr eine Praxis, in der Menschen ihre eigene Endlichkeit reflektieren und eine „religiöse Musikalität" entwickeln können. Friedrich Schleiermacher, der evangelische Theologe und Mitbegründer der modernen Erziehungswissenschaft, hat diese Musikalität als ein zur *conditio humana* gehörendes Gefühl der schlechthinnigen Abhängigkeit beschrieben (siehe Schleiermacher 1821/1822, S. 23). Hierunter versteht er eine Abhängigkeit, die ungeachtet des Einwands Hegels, dass dann „der Hund der beste Christ" sei (Hegel 1822, S. 19), in Freiheit angenommen sowie denkend, handelnd und reflektierend ausgestaltet werden kann. Auf sie antworten die Religionen seit alters her mit Ursprungsmythen, Offenbarungen und Riten. Diese heben die genannte Abhängigkeit nicht auf, sondern legen sie in Praktiken einer Frömmigkeit aus, die nicht auf den Bereich des Religiösen begrenzt ist, sondern von diesem aus auf alle anderen Handlungsfelder ausgelegt werden kann.

2. Zur Unterscheidung fundamentalistischer und nichtfundamentalistischer Ausprägungen von Religion

Eine Praxis, die nur aus dem Gefühl der Endlichkeit und der Abhängigkeit des Endlichen angemessen ausgeübt werden kann, kann der Gefahr erliegen, sich selbst als Hüterin des Absoluten misszuverstehen und ihr Gefühl und dessen Begriff mit dem Absoluten gleichzusetzen, und von daher illegitime Ansprüche auf eine Bevormundung der anderen Bereiche menschlichen Denkens und Handelns anmelden. Will man Religion nicht schon wegen der von ihr thematisierten Abhängigkeit des Menschen vom Kosmos, von der Schöpfung und einem sich in der Geschichte offenbarenden Gott als ein durch sich selbst legitimiertes Denken und Handeln ansehen, so muss zwischen grundlegenden oder fundamentalen und fundamentalistischen Formen der Auslegung dieser Abhängigkeit unterschieden werden. Fundamentalistisch können solche Auslegungen genannt werden, die nicht zwischen dem Absoluten und seiner Deutung in Sprache, Symbol und Ritus unterscheiden. Solche Auslegungen sprechen historischen Formen des Religiösen eine absolute Geltung zu und entziehen ihre Interpretationen dem menschlichen Verstand. Sie überantworten diese dogmatischen Instanzen, welche diskursive Problematisierungen nach dem Dual rechtgläubig – häretisch entscheiden. Fundamental können in Abgrenzung hierzu solche Manifestationen des Religiösen genannt werden, welche die weder an Wissenschaft noch an Moral oder Politik delegierbare grundlegende Funktion von Religion, die Abhängigkeit des Menschen und der Welt zu reflektieren, im Horizont einer historischen Offenbarungsreligion zur Geltung zu bringen suchen.

Ein bis heute diskussionswürdiger Begriff für diese Unterscheidung findet sich in Schleiermachers „Reden über Religion". In diesen verankert Schleiermacher das Proprium des Religiösen weder bei der Metaphysik noch in der Wissenschaft und auch nicht in der Moral, sondern im Gefühl und in der Reflexion schlechthinniger Abhängigkeit. Hierzu führt er in der zweiten Rede aus: „Alles eigentliche Handeln soll moralisch sein und kann es auch, aber die religiösen Gefühle sollen wie eine heilige Musik alles Thun des Menschen begleiten; er soll alles mit Religion thun, nichts aus Religion. [...] Mit Ruhe soll der Mensch handeln, und was er unternehme, das geschehe mit Besonnenheit. Fraget den sittlichen Menschen, fraget den politischen, fraget den künstlerischen, alle werden sagen, dass dies ihre erste Vorschrift sei; aber Ruhe und Besonnenheit ist verloren, wenn der Mensch sich durch die heftigen und erschütternden Gefühle der Religion zum Handeln treiben läßt." (Schleiermacher 1799, S. 21ff.)

Dass alles Handeln moralisch sein soll, ist nicht im engeren Sinne moralisierend als Bevormundung der menschlichen Gesamttätigkeit durch irgendeine Wert- oder Prinzipienethik zu verstehen. Es besagt, dass das menschliche Handeln auf Traditionen und Entscheidungen beruht und Erfahrungen mit sich bringt, die reflektiert und ausgewertet werden müssen. Dies gilt grundsätzlich für jegliches Handeln, nicht nur die sittliche, politische und ästhetische Praxis, auf die Schleiermacher ausdrücklich hinweist, sondern auch für das ökonomische, pädagogische und religiöse Handeln. Schleiermachers „alles mit, nichts aus" betont in diesem Zusammenhang, dass jeder dieser Bereiche spezifische handlungslogische und institutionelle Ausprägungen aufweist, die nicht nur von einander unterschieden sind, sondern sich gegenseitig thematisieren können. So lassen sich z. B. religiöse Ordnungen politisch daraufhin befragen, ob in ihnen demokratische Grundsätze anerkannt werden, oder juristische Gesetze ethisch daraufhin prüfen, ob sie das Gewissen und die individuelle Moral staatlich normieren. So kann öffentliche Erziehung aus religiöser Sicht danach beurteilt werden, ob sie an der Tradierung von Religion mitwirkt und der nachwachsenden Generation ein reflexives Verständnis religiöser Texte, Rituale und Praktiken vermittelt.

In dem zuletzt angesprochenen Zusammenhang weist Schleiermachers „alles mit, nichts aus Religion" das fundamentalistische „alles aus Religion" als eine „unheilige Superstition", d.h. als einen Aberglauben zurück, der gegen die anthropologische und theologische Eigenlogik des Religiösen verstößt. Religiöse Praxis unterscheidet sich von den anderen Formen menschlichen Tuns dadurch, dass sich in ihr ein Bewusstsein der Endlichkeit artikuliert, das über das „Gefühl einer schlechthinnigen Abhängigkeit" vermittelt ist. In den „Reden" beschreibt Schleiermacher diese religiöse Abhängigkeit als Abhängigkeit vom „Universum", in seiner späteren Theologie legt er sie auch als Abhängigkeit der Welt und des Menschen von „Gott" aus (siehe Ehrhardt 2005). Das Gefühl einer solchen Abhängigkeit und die denkende und praktische Auseinandersetzung mit ihm weisen über die im engeren Sinne religiöse Koexistenzweise der Menschen hinaus und strahlen auch auf andere Handlungsfelder aus. In bildungstheoretischer Hinsicht ist von besonderer Bedeutung, dass Schleiermacher das „alles mit, nichts aus" nicht nur auf Religion, sondern auch auf alle anderen Handlungsfelder auslegt. Die Weite des Schleiermacherschen Begriffs des „alles mit, nichts aus" erlaubt es, diesen als ein Kriterium zur Abgrenzung fundmentaler von fundamentalistischen Auslegungen der Eigenlogiken menschlichen Handelns heranzuziehen.

So, wie für das Religiöse gelten soll, alles mit, nichts nur aus Religion zu tun, so soll für das Ökonomische, das Sittliche, das Pädagogische, das Ästhetische und das Politische gelten, dass auch in diesen Handlungsbereichen alles mit, nichts aber allein aus einem bestimmten Motivationshorizont heraus getan wird. Dass sich Religion im Sinne des „mit Religion" in alles einmischt und legitimer Weise einmischen kann, verlangt dann aber zugleich umgekehrt, dass auch Religion Einmischungen des Ökonomischen, Pädagogischen, Ethischen, Politischen und Ästhetischen in ihrem Bereich zulassen und dulden muss.[4] In diesem wechselseitigen Einmischen und Sich-Äußern sowie Zulassen und Dulden ist die über den Bereich des Religiösen im engeren Sinne und das Innenleben der Glaubensgemeinschaften hinausweisende öffentliche Funktion von Religion begründet.

Die Fruchtbarkeit der Schleiermacherschen Unterscheidung erweist sich nicht zuletzt an der Relevanz, die ihr für die Beurteilung theologischer und religionswissenschaftlicher Positionen und Kontroversen zukommt, z. B. bei der Deutung der Spannungen, die zwischen der Herausarbeitung der wenigen, auf den historischen Jesus zurückführbaren Äußerungen und den zahlreichen Äußerungen bestehen, die vom christlichen Religionsgründer in der Geschichte des Christentums überliefert werden. Ihre textkritische und sprachwissenschaftliche Analyse führt nicht nur zur Unterscheidung vorösterlicher und nachösterlicher Jesusbilder, sie wirft, wie E. Schillebeeckx (1975/1992) gezeigt hat, zugleich die Frage auf, welche in den Gründungstexten dem historischen Jesus zugeschriebenen Äußerungen und Taten tatsächlich auf diesen selbst zurückgehen und welche an die geschichtliche Transformation des vorösterlichen Juden Jesus in den nachösterlichen Christus zurückgebunden sind. Eine Glaubenspraxis, die sich mit solchen Unterscheidungen auseinandersetzt, sieht sich durch sie vor das Problem gestellt, nicht jede überlieferte Äußerung fundamentalistisch als unmittelbar authentisch ansehen zu können und nach einer Unterscheidung zwischen fundamentalen und fundamentalistischen Auslegungen der Jesus wie der Christus zuzuordnenden Aussagen zu suchen, die

---

[4] Zu den Grenzen der Vernunft und des Glaubens vgl. Habermas/Ratzinger 2005.

sich keineswegs unmittelbar aus der religionswissenschaftlichen Forschung ergibt. Es wäre völlig unangemessen, wenn man die vorösterlichen Aussagen fundamental, die nachösterlichen fundamentalistisch nennte, denn fundamentalistische Überzeugungen könnten ja auch vom historischen Jesus vertreten worden sein und nicht–fundamentalistische Reflexions- und Praxisformen finden sich nicht zuletzt in der Geschichte des Christentums selbst, welches diese Unterscheidung mit hervorgebracht hat.

Es ist daher konsequent, wenn sich der Theologe K. Berger in seiner Abhandlung „Jesus" dagegen wendet, die Wahrheit des christlichen Glaubens allein bei der Rekonstruktion des historischen Jesus zu suchen und die Geschichte des Christentums als Quelle der Offenbarung auszuscheiden bzw. „die nachösterliche Gemeinde dafür verantwortlich" zu machen, „dass aus Jesus eine Art Gott wurde". Zwischen dem historischen Jesus und dem nachösterlichen Christus und beider Fortwirken in der Geschichte des Christentums erkennt Berger mannigfaltige Verbindungen, die textkritisch allein nicht fassbar sind, sondern erst in den Blick treten, wenn die „Möglichkeit einer Horizontverschmelzung zwischen dem mystischen Horizont der Jesuszeit und der frühen Kirche auf der einen und dem mystischen Horizont heutiger Leser auf der anderen Seite als gegeben" und zulässig anerkannt wird (Berger 2004, S. 14f.).

Schillebeeckxs und Bergers Jesus-Abhandlungen unterscheiden sich nicht nur durch ihren Gegenstand, die Frage nach dem historischen Jesus bzw. die theologische Bearbeitung der Quellen aus der religiösen Glaubenspraxis heraus, sie lassen sich auch methodologisch voneinander abgrenzen. Schillebeeckx setzt auf eine textkritische und sprachwissenschaftliche sowie geschichtswissenschaftliche und soziologische Auslegung der frühesten Quellen und betont immer wieder, dass hierdurch zwar eine gewisse historische Klärung der Strukturen des Textes erreicht, nicht aber die Wahrhaftigkeit der Offenbarung und der Glaubenspraxis überprüft werden kann. Berger bekennt sich zu hermeneutischen Prämissen des von Gadamer „wirkungsgeschichtlich" genannten Bewusstseins, das religionswissenschaftlich weder methodisiert noch eingeholt werden kann und über das die Theologie an die Glaubenspraxis zurückgebunden ist. Die methodologischen und gegenstandsbezogenen Abgrenzungen beantworten damit die Frage, ob und wie zwischen „fundamentalen" und „fundamentalistischen" Formen des religiösen Denkens und Urteilens, Partizipierens und Handelns unterschieden werden kann, nicht unmittelbar. Sie sind aber für die Suche nach einer Antwort bedeutsam. Die Hermeneutik erinnert – zu Recht – daran, dass eine solche Unterscheidung nicht erst heute gefunden werden muss, sondern wirkungsgeschichtlich in der Tradition bereits angelegt und durch die Fragestruktur des menschlichen Denkens ausgewiesen ist. Die religionswissenschaftliche Forschung weist mit gleichem Recht darauf hin, dass zur Unterscheidung zwischen fundamentalen und fundamentalistischen Formen des Religiösen nicht nur die Wirkungsgeschichte, sondern auch die von der neuzeitlichen Wissenschaft ausgegangenen textkritischen Quellenanalysen und Brechungen von Geltungsansprüchen Wesentliches beigetragen haben.

Zwischen fundamentalen und fundamentalistischen Auffassungen von Religion zu unterscheiden, ist offenbar eine Aufgabe, die nicht ein für alle Mal gelöst werden kann, sondern sich im Sinne des von Schleiermacher aufgestellten Kriteriums eines „alles mit, nichts aus" stets von neuem mit Blick auf sich ändernde Problemlagen in den Wissenschaften und in den Handlungsbereichen und gesellschaftlichen Teilsystemen stellen lässt. Die Befassung mit ihr ist im Bereich des Religiösen eine ebenso unabschließbare Aufgabe wie in anderen Bereichen menschlicher Praxis. Auf die Bedeutung, die diesem Zusammenhang nicht zuletzt für die Beurteilung von Reformkonzepten im Bereich schulischer und öffentlicher Erziehung und in Fragen der Religionspolitik zukommt, hat der Tübinger Erziehungswissenschaftler, Religionspädagoge und Theologe Karl Ernst Nipkow in vielen seiner Abhandlungen hingewiesen.

3. Hinweise zur Unterscheidung zwischen fundamentalistischen und nicht-fundamentalistischen Ausprägungen von Religion bei K. E. Nipkow

In seiner frühen Studie „Bildung und Entfremdung" hat Nipkow (1977/2005) Bildung zum einen mit Wilhelm von Humboldt als freie Wechselwirkung von Mensch und Welt verstanden und zum anderen den Gedanken Hegels aufgegriffen, dass „Entfremdung" eine „Bedingung theoretischer Bildung" ist, die unweigerlich zu einer „Zerrissenheit" führt, die durch Wissenschaft nicht ohne weiteres geheilt und durch eine bloße Rückkehr in die durch Wissenschaft aufgeklärte Praxis nicht überwunden werden kann. Mit Blick auf die Unterscheidung zwischen den Wissensformen der religiösen Praxis, der theologischen Auslegung des Glaubens und der religionswissenschaftlichen Erforschung der Kontexte, in denen die Quellen des Glaubens entstanden und überliefert wurden, bedeutet dies, dass durch Theologie und Religionswissenschaft Zerrissenheit auch in die religiöse Praxis Einzug hält und fortan keine Glaubenspraxis mehr denkbar ist, die alle drei Wissensformen in sich bruchlos zusammenführt. Denn der aus dem Gefühl der Abhängigkeit gelebte Glaube ist ja kein verwissenschaftlichter Glaube, der seinen eigenen Ursprung wissenschaftlich einzuholen vermöchte, und ebenso wenig ein Glaube der Theologien, die ihrerseits vielmehr auf die Glaubenspraxis angewiesen und zurückbezogen sind, deren Denkformen ordnen, systematisieren und problematisieren, nicht aber neu erfinden oder aus theologischen Aussagesystemen ableiten können. Theologie und Religionswissenschaft können dazu beitragen, über fundamentalistische Formen der Glaubenspraxis aufzuklären und deren immanente Theologien bewusst und damit kritisierbar zu machen, nicht aber das für Religion konstitutive fundamentale Gefühl der schlechthinnigen Abhängigkeit auf eine wissenschaftliche Grundlage stellen.

Dies gilt nicht nur für die christliche Religion und die auf ihrem Boden entstandenen Theologien und Religionswissenschaften, sondern auch für alle anderen Religionen und hat Folgen für das, was unter interreligiösem Lernen verstanden werden kann. In seiner Studie „Das Eigene und das Fremde" hat Nipkow (2005) die auf Hegel zurückgehende These, dass Entfremdung Bedingung theoretischer Bildung ist, und Humboldts These von der Bildung als einer freien Wechselwirkung zwischen Mensch und Welt unter Heranziehung des Beutelsbacher Konsenses der Kultusministerkonferenz und des in diesem ausgesprochenen Überwältigungs- und Indoktrinationsverbots sowie Pluralitäts- und Kontroversitätsgebots auf den Dialog zwischen den Religionen ausgelegt. Soll die Religion der jeweils Anderen als fremde Religion erfahren und die je eigene Religion durch Konfrontation mit der Religion der Anderen verfremdet werden, so muss interreligiöse Erziehung den Horizont gemeinsamer religiöser Feiern überschreiten und in einer öffentlich organisierten Erziehung und Unterweisung den an theologische und religionswissenschaftliche Denkformen zurückgebundenen Durchgang durch jene Zerrissenheit wagen, die für alle theoretische Bildung charakteristisch ist. Mit Verweis auf Lévinas führt Nipkow aus, dass die Fähigkeit zur Verständigung jeweils aus „der Mitte" der am interreligiösen Dialog beteiligten „Religionen selbst erwachsen" muss. Als Grund führt er an, jede dieser Religionen habe „aus eigenen theologischen Gründen" – „jüdischen, christlichen und islamischen" – „zu zeigen, wie weit sie die ‚Andersheit des Anderen' (E. Lévinas) anerkennen" kann (Nipkow 2005, S. 344).

Für die Unterscheidung zwischen Fundamentalem und Fundamentalismus bedeutet dies, dass sie mehrfach sowohl auf Eigenes als auch auf Fremdes ausgelegt werden muss. Das spezifisch eigene Fundamentale des Judentums, des Christentums und des Islam wird im Umgang mit dem fremden Fundamentalen dann nicht in Fundamentalismus umschlagen, wenn auf Indoktrination und Überwältigung des einen durch das andere verzichtet und plurale Formen des Religiösen und Kontroversen zwischen diesen für zulässig und sinnvoll angesehen werden. Hierzu merkt Nipkow (1998) in seiner Studie „Christentum und Islam" an, dass ein interreligiöser Dialog auf christlicher Seite mit dem Islam erst möglich wird, wenn das Christentum Mohammed nicht länger als einen „falschen Propheten" einstuft und dies damit begründet, mit dem Christentum sei die Offenbarung abgeschlossen. Pluralismus kann im Bereich der Religion ebenso wenig wie in anderen Bereichen Beliebigkeit, auch nicht beliebige Kombinierbarkeit bedeuten, sondern setzt Unterschiede und Abgrenzungen voraus, die auch Grenzen dessen bestimmen, was z. B. eine Religion von einer anderen lernen kann. Mit den Formen pluraler Anerkennung ist jedenfalls unvereinbar, dass das Fundamentale einer bestimmten Religion an die Stelle des für fundamental Gehaltenen einer anderen bestimmten

Religion tritt. Es macht ebenso wenig Sinn, von den Muslimen die Anerkennung der christlichen Dreifaltigkeit zu fordern wie von Christen, in Jesus nur einen jüdischen Propheten zu sehen. Statt die Wahrheit eines fremden Fundamentalen an die Anerkennung des eigenen Fundamentalen zu binden, wird eine Anerkennung, die um das Fremde als das Eigene der anderen Religion weiß, dessen Anerkennung daran zurückbinden, dass auch diese das ihr Fremde als das Eigene einer anderen Religion toleriert.

Lernprozesse, in denen Religionen dieses von- und miteinander lernen, sind nicht ohne die Aufarbeitung der Fundamentalismen denkbar, die in der Vergangenheit den Umgang der Religionen miteinander bestimmt haben. Es kann nicht eine Religion stellvertretend für eine andere deren Fundamentalismen aufarbeiten. Wohl aber können von der Aufarbeitung des je eigenen Fundamentalismus wohltätige Wirkungen im Verhältnis der Religionen ausgehen, dies vor allem dann, wenn Kolonialisierungen, die im Namen einer bestimmten Religion stattgefunden haben, als solche rekonstruiert sowie öffentlich reflektiert und bedauert werden.

Nipkow zeigt, dass Schlussfolgerungen wie diese eine begrenzte theologische Akzeptanz auch vom Gedanken des „Geheimnisses des Glaubens" her finden können. Die Differenz zwischen Gott selbst und seiner Offenbarung in der Geschichte erleichtert es, verschiedene Formen des Fundamentalen zuzulassen und deren fundamentalistischen Hypostasierungen entgegenzuwirken (Nipkow 1998, S. 418ff.). Karl Ernst Nipkows Überlegungen treffen sich an dieser Stelle mit einem auf Karl Barth verweisenden Kommentar von Wolfgang Huber in „zeitzeichen" vom Februar 2008. Er lautet: „Ich kann nicht ausschließen, dass Gott auch andere Religionen dazu benutzt, um das Licht seiner Versöhnung leuchten zu lassen. In dem Maß, in dem ich das bemerke, kann ich nur Gott die Ehre und insoweit den anderen Religionen Recht geben." (Huber 2008)[5]

4. Zur Bedeutung der Unterscheidung zwischen fundamentalistischen und nicht-fundamentalistischen Ausprägungen von Religion für den Dialog mit dem Islam und im Islam

Vor einigen Wochen habe ich in Berlin in der Volksbühne an der Präsentation der „Hamburger Lektionen" teilgenommen, der Vorführung und Diskussion eines Films von Romuald Karmakar, in dem der Schauspieler Manfred Zapat-

---

[5] Zur Unterscheidung zwischen fundamentalen und fundamentalistischen siehe auch die Beispiel-Aufgabe aus dem DFG-Projekt KERK von S. 198 in diesem Band.

ka zwei ungekürzte Predigten des Hamburger Imam Mohammed Fazazi vorträgt: ruhig und gelassen und mit Untertiteln versehen. Die Untertitel des Films verweisen auf bestätigende Äußerungen des Publikums, aber auch auf ein gelegentliches – Zustimmung und Distanz zugleich anzeigendes – Lachen und zwei oder drei Mal auf nachfragende und reflektierende Reaktionen von Seiten der Zuhörer der Predigt in der Quds-Moschee am Steindamm, einer Moschee, in der die im Film rekonstruierten Predigten im Januar 2000 stattfanden, etwa 20 Monate vor dem 11. September 2001. Der Film ist ein Kunstwerk, das seine deutschsprachigen Zuschauer an einer bestimmten Variante der religiösen Welt und Praxis des Islam teilnehmen lässt. Gezeigt wird ein Prediger, der zu vorab eingereichten und später auch zu spontan geäußerten Fragen seines Publikums Stellung nimmt und dabei, auf eine eigentümliche Weise argumentierend und abwägend, mehr oder weniger präzise Anweisungen für eine rechtgläubige islamische Lebensführung erteilt. Die Anweisungen beziehen sich auf das Leben innerhalb der Gemeinde, aber auch auf den Umgang mit so genannten Ungläubigen, wie auch der Islam seine Heiden nennt. Die in unserem Zusammenhang zentrale Aussage des Imam lautet, der Islam mische sich in alles ein, in jede einzelne Handlung und deren Gesinnung und in alle Beziehungen zwischen den Menschen. Er gebe gültige Antworten auf alle Fragen der Lebensführung. Diese leite er mit wissenschaftlicher Gründlichkeit aus Zeugnissen ab, die unmittelbar auf die Lehre des Propheten und die ersten drei Generationen dieser Religion zurückgingen. Sie entstammten einer Zeit, in der die berufenen religiösen Führer ein fehlerfreies Leben geführt hätten (siehe Karmakar 2006/2007).

In den dargestellten Predigten beantwortet der Imam ganz konkrete Fragen. Dabei begründet er u. a.
- warum islamische Frauen zu Lande, zu Wasser und in der Luft nicht alleine reisen dürfen, außer in besonderen Notsituationen, wenn keine Begleitung möglich ist,
- warum islamische Männer in der Regel auch Europäerinnen nicht vergewaltigen sollten,
- und warum im Falle eines heiligen Krieges andere Regeln zu beachten sind und nur solche Abmachungen gelten, die sich auf die heiligen Texte des Islam gründen lassen.

In der zweiten Predigt trägt ein Hörer spontan und frei die Frage vor, ob nicht Vereinbarungen mit Nicht-Gläubigen auch dann anzuerkennen seien, wenn sie aus freien Stücken auf der Grundlage der Rechtsordnung eines nichtislamischen Landes – z. B. bei der Beantragung eines Visums – zustande gekommen sind. Die Antwort des Imam lautet: Verträge, die im Einvernehmen mit und „unter dem Schutz des Islam" stehen, seien einzuhalten, dies auch dann, wenn sie Ungläubige betreffen, Verträge hingegen, die nicht den Islam zur Grundlage haben, seien null und nichtig. Darum sei auch die deutsche Rechtsordnung für Gläubige des Islam nicht bindend.

Allzuständigkeit von Religion für Fragen der Lebensführung ist kein auf den Islam begrenzter, sondern auch ein in der christlichen Religion bekannter Sachverhalt. In seinen eigenen fundamentalistischen Phasen hat auch das Christentum Positionen eingenommen und nimmt sie heute noch zuweilen ein, die den Argumentationen der Hamburger Lektionen vergleichbar sind und die Radikalität des Islam zum Teil sogar noch überbieten. So beispielsweise
– wenn Christen nach dem Aufstieg ihrer Religion zur römischen Staatsreligion andere Religionen genau so zu bekämpfen begannen, wie sie zuvor verfolgt worden waren;
– wenn die Kirche Kreuzzüge als heilige Kriege gegen den Islam rechtfertigte,
– wenn so genannte Ketzer und Hexen bis in die Religionskriege der Neuzeit, angeblich um ihre Seelen dem Heil zuzuführen, im Namen des katholischen oder des protestantischen Glaubens gefoltert und verbrannt wurden,
– wenn – bis ins 19. Jahrhundert – die Qualität von Schriften und die Lebensführung von Menschen im Namen der heiligen katholischen Inquisition verurteilt und vermeintliches Fehlverhalten nicht nur mit dem Verbrennen von Büchern, sondern auch mit der Hinrichtung von Menschen bei öffentlichen Autodafés bestraft wurde,
– oder wenn protestantische Sekten fundamentalistische positive Normierungen der Moral aus der Religion abzuleiten suchten und bis heute – nicht nur in den USA – ableiten.
Fragt man nach Kriterien für eine Abgrenzung fundamentalistischer Formen des Religiösen von nicht–fundamentalistischen Formen, so findet man in den Evangelien zwei grundlegende Unterscheidungen. Sie haben die christliche Religion in besonderer Weise für bildende Beziehungen zu anderen Formen menschlichen Handelns empfänglich gemacht. Die eine Unterscheidung spricht der christliche Religionsstifter dort an, wo er auf die Frage, ob dem Staat Steuern zu zahlen seien, antwortet: „Gebt dem Kaiser, was des Kaisers ist, und Gott, was Gottes ist!" (Matthäus 22, 21) oder wo er vor Pilatus sagt: „Mein Reich ist nicht von dieser Welt." (Johannes 18, 36) Gleichwohl beten Christen zu Gott Vater: „Dein Reich komme. Dein Wille geschehe auf Erden wie im Himmel" (Matthäus, 6, 9-12; Lukas 11, 2). Aber die Bedeutung, die den so ausdifferenzierten Welten und Bezirken für die Lebensführung zukommt, kann im Christentum aufgrund der Unterscheidung zwischen der Welt Gottes und anderen Welten legitimerweise nicht mehr durch die Religion stellvertretend für die staatliche Gemeinschaft, das eigene Gewissen oder für Wirtschaft, Wissenschaft und Kunst festgelegt werden.
Die andere Unterscheidung hängt damit zusammen, dass das Christentum nicht nur eigene, sondern auch jüdische Texte als heilige Schrift anerkennt und auf den Kreuzestod Jesu nicht als Ereignis eines goldenen Zeitalters zurückblickt. Seine inzwischen zweitausendjährige Geschichte zeichnet sich dadurch aus, dass in dieser in Glaubenspraxis, Theologie und religionswissenschaftlicher Aufklärung immer wieder über die vernünftige Auslegung und

das richtige Verständnis des christlichen Glaubens gestritten worden ist. Auf Reinheit im Sinne einer vollendeten und abgeschlossenen Offenbarung kann das Christentum ungeachtet seines an Jesus Christus ausgerichteten Maßstabs schon allein wegen seiner älteren Schwester, der jüdischen Religion und deren Theologie, keinen exklusiven Anspruch erheben. Zu seinen Traditionen und zu seiner Wirkungsgeschichte gehört, dass es von der Antike an immer wieder durch außerchristliche Quellen beeinflusst worden ist und dass in seiner Geschichte keine allumfassende Orthodoxie dauerhaft einen legitimen Sieg erringen konnte. Darum gehören zum Christentum Konfessionen und Kirchen, die untereinander nicht nur durch gemeinsame Texte verbunden, sondern auch durch deren konkurrierende Auslegung unterschieden sind. Sie haben vor und nach der Reformation eine Vielzahl von Theologien und Glaubenspraktiken hervorgebracht, die heute das Gespräch miteinander suchen. In bildungstheoretischer Sicht ist zu wünschen, dass das Christentum seine Identität in der Vielheit seiner Ausprägungen erkennt und zu den nicht-christlichen Religionen in Beziehungen tritt, in denen die Andersheit der Gottesverehrungen – ganz im Sinne von Schleiermachers Dialektik zwischen empirischer und wahrer Kirche – kultivierend und bildend auf jede von ihnen zurückwirken kann. Ein solcher Umgang des Christentums mit dem Islam könnte dessen nicht–fundamentalistische Traditionen stärken, und dies um so mehr, je deutlicher das Christentum den eigenen Fundamentalismus in sich selbst offenlegt, erinnert und reflektiert und nicht stellvertretend für eine solche Aufarbeitung der eigenen Geschichte die heute weltweit sichtbaren Fundamentalismen des Islam – unter Vernachlässigung dessen eigener liberaler Traditionen – brandmarkt.

RELIGIONSUNTERRICHT
ALS ORT DER PÄDAGOGIK UND ORT DER THEOLOGIE[1]

Der Topos „Religionsunterricht als Ort der Theologie" hat eine bis in die mittelalterliche Theologie zurückreichende Tradition. Worin diese besteht und welche Bedeutung ihr heute zukommt, ist ein Forschungsgegenstand, den katholische Theologen an den Universitäten Bochum, Dortmund und Duisburg/Essen in einer gemeinsamen Forschergruppe untersuchen. Zu seiner Klärung kann ich wenig beitragen. Das mir zugewiesene Thema lautet: „Religionsunterricht als Ort der Pädagogik". Meine Vermutung ist, dass beide Themen in einem Zusammenhang stehen, der für Theologie und Erziehungswissenschaft gleichermaßen bedeutsam ist, aus theologischer und erziehungswissenschaftlicher Perspektive jedoch unterschiedlich thematisiert werden kann. Ich werde mich daher mit dem Religionsunterricht als Ort der Pädagogik befassen und aus dieser Perspektive dann dem Thema „Religionsunterricht als Ort der Theologie" nähern.

Die folgenden Überlegungen gliedern sich in Ausführungen zum Verhältnis von Erfahrung, Lernen, Lehren und Unterricht, in Hinweise zum heute problematischen Verhältnis von Erfahrung, Lernen, Glaube und Theologie, in Thesen über Schule und Unterricht als Ort der Pädagogik, in Überlegungen zum Religionsunterricht als gemeinsamem Ort von Pädagogik und Theologie und in einen Ausblick auf Forschungsfragen aus einem interdisziplinären Projekt, die nur gemeinsam von Allgemeiner Pädagogik, Religionspädagogik, Theologie und empirischer Bildungsforschung bearbeitet werden können.

1. Zum Verhältnis von Erfahrung, Lernen, Lehren und Unterricht

Aus erziehungswissenschaftlicher Sicht verweist der Zusammenhang zwischen Religionsunterricht als Ort der Pädagogik und Religionsunterricht als

---

[1] Der Beitrag geht auf einen Vortrag über „Religionsunterricht als Ort der Pädagogik" zurück, der im Rahmen des 2009 an der Ruhr-Universität-Bochum veranstalteten Symposions „Religionsunterricht als Ort der Theologie" gehalten wurde. Er ist in dem von N. Mette und M. Sellmann hrsg. gleichnamigen Band in den Quaestiones Disputatae Nr. 247, S. 362-383, erschienen. Der für den Abdruck in diesem Band gewählte Titel will unterstreichen, dass die Legitimität eines öffentlichen Religionsunterrichts davon abhängt, dass Religionsunterricht gleichzeitig ein Ort der Pädagogik und der Theologie ist.

Ort der Theologie auf die elementare Tatsache, dass alles, was der Erfahrung zugänglich gemacht werden kann, lernbar sein oder werden muss, und dass alles, was lernbar ist, aber nicht unmittelbar aus Erfahrung gelernt wird, vermittelt über lehrende und unterrichtliche Einwirkungen angeeignet werden muss. Lehren und Unterrichten zielen darauf, ein zu Lernendes begreifbar und verstehbar zu machen, das nicht unmittelbar durch Erfahrung angeeignet werden kann.

Die angedeuteten Zusammenhänge gelten auch für Glaube und Theologie. Dabei ist der Glaube – zumindest anfänglich – eher den über Erfahrung vermittelten, die Theologie stärker den über Unterricht vermittelten Gegenständen zuzuordnen. Beide zeichnen sich wie andere Sachverhalte, die durch Erfahrung und Unterricht angeeignet werden, dadurch aus, dass es ebenso wenig eine angeborene Religion wie eine angeborene Muttersprache gibt. Die Evolution hat bei Menschen wenig und von dem Wenigen insbesondere das Lernen-Können und Lernen-Müssen auf Dauer gestellt. Vererbt wird nicht das Gelernte und lernend Erworbene, sondern die Fähigkeit zu lernen, für die Rousseau wegen ihrer Ambivalenz den Begriff perfectibilité erfand und die Herbart, Humboldt und Schleiermacher wegen ihrer Unbestimmtheit Bildsamkeit nannten. Hiermit hängt zusammen, dass das Lernen nicht ein zu den anderen anthropologischen Sachverhalten hinzutretender Tatbestand, sondern ein schlechterdings grundlegender Sachverhalt ist. Mit Blick auf religiöse Phänomene habe ich dies einmal auf die Formel gebracht, „dass nur einem bildsamen Wesen ein Gott sich offenbaren kann" (Benner 2004, S 25).

Was mit Hilfe von Erziehung durch Erfahrung gelernt und unter dem Einfluss eines diese ergänzenden und erweiternden Unterrichts tradiert wird, folgt niemals unmittelbar aus der zu erlernenden und zu tradierenden Sache, sondern ist auf eine sich in sozialisatorischen Erfahrungen vollziehende und durch Unterricht zu vertiefende und erweiternde Bearbeitung angewiesen. Damit etwas durch Unterricht und eine an diesen anschließende Einführung in gesellschaftliche Handlungsfelder erlernt und tradiert werden kann, muss das, was tradiert werden soll, einer pädagogischen Transformation unterzogen werden. Diese macht aus einem den Erwachsenen meist schon bekannten Tatbestand einen für Kinder noch unbekannten Sachverhalt. Pädagogische Transformationen suchen das zu Transformierende an die Lernfähigkeit der Heranwachsenden anschlussfähig zu machen, indem sie es in einen für Lernende erfahrbaren, ihrem Denken ausgesetzten sowie Mitwirkungs- oder Partizipationsmöglichkeiten eröffnenden Sachverhalt überführen (vgl. Benner 2010, S. 103ff., S. 146ff., S. 308ff.). Etwas in diesem Sinne erfahrbar, beurteilbar und partizipierbar zu machen, bedeutet
- erstens, bildende Wechselwirkungen zwischen der Lernfähigkeit von Lernenden und der Bildung einer für sie neuen Welt zu arrangieren,
- zweitens, diese Wechselwirkungen so zu arrangieren, dass die Lernenden rezeptiv und aktiv zu Selbst- und Welterfahrungen aufgefordert werden, die spannungsreich durchlaufen werden,

- drittens, Transformationen zu arrangieren, in denen die anzueignende Sache zu einer Herausforderung für Lernende wird, sowie
- viertens, darauf zu achten, dass Lernen, Erziehung und Unterricht auf der einen und das zu Lernende, Anzueignende und zu Vermittelnde auf der anderen Seite zueinander in eine nicht-hierarchische Beziehung treten.

In welt- und selbstbildenden Lernprozessen normieren Erfahrung, Lernen und Lehren weder das jeweils Anzueignende noch dieses den Bildungsprozess. Das Anzueignende gibt es ja bereits vor der Erfahrung und vor dem Unterricht. Es teilt sich den Heranwachsenden nicht selbständig mit, sondern muss von diesen als Gegenstand von Erfahrung und Unterricht angeeignet werden. Für die Frage, ob und wie Religionsunterricht ein Ort der Theologie und ein Ort der Pädagogik sein kann, bedeutet dies: Aus dem, was Religionsunterricht als Ort der Theologie ist, folgt nicht, was er als Ort der Pädagogik sein kann. Zugleich gilt aber auch das Umgekehrte: aus dem, was Religionsunterricht als Ort der Pädagogik ist, lässt sich nicht ableiten, was er als Ort der Theologie ist. Wohl aber ist Religionsunterricht nur möglich, wenn in ihm Religion und Theologie einen ganz bestimmten Ort haben und er zugleich ein Ort der Pädagogik und der Theologie ist.

2. Zum problematischen Verhältnis von Erfahrung, Lernen, Glaube und Theologie

Auf den ersten Blick scheinen die bisherigen Ausführungen nahezulegen, dass die Beziehungen zwischen Erziehung, Religion und Unterricht sowie Pädagogik und Theologie ganz und gar unproblematisch sind. Die tiefer gehende Bedeutung der eingangs entfalteten Problemexposition könnte jedoch in der Einsicht liegen, dass die angesprochenen Zusammenhänge von Erfahrung, Lernen, Lehren und Unterrichten heute nicht mehr ausreichen, um Religionsunterricht zu konzeptualisieren, zu arrangieren und zu evaluieren. Was den Glauben und seine theologischen Auslegungen betrifft, hat der Religionsunterricht seine Selbstverständlichkeit längst verloren. Religionsunterricht ist nicht nur unter denen umstritten, die für ihn eintreten, sondern auch unter denen, die ihn außerhalb der öffentlichen und gemeinsamen Erziehung ansiedeln wollen. Jenseits des Streits zwischen den verschiedenen Interessengruppen lassen sich durchaus rationale Gründe anführen, die gegen die Institutionalisierung eines öffentlich zu erteilenden Religionsunterrichts in Schulen sprechen (siehe hierzu Ziebertz 2006).

Einer dieser Gründe lautet, öffentliche Erziehung dürfe nicht alles vermitteln, was durch Unterricht vermittelt werden kann, sondern müsse sich auf das Elementare, Grundlegende und Weiterführende konzentrieren, das für die individuelle Entwicklung der Heranwachsenden und ihre Fähigkeit, am öffentlichen Leben teilzunehmen, bedeutsam ist. Einem anderen Grund zufolge kann öffentliche Erziehung nicht als ein Ort konzipiert werden, an dem Religion sich in alles fundamentalistisch einmischt und jeden Widerstreit zwischen religiösen und anderen Geltungsansprüchen leugnet oder die Thematisierung solcher Widersprüche als Relativismus geißelt und für sich einen Primat gegenüber ökonomischen, moralischen, politischen, pädagogischen und ästhetischen Sachverhalten beansprucht.

Zu den Fragen, ob und wie Religionsunterricht als Ort der Pädagogik und als Ort der Theologie zu konzipieren ist, tritt damit eine dritte Frage hinzu. Sie lautet: Soll Religionsunterricht überhaupt noch an öffentlichen und allgemeinbildenden Schulen institutionalisiert werden? Der allgemeine Zusammenhang von Erfahrung, Lernen und Lehren gilt ja für alles, was durch Schulen tradiert und im Unterricht vermittelt wird. Gerade weil er für alles gilt, kann aus ihm nicht abgeleitet werden, welche Lernbereiche sich als grundlegende Unterrichtsfächer legitimieren lassen und welche nicht. Der Streit über den Religionsunterricht ist heute kein Streit darüber, ob Religionen einer Tradierung durch Unterricht bedürfen. Strittig ist vielmehr, ob Religion außerhalb der Praxis der Glaubensgemeinschaften in schulischen Formen des Lernens und Lehrens tradiert und zum Kernbestand einer durch öffentliche Erziehung und Unterweisung abzusichernden grundlegenden und gemeinsamen Bildung gerechnet werden soll.

Diejenigen, die gegen den Religionsunterricht sind, sind gegen eine Tradierung des Religiösen im Rahmen öffentlicher und gemeinsamer Erziehung. Sie vertreten die zunehmend an Selbstverständlichkeit gewinnende Auffassung, Religion gehöre zu jenen Sachverhalten, deren Tradierung eingestellt werden kann, wenn sie nicht mehr von selbst gelingt. In gewissem Sinne gilt das auch für die Theologie als Gegenstand und Sachverhalt gemeinsamer öffentlicher Erziehung. Sie mag für die Ausbildung bestimmter Berufsgruppen unentbehrlich sein, im Kanon öffentlicher Erziehung und Unterweisung hat sie dann keinen notwendigen Platz, wenn das Religiöse nicht mehr zum Kernbestand schulischer Erziehung gerechnet wird. Theologische Grundkenntnisse und Deutungsmuster in zunehmend religionslos werdenden modernen Gesellschaften durch schulischen Unterricht vermitteln zu wollen, muss aus der Sicht derer, die den Religionsunterricht ablehnen, als ein Unterfangen erscheinen, das demjenigen vergleichbar ist, Menschen, die im Hochgebirge leben, wo es weder Meere, noch Seen oder Flüsse, sondern allenfalls Rinnsale gibt, nicht etwa das Schwimmen, das sich nirgends von selbst tradiert, sondern eine Lehre von den Techniken und Praktiken des Schwimmens beibringen zu wollen. Theologie ohne Glauben macht ebenso wenig Sinn wie Schwimmtechnologien ohne Wasser. Zwar gilt immer noch Schleiermachers Satz, dass die Praxis überall älter ist als die Theorie, der Glaube also älter ist als die Theologie. Aus diesem Satz folgt aber nicht mehr, dass die ältere Praxis aus sich heraus Bestand hat und in den Lebensgemeinschaften, wie Schleiermacher noch annahm, als ein gesicherter Sachverhalt quasi von selbst tradiert wird. Schleiermacher konnte einen öffentlichen Religionsunterricht noch mit Verweis auf die Selbsterhaltung der Religion in den Glaubensgemeinschaften für in mancherlei Hinsicht entbehrlich halten und ihm für die Tradierung des Glaubens allenfalls eine erweiternde, keineswegs eine begründende Funktion zuerkennen. Wir Heutigen können hieran nicht mehr bruchlos anschließen, denn der Glaube ist als Voraussetzung theologischen Nachdenkens im Schulunterricht keineswegs mehr gesichert, sondern vielerorts bereits seit mehreren Generationen abhanden gekommen.

Damit ist eine Ausgangssituation eingeholt, die heute immer öfter gegeben ist. Von ihr müssen Diskurse über die Legitimität oder Illegitimität öffentlicher religiöser Unterweisung ausgehen und auf sie Bezug nehmen. Daran, dass Religion zunehmend auf eine unterrichtliche Vermittlung angewiesen ist, kann kein Zweifel bestehen, auch daran nicht, dass Theologie wie andere Formen reflexiver Erfahrung und reflektierenden Wissens einer unterrichtlichen Tradierung bedarf. Aber es besteht ein zunehmend allgemeiner werdender Zweifel daran, ob das Religiöse überhaupt zu den durch schulischen Unterricht im Rahmen öffentlicher Erziehung zu vermittelnden Grundsachverhalten gehört. Solange sich Religion im Leben der Glaubensgemeinschaften von selbst tradierte, konnte ihre Überlieferung durch einen schulischen Unterricht begleitet werden, der religiöse Sozialisation nicht ersetzte, sondern ergänzte. Seit sich Religion jedoch nicht mehr von selbst tradiert, melden sich verstärkt Positionen zu Wort, die auf eine unterrichtliche Vermittlung und Thematisierung religiöser Erfahrungen verzichten und die Zukunft der Religion dem Leben selbst überlassen wollen. Diese Positionen gilt es ernst zu nehmen, denn sie haben einen rationalen Kern. Wo nämlich grundlegende Erfahrungen nicht mehr gemacht werden, macht auch Unterricht keinen Sinn. Dieser muss an Vorerfahrungen anknüpfen, um erfahrungserweiternd wirksam werden zu können. Alphabetisierung ist nur möglich, wenn eine Muttersprache als gesprochene Sprache beherrscht wird, Fremdsprachenunterricht kann nur gelingen, wenn eine Muttersprache bereits erworben ist, an die er als Einführung in Fremdes anknüpfen kann. Wenn sich aber das Religiöse im Zusammenleben der Menschen gar nicht mehr von selbst erhält, kann es auch durch Unterricht nicht erweitert und innovatorisch tradiert werden.

Religion und Theologie sind damit auf schulische Vermittlung angewiesen. Zugleich aber ist zu beobachten, dass schulischer Unterricht immer seltener an lebendige religiöse Erfahrungen in Familien und Religionsgemeinschaften anschließen kann. Religion und Theologie sehen sich zunehmend mit dem Problem konfrontiert, aus dem Kreis der durch schulischen Unterricht zu vermittelnden Gegenstände ausgegrenzt zu werden, weil Unterricht religiöse Erfahrungen aus eigener Kraft nicht ersetzen und fehlende Erfahrungen nicht ohne Weiteres durch schulische Lehr-Lernprozesse kompensieren kann.

Dass Religion und Theologie auf eine schulische Vermittlung angewiesen sind, kann zu widerstreitenden Entwicklungstendenzen in Beziehung gesetzt werden, z. B. dazu, dass Eltern, die selber keiner Religionsgemeinschaft mehr angehören, ihre Kinder vom Religionsunterricht abmelden oder gar nicht erst zu diesem anmelden, oder dazu, dass Heranwachsende Freistunden Religionsunterricht vorziehen, weil sie in Religion nur mehr ein überflüssiges Fach erkennen, aber auch dazu, dass der moderne Staat sich zunehmend als ein in religiöser Hinsicht neutraler Staat versteht, der Religion nicht mehr zu seinen Grundlagen rechnet.

Es wäre voreilig, die Aufzählung der Gründe hier schon zu beenden. Vielmehr haben auch die Religionsgemeinschaften mit zum Niedergang und Bedeutungsverlust des Religionsunterrichts beigetragen. Eine Religion wie die katholische, die den Bereich der Sexualität weitgehend auf Ehe und Kinderzeugung verkürzt, Homosexualität pauschal als krankhafte Fehlorientierung brandmarkt und Frauen den Zutritt zu kirchlichen Ämtern verwehrt, vertritt Wertvorstellungen und Normen, die in Widerspruch zu in modernen Gesellschaften allgemein anerkannten moralischen und demokratischen Überzeugungen stehen (siehe kritisch hierzu diesbezügliche Beschlussfassungen der Evangelischen Kirche Berlin-Brandenburg 2002, S. 177-184). Eine solche Religion kann sich heute einer diskutierenden Öffentlichkeit nicht mehr überzeugend als Sachwalterin von Aufklärung, Moral und Vernunft anbieten. Fundamentalistische Regeln, die Geschiedene und Wiederverheiratete von bestimmten Formen des Gemeindelebens ausschließen und ehemündige Kleriker und Laien in bestimmten Professionen – von den Kindergärten bis zu den Theologischen Fakultäten – mit Berufsverboten belegen, zerstören die Glaubwürdigkeit dieser Religion nicht nur in Fragen der religiösen Lebensführung, sondern auch in den Bereichen von Erziehung, Wissenschaft und Moral.

Von daher ist nachvollziehbar, dass sich die Berliner, als sie sich kürzlich in einem von den Religionsgemeinschaften der christlichen Kirchen angestrengten Volksbegehren vor die Wahl gestellt sahen, die Einrichtung eines obligatorischen Unterrichtsfachs Religion und die Abschaffung des gerade etablierten gemeinsamen Ethikunterrichts gut zu heißen, mehrheitlich für die Beibehaltung des Ethikunterrichts aussprachen. Sie verteidigten damit das Unterrichtsfach Ethik als Ort von Pädagogik und Philosophie gegen die Einführung eines Ethik und Religion in sich vereinigenden Religionsunterrichts. Ich will an dieser Stelle nicht verschweigen, dass mich das Berliner Volksbegehren in eine widersprüchliche Situation zwang. Ich stimmte für „pro reli", weil ich für Religion als wählbares ordentliches Unterrichtsfach eintreten wollte, und konnte hierfür doch nur eintreten, weil ich sicher war, dass die Regierung und der Senat von Berlin das gemeinsame Unterrichtsfach Ethik nicht zur Disposition stellen würden. Aus religionspolitischer Sicht war der Antrag von „pro reli", Religion als wählbares ordentliches Unterrichtsfach zu etablieren, für mich zustimmungsfähig, aus moralpolitischer Sicht aber gleichzeitig antiaufklärerisch und ignorant: ignorant gegenüber dem Sinn und der Notwendigkeit, an einem gemeinsamen Lernbereich Ethik gerade dann festzuhalten, wenn öffentlicher Religionsunterricht in den unterschiedlichen Religionen und Konfessionen gestärkt werden soll, antiaufklärerisch, weil unter modernen Bedingungen das Ethische nicht einseitig religiös – und auch nicht theologisch – bevormundet werden darf. – Ich erspare mir an dieser Stelle die Begründung und verweise nur darauf, dass bereits Schleiermacher entsprechende Versuche in seinen „Reden über Religion" mit guten Gründen als „unheilige Superstitution" und einen nicht länger hinzunehmenden Irrglauben zurückgewiesen hat (Schleiermacher 1799, S. 87; vgl. auch von Hentig 2009).

Mit dieser Exposition bin ich beim eigentlichen Thema und bei der Frage angekommen, zu deren Klärung mein Vortrag einen Beitrag zu leisten versucht. Die Frage lautet: Kann Religionsunterricht heute als ein Ort der Pädagogik und ein Lernbereich an öffentlichen Schulen legitimiert werden, in dem Theologie, nicht aber Ethik, eine zentrale Stellung einnimmt?

3. Schule und Unterricht als Ort der Pädagogik

Nicht nur Religion und Religionsunterricht, auch Schule und Schulunterricht sind umstritten. So gibt es selbst unter religiösen Menschen nicht wenige, die die Praktizierung von Glaube und Religion angemessen nur mehr „extra ecclesiam" für möglich halten. Und unter den Kritikern der Institution Schule plädieren nicht nur naive Antipädagogen, die keinen Begriff von der Notwendigkeit schulisch institutionalisierter Lehr-Lernprozesse haben, für eine Entschulung der Gesellschaft, sondern fragen sich auch ernst zu nehmende Wissenschaftler, ob und wie „Bildung trotz Schule?" möglich und denkbar ist (Fischer 1975).

Die Möglichkeiten der modernen Schule lassen sich erst angemessen bestimmen, wenn diese ohne Überdehnung und Unterbietung ihrer Aufgaben bestimmt werden (vgl. hierzu Koch 2004; Tenorth 2004; Benner 2005). Die Schule kann kein Ort allgemeiner Menschenbildung in dem Sinne sein, in dem dies ein reiches und mannigfaltiges Leben ist. Vorstellungen, die der Schule die Aufgabe zuweisen, Funktionen zu übernehmen, die dem Leben selbst vorbehalten sind, überdehnen die Möglichkeiten schulischer Erziehung und Unterweisung. Auch kann die Schule kein Ort einer umfassenden beruflichen Bildung sein, an dem Heranwachsende diejenige Profession erlernen, in der sie künftig der arbeitsteiligen Gesellschaft angehören. Sie muss vielmehr als ein Ort verstanden werden, an dem eine elementare und weiterführende Bildung vermittelt wird, die sich auf grundlegende Kenntnisse sowie auf domänenspezifische Urteils- und bereichsspezifische Partizipationskompetenzen bezieht, die in den Familien und in der Gesellschaft selbst ohne schulisch institutionalisierte Formen des Lernens und Lehrens nicht angeeignet und tradiert werden könnten.

Was die unterrichtlich vermittelten Lehr-Lernprozesse betrifft, lassen sich in systematischer Hinsicht insgesamt vier Stufen unterscheiden, von denen die erste nicht schulisch, die drei anderen dagegen notwendig in Schulen auszugestalten sind. Die zeitliche Ordnung eines erziehenden und bildenden Unterricht ist dadurch charakterisiert, dass diese Stufen so aufeinander folgen, dass jede in den folgenden wirksam bleibt und alle untereinander durch Blickwechsel verbunden sind, die für die Aneignung der stufenspezifischen Inhalte und Kompetenzen konstitutiv sind (vgl. zum Folgenden Benner 2010, S. 284f.).

Zeitliche Ordnung des erziehenden und bildenden Unterrichts

Stufe	Inhalte	Aufgaben	Blickwechsel
I Basisstufe des Lernens	Bildung der Sinne, Entwicklung elementarer Kommunikationsformen, einschließlich derjenigen der Muttersprache	Verknüpfung von sinnlicher, sprachlicher und interaktiver Weltaneignung und Kommunikation	Blickwechsel zwischen den Sinnen, zwischen Rezeptivität und Spontaneität sowie Selbst und Welt
II Elementarstufe des Schulunterrichts	Lesen, Schreiben, Rechnen, Zeichnen, Sachkunde, Kunst und Musik, Literatur einschließlich religiöser Texte, Sport (u. a. Gebärde, Tanz, Spiel)	Lernen, mit Weltinhalten und Mitmenschen im Medium der Schrift umzugehen	Blickwechsel von gesprochener Sprache und zwischenmenschlicher Interaktion zu Schriftsprache und schriftlicher Kommunikation
III Schulstufe der über Wissenschaft vermittelten Weltkunden	Mutter- und Fremdsprache, Mathematik und Naturkunde, Erd-, Sozial- und Geschichtskunde, Kunst und Religion	Aneignung elementarer, an die Beherrschung der Schriftsprache gebundener, ohne Schule nicht tradierbarer Kulturbereiche	Erweiterung des Erfahrungslernens und umgänglicher Lernformen um solche jenseits der Einheit von Leben und Lernen
IV Schulstufe der wissenschaftspopädeutischen Wissensformen	Einführung in elementare Wissenschaftsbereiche und Handlungsfelder: Arbeit, Recht, Politik, Erziehung, Kunst und Religion	Ausdifferenzierung lebensweltlicher, szientischer, hermeneutischer, ideologie- und transzendentalkritischer sowie handlungstheoretischer Denk- und Reflexionsformen	Übergang von alltäglichen in szientische und von diesen in ausdifferenzierte praktische Weltverhältnisse und Reflexionsformen

Die früheste Form eines erziehenden und bildenden Unterrichts stellt der Erwerb der Muttersprache im Zusammenleben des Kleinkinds mit seinen erwachsenen Bezugspersonen dar. Welterfahrung und zwischenmenschlicher

Umgang sind hier in allen thematischen Feldern von der Bildung und Entwicklung der Sinne über elementare moralische bis hin zu religiös ausdeutbaren Erfahrungen untrennbar durch die doppelte Leistung der Sprache verbunden, die zwischen Mensch und Welt sowie zwischen den Menschen vermittelt. Werden beispielsweise in der Zeit des Spracherwerbs von den Erwachsenen die bildsame Rezeptivität und Spontaneität des Kleinkinds nicht anerkannt, sondern durch eine normative und konditionierende Fremdbestimmung missachtet, so wird hierdurch stets zugleich die Entwicklung von Urteilskompetenz erschwert. Die theoretische Urteilskompetenz, sprachlich Welt zu erfahren, und die praktische Urteilskompetenz, selbst zu denken und mit anderen zu sprechen, können auf der ersten Stufe nur zugleich erlernt werden, und das Erlernen der einen ist stets vermittelt über das Erlernen der anderen.

Diese Einheit in der Aneignung theoretischer und praktischer Kompetenzen zerbricht, sobald Kinder auf einer zweiten Stufe im schulisch institutionalisierten Elementarunterricht beginnen, sich die Sprache auch in Schriftform anzueignen. Die theoretische Urteilskompetenz, lesen und schreiben zu können, schließt im Unterschied zum Spracherwerb die praktische Urteilskompetenz, lesend und schreibend miteinander umzugehen, nicht notwendig ein. Kommt in der Grundschule beispielsweise die Sprache in Schriftform nur an der Tafel, im Schulbuch oder Schulheft, nicht aber als Mittel und Medium sprachlicher Interaktion vor, so entsteht die Gefahr, dass sich das Erlernen der Schrift auf den Horizont der Aneignung einer Elementartechnik verengt und die praktische Urteilskompetenz, lesend und schreibend Welt zu erfassen und miteinander umzugehen, vernachlässigt wird. Darum verlangt gerade die Koordination von theoretischer und praktischer Urteilskompetenz im Elementarunterricht besondere Sorge und Aufmerksamkeit. Sie vollzieht sich im Unterschied zum Spracherwerb nicht von selbst, sondern verlangt, dass sich die Lernenden die Schrift als Weltinhalt in Verbindung mit einem reflektierten Selbstverhältnis zur Schrift aneignen. Dieses erschöpft sich nicht darin, vorgegebene Wörter und Texte richtig schreiben und lesen zu können, sondern schließt die produktive Freiheit ein, eigene Texte zu verfassen und niederzuschreiben, sprachlich fixierte Texte frei vorzutragen und auch metaphorisch argumentierende Texte kommunizieren zu können. Das alles gilt auch für den Umgang mit heiligen Texten, religiösen Erzählungen und Ritualen, die künstlich – z. B. durch unterrichtliche Inszenierungen religiöser Kommunikations- und Interaktionssituationen – eingeführt werden müssen. Analoge Abstimmungsprobleme zwischen Urteils- und Partizipationskompetenz lassen sich auch für andere Lernbereiche der Grundschule und für die Unterrichtsfächer der weiterführenden Schulstufen nachweisen. So schließt die theoretische Kompetenz, mathematisch richtig zu teilen, nicht automatisch die praktische Urteilskompetenz des miteinander Teilens ein. Ein selbstreflexiver Mathematikunterricht wird daher Gerechtigkeitsprobleme nicht auf Probleme des formalrichtigen Dividierens reduzieren, sondern als solche thematisieren und reflektieren.

Eine dritte Stufe in der Entwicklung und Koordination von theoretischer und praktischer Urteilskompetenz wird erreicht, wenn Unterricht nicht nur in eine Beherrschung von Elementartechniken einführt, die sich in Welterfahrung und zwischenmenschlichem Umgang bewährt, sondern darüber hinaus Kenntnisse und Fertigkeiten behandelt, die nicht unmittelbar der Erfahrung entstammen, sondern über wissenschaftliche Denk- und Arbeitsformen vermittelt sind. Auf seiner dritten Stufe ergänzt erziehender und bildender Unterricht Erfahrung und zwischenmenschlichen Umgang, indem er die muttersprachlichen um fremdsprachliche Kompetenzen erweitert und vom Rechnen zu Algebra und Geometrie und von der Sachkunde zur Natur- und Sozialkunde sowie zu Geschichte, Kunst und Religion überleitet. Für den Unterricht dieser Stufe ist charakteristisch, dass der Sinn des Gelernten nicht mehr – wie im Erlernen der Muttersprache – auf eine unmittelbare und auch nicht – wie beim Schriftspracherwerb – auf eine mittelbare Verbindung von theoretischer und praktischer Urteilskompetenz gegründet ist. Die Inbeziehungsetzung von theoretischen und praktischen Kompetenzen muss auf der dritten Stufe vielmehr eigens thematisiert werden. Sie vollzieht sich nicht mehr in den einfachen Formen von Welterfahrung und zwischenmenschlichem Umgang, sondern jenseits der Einheit von Leben und Lernen.

Auf der vierten Stufe des erziehenden und bildenden Unterrichts werden die Horizonte der über Wissenschaft vermittelten Kunden überschritten und die Anfangsgründe der Wissenschaften erarbeitet und thematisiert. Aus Natur- und Sozialkunde werden nun Natur- und Sozialwissenschaften. Ebenso ergeht es den anderen Kunden von den Sprachen über die Geschichte bis zur Kunst und Religion. In der Sekundarstufe II hat daher im Religionsunterricht die Theologie ihren legitimen, durch nichts anderes zu ersetzenden Ort. Sie kann diesen freilich nur angemessen ausfüllen, wenn sie die Wissensformen, die hier relevant sind, auch in sich angemessen zur Geltung bringt.

Die thematische Struktur eines wissenschaftspropädeutischen erziehenden und bildenden Unterrichts lässt sich durch insgesamt sechs Wissensformen beschreiben. Diese sind hilfreich, um domänenspezifisch zu definierende Sachverhalte aus verschiedenen Lernbereichen in lebensweltlichen, mehreren szientifischen sowie transzendentalkritischen und handlungsbezogenen Analysen und Interpretationen zu thematisieren (vgl. Benner 2010, S. 256ff.). Die genannten Wissensformen stellen den Religionsunterricht vor die Aufgabe, Lernprozesse so zu strukturieren, dass die Lernenden dazu angehalten werden, zwischen lebensweltlichen Erfahrungen, den verschiedenen wissenschaftlichen Thematisierungen des Religiösen und pragmatischen Diskursformationen zu unterscheiden.

Wissensformen eines wissenschaftspropädeutischen Unterrichts

1	lebensweltliche Formen des Wissens
2	szientifische Wissensformen I: gegenstandspezifische Theorien von den Naturwissenschaften bis zur Theologie
3	szientifische Wissensformen II: Reflexion der historisch-gesellschaftlichen Vermitteltheit der Wissensformen I
4	szientifische Wissensformen III: Reflexion der immanenten Ideologien der Wissensformen I und II
5	transzendental-kritische Wissensformen
6	pragmatische Wissensformen

Am Thema Schöpfung lassen sich die Unterschiede der Wissensformen exemplarisch verdeutlichen. Ihre lebensweltliche Seite verweist auf die uneinholbare, leiblich erfahrbare und dann weiter auslegbare Vorausgesetztheit der Welt, die der eigenen Existenz eingeschlossen, von der z. B. in den jüdisch-christlichen Schöpfungserzählungen der Genesis die Rede ist. Die wissenschaftlichen Betrachtungsweisen arbeiten an ihnen Bezüge zu teleologischen Wissensformen heraus und unterscheiden hierbei textkritisch voneinander abgrenzbare Bruchstücke, die sich unterschiedlichen Entstehungskontexten zuordnen lassen. Sie ordnen die textkritische Bibelforschung in den Kontext der europäischen Aufklärung und der Entstehung der modernen Geisteswissenschaften ein und grenzen schöpfungstheologische von evolutionstheoretischen Interpretationen der Welt ab. Sie schreiten bis zu ideologiekritischen Analysen fort, die die Trugschlüsse des Kreationismus bearbeiten, welcher unter Missachtung der Unterschiede zwischen den verschiedenen Wissensformen eine unmittelbar szientifische Auslegung der Schöpfungsberichte anstrebt. Die angesprochenen lebensweltlichen und szientifischen Betrachtungsarten lassen sich durch transzendental-kritische Analysen weiter vertiefen, die nach den Grenzen dessen fragen, um was in den verschiedenen Wissensformen gewusst bzw. nicht gewusst wird. Abstimmungsprobleme zwischen den verschiedenen Wissensformen können schließlich auch pragmatisch mit Blick auf die Bedeutung religiöser und theologischer Problemstellungen im Kontext von Verwendungssituationen neuzeitlicher Wissenschaft unter der Perspektive einer nichthierarchischen Verhältnisbestimmung der verschiedenen Formen der menschlichen Gesamtpraxis erörtert werden.

Ein wissenschaftsorientierter Religionsunterricht, der domänenspezifisch in die genannten Wissensformen einführt, gewinnt seine aufklärende und bildende Kraft nicht zuletzt daraus, dass er keine Einheit von Wissenschaft und Praxis – auch nicht eine solche von Theologie und Glaube – anstrebt, sondern religiöse Grundkenntnisse vermittelt und einen Beitrag zur Entwicklung einer selbstkritischen religiösen Deutungs- und Partizipationskompetenz leistet.

Seine Performativität ist nicht die der religiösen Praxis selbst, sondern die eines erfahrungs- und umgangserweiternden Denkens und Deutens. Durch sie können Übergänge in Diskurse und Handlungen angebahnt werden, die sich auf die Bezugsreligion des Unterrichts, auf die Kommunikation mit Angehörigen anderer Religionen sowie auf die Bedeutung von Religion im öffentlichen Raum beziehen (zur partizipatorischen Funktion des Religionsunterrichts siehe Kuld et al. 2005; Feige/Generich 2008).

4. Religionsunterricht als Ort von Pädagogik und Theologie

Ein sich so verstehender öffentlicher Religionsunterricht kann nur ein Ort der Pädagogik sein, wenn er zugleich ein Ort der Theologie ist und umgekehrt. Er lässt sich nicht als ein Fach institutionalisieren, in dem der Glaube unmittelbar vollzogen wird, sondern muss als ein Ort verstanden werden, an dem religiöse Erfahrungen, Deutungen und Partizipationsformen in ästhetischen Weltdarstellungen präsentiert und reflektiert werden (zur ästhetischen Struktur des Unterrichts siehe Prange 2005). Das gilt auch für Erfahrungen im Umgang mit religiösen Symbolen, Ritualen und Texten, an die Religionsunterricht anknüpft und in die religiöse Bildung einführt. Soweit solche Erfahrungen fehlen, können sie durch Erkundungen und Exkursionen sowie besondere Inszenierungen erschlossen werden (vgl. Dressler 2008). Die Erschließung muss im Religionsunterricht wie in anderen Fächern des öffentlichen Schulunterrichts – man denke nur an Sexualkunde oder Politische Bildung – künstlich erfolgen und darf nicht die Form des Vollzugs einer Praxis annehmen. Sind diese Bedingungen erfüllt, kann Religionsunterricht als ein wählbares und abwählbares Schulfach konzipiert und realisiert werden, das Schülerinnen und Schüler auf der Elementarstufe des Bildungssystems in religiöse Texte und Rituale einführt, auf der Sekundarstufe I Heranwachsenden vertiefte religionskundliche Kenntnisse zur Bezugsreligion des Unterrichts, aus anderen Religionen sowie zur Bedeutung des Religiösen im öffentlichen Raum vermittelt und auf der Sekundarstufe II zusätzlich Grundfragen der Theologie in wissenschaftspropädeutischer Absicht behandelt.

Die Übergänge in den Glauben, die durchaus im Interesse des Religionsunterrichts liegen, finden im Religionsunterricht – wie in anderen Lernbereichen – nicht im Unterricht, sondern im außerunterrichtlichen Zusammenleben der Heranwachsenden sowie in den intergenerationellen religiösen Lebensgemeinschaften statt. Der Glaube hat es immer auch mit dem Arcanum, dem Geheimnis des Glaubens, zu tun. Theologie überführt dieses Arcanum in Formen reflexiver Rede, Unterricht in Formen kommunikativer Verständigung. Die Differenz zwischen dem glaubenden Umgang mit dem Arcanum und seiner unterrichtlichen Deutung und Auslegung gilt es bewusst zu machen und bewusst zu halten. Darum ist der Glaube weiter als der Unterricht. Dass er ohne Unterricht nicht mehr tradiert werden kann, ist nicht zuletzt auch ein Resultat von Aufklärung und Ideologiekritik. Unterricht aber unterscheidet sich grundlegend von Verkündigung und Predigt. Wer Religionsunterricht mit Verkündigung und Predigt gleichsetzt oder diese unkritisch miteinander vermischt, nimmt dem Unterricht seinen Gehalt und der religiösen Praxis ihren Sinn. Er entzieht dem öffentlichen Religionsunterricht zugleich seine legitimatorische Basis und zerstört womöglich am Ende auch das Arcanum des Religiösen selbst, das Unterricht und Verkündigung auf unterschiedlichen Wegen thematisieren.

Die beschriebene Situation von Religion und Theologie weist Parallelen, aber auch Unterschiede zu jener von Technik und Physik auf. Mit der Physik verbindet die Theologie, dass Wissenschaften sich nicht von selbst tradieren. Wer z. B. mit elektrischen Schaltern umzugehen versteht, erlernt durch deren Bedienung nicht die wissenschaftlichen Grundlagen der Technik, die er in Gang setzt. Im Unterschied zur religiösen Praxis tradiert sich Technik – in bestimmten Ausschnitten – quasi von selbst. Hierauf ist zurückzuführen, dass moderne Physik an sozialisatorisch erworbene technische Erfahrungen der verwissenschaftlichten Zivilisation leichter anzuknüpfen vermag. Theologie kann hingegen auf die sozialisatorische Selbsttradierung religiöser Erfahrungen nicht in gleicher Weise vertrauen. Sie ist vielmehr zum Zwecke ihrer eigenen Lehrbarkeit auf eine innovative Inszenierung und künstliche Tradierung religiöser Erfahrungen und Umgangsformen durch pädagogische Exkursionen und partizipatorische Feldbeobachtungen angewiesen.

Die hiermit angesprochene Vermittlungsproblematik geht über Jan Assmanns verdienstvolle Würdigung der Funktion von Religion für das kulturelle Gedächtnis weit hinaus. Anders, als die von Assmann (2008) erforschte altägyptische Religion sind die christlichen Theologien auf den Fortbestand einer basalen Glaubenspraxis angewiesen, in welche die antiken Religionen, mit Ausnahme des Judentums, heute nicht mehr eingebettet sind. Und im Unterschied zu Assmanns Begriff des kulturellen Gedächtnisses geht es innovativer moderner Tradierung von Religion heute nicht darum, das Religiöse als Gesamthorizont menschlicher Praxis, sondern als einen ihrer unverzichtbaren Teilbereiche auszuweisen, dem andere Formen und Institutionen von Tradierung und kulturellem Gedächtnis gegenüber stehen.

In modernen Gesellschaften kann religiöse Bildung für sich nicht den Anspruch erheben, alle Horizonte der Bildung zu umfassen. Sie ist für die Tradierung eines Teilhorizonts zuständig, der allerdings über die innerreligiösen Glaubenspraktiken einzelner Religionen weit hinausreicht. Zu den Themen eines modernen öffentlichen Religionsunterrichts gehören heute auch die Fragen nach angemessenen Formen einer intergenerationellen religiösen Praxis, die sich nicht in der Glaubenspraxis einer der historischen Offenbarungsreligionen erschöpft, sondern darüber hinaus auch interreligiöse Diskurse und Praxisformen kennt und Thematisierungen des Religiösen in außerreligiösen Handlungskontexten sowie im Medium von Öffentlichkeit reflektiert.

5. Ansatz und ersten Ergebnissen der DFG-Projekte Ru-Bi-Qua und KERK

Damit sind Fragestellungen angesprochen, deren weitere wissenschaftliche Klärung und praktische Bearbeitung nicht nur für die Zukunft der Religionen, sondern auch für die künftige Entwicklung des öffentlichen Religionsunterrichts wichtig sein können. Religionsunterricht an öffentlichen Schulen muss heute Grundkenntnisse und Kompetenzen vermitteln, die über die Horizonte einzelner Religionen hinausreichen, im Raum der historischen Religionen nicht von selbst entstehen, für deren Koexistenz und Beziehungen zu außer- bzw. nicht-religiösen gesellschaftlichen Teilsystemen und Handlungsfeldern jedoch von Bedeutung sind. Einige der hier zu diskutierenden Fragen wurden in zwei von der DFG finanzierten Forschungsprojekten[2] bearbeitet, die in den zurückliegenden Jahren ein bildungs- und kompetenztheoretisch sowie religionspädagogisch und theologisch fundiertes und empirisch abgesichertes Instrument zur Erfassung religiöser Kompetenzen von Fünfzehnjährigen entwickelt haben (vgl. Nikolova et al. 2007; Krause et al. 2008; Benner et al. 2010 Benner et al. 2011). Ihm liegt ein Begriff religiöser Kompetenz zugrunde, der zwischen den Teildimensionen „religionskundliche Grundkenntnisse", „religiöse Deutungskompetenz" und „religiöse Partizipationskompetenz" unterscheidet und diese mit Blick auf die evangelische Ausprägung des Christentums als unterrichtliche Bezugsreligion, auf andere Religionen sowie auf Religion im öffentlichen Raum konkretisiert.

Durch die Berücksichtigung grundlegender Kenntnisse soll eine stärker auf das öffentliche Bildungssystem bezogene Definition von Kompetenz erreicht und die Tatsache anerkannt werden, dass Wissen auch in Zukunft ein unver-

---

[2] Es handelt sich um die von mir gemeinsam mit Rolf Schieder, Henning Schluß und Joachim Willems beantragten und in den Zeiträumen 2006-2007 bzw. 2007-2009 durchgeführten Projekte RU-Bi-Qua (Bildungsstandards und Qualitätssicherung im Religionsunterricht am Beispiel des Evangelischen Religionsunterrichts) und KERK (Konstruktion und Erhebung Religiöser Kompetenzniveaus am Beispiel des Evangelischen Religionsunterrichts), in denen Thomas Weiß und Roumiana Nikolova als hauptamtliche Mitarbeiter und Sabine Krause, Shamsi Dehghani und Joanna Scharrel als Studentische Mitarbeiterinnen tätig waren. Ein 2009 bei der DFG eingereichter Antrag, den Ansatz auch für die Abiturstufe zu erproben und erstmals im Rahmen eines bildungstheoretisch, fachwissenschaftlich und empirisch ausgewiesenen Projekts wissenschaftspropädeutische Fragen der Sekundarstufe II zu bearbeiten, wurde vom zuständigen Fachausschuss mit der in Teilen nachvollziehbaren Begründung abgelehnt, es sollten erst einmal die Ergebnisse von RU-Bi-Qua und KERK-Sekundarstufe I umfassend publiziert werden.

zichtbares Bildungsziel jeder öffentlichen Unterweisung an Schulen sein wird. Die von Bildungsforschern und -politikern derzeit propagierte weitgehende Umstellung der Steuerung des Bildungssystems von einer traditionellen Inputorienierung auf eine angeblich wissenschaftlich abgesicherte Outputorientierung wird sich m. E. schon bald als Irrtum erweisen. Auf die traditionelle Orientierung schulischer Lehr-Lernprozesse durch Richtlinien bzw. Lehrplänen wird auch künftig nicht verzichtet werden können. Zu dieser sollte eine Outputorientierung hinzutreten, die Kompetenzen jedoch angemessen nur unter Berücksichtigung von Inhalten erfassen kann. Unter religionskundlichen Kenntnissen wird in den genannten Projekten daher ein Wissen verstanden, das sich sozialisatorisch im Zusammenleben der Menschen nicht von selbst tradiert, sondern mit Unterstützung durch öffentliche Erziehung und Unterweisung angeeignet werden muss. In den Testaufgaben im Bereich religionskundliche Grundkenntnisse sollen Schülerinnen und Schüler in der Bezugsreligion des Unterrichts u. a. aus vorgegebenen Listen die Namen der vier Evangelisten und die den Evangelien zugeordneten Symbole, mit Blick auf fremde Religionen die Namen alttestamentarischer Könige und die Säulen des Islam identifizieren sowie im Themenfeld Diskurse über Religion im öffentlichen Raum fundamentalistische von nicht fundamentalistischen Positionen unterscheiden.

Die Testfragen zur Erfassung religiöser Deutungskompetenz stellen die Schülerinnen und Schüler in allen drei Inhaltsbereichen vor interpretative Aufgaben, die durch hermeneutische Operationen zu bearbeiten sind, wie sie in einem anspruchsvollen Religionsunterricht erlernt und eingeübt werden. Deutungskompetenzaufgaben verlangen, zwischen ökonomischen, rechtlichen, moralischen und religiösen Bedeutungsgehalten von Gleichnissen zu unterscheiden und in der Bezugsreligion z. B. am Gleichnis von den Arbeitern im Weinberg den theologischen Sinn der Rede vom „Himmelreich" herauszuarbeiten. Sie fragen im interreligiösen Bereich nach Unterschieden zwischen christlichen, jüdischen und muslimischen Deutungen der Geburt Jesu und stellen Schülerinnen und Schüler im Bereich öffentliche religiöse Kommunikation vor die Aufgabe, Positionierungen, bei denen einzelne Religionen ihre Fundamente diskursiv einbringen, von fundamentalistischen Positionen zu unterscheiden. In entsprechenden Aufhaben wurden die im folgenden wiedergegebenen Items A – H verwendet, wobei A ein gemeinsames Fundamentale von Judentum, Christentum und Islam und C eine fundamentalistische Fehlform desselben darstellt, B, D und F auf fundamentale Glaubensinhalte des Islam, des Judentums bzw. des Christentums verweisen und E, G und H fundamentalistische Auslegungen derselben ansprechen.

Items zur Abgrenzung fundamentaler und fundamentalistischer Glaubensgehalte des Judentums, Christentums und Islams

A	Es gibt nur einen Gott.
B	Mohammed ist unser Prophet und ihr sollt dies anerkennen.
C	Nur wenn sich alle Menschen zu Gott bekennen, lassen sich die politischen, wirtschaftlichen und moralischen Probleme unserer Zeit lösen.
D	Die Beschneidung ist Ausdruck des Bundes Gottes.
E	Mohammed ist unser Prophet und ihr müsst ihn als euren Propheten anerkennen.
F	Der eine Gott zeigt sich in drei Personen.
G	Wir sind das auserwählte Volk Gottes und haben daher heute den Anspruch, das Land zu regieren, das Gott uns zugewiesen hat.
H	Die Dreifaltigkeit Gottes muss von allen Menschen geglaubt werden.

Aufgaben zur Erfassung religiöser Partizipationskompetenz unterscheiden sich von Grundkenntnis- und Deutungsaufgaben dadurch, dass ihre Bearbeitung nicht nur an Wissen und interpretative Akte zurückgebunden ist, sondern nach einer Abgrenzung und Koordination einzelner Lösungsschritte verlangt, die unter verschiedenen Akteuren und mit den zuständigen Instanzen abzustimmen sind. Die Konstruktion solcher Aufgaben ist dann besonders schwierig, wenn sich diese auf Fragen im Schnittpunkt mehrerer Religionen beziehen bzw. die Bedeutung von Religion im öffentlichem Raum thematisieren, in dem z. B. Abstimmungsprobleme zwischen ökonomischen, moralischen, politischen und religiösen Handlungslogiken erörtert werden müssen. Unter den wenigen Aufgaben, die die Projekte in diesem Bereich bis zur Einsatzreife entwickelt haben, bezieht sich eine auf die Vorbereitung eines interreligiösen Treffens, eine andere auf einen öffentlich ausgetragenen Streit über den Bau einer Moschee, bei dem unter Beachtung rechtsstaatlicher Argumente zwischen verschiedenen Bürgerinteressen und unterschiedlichen Auslegungen positiver und negativer Religionsfreiheit vermittelt werden musste.

Die Projekte RU-Bi-Qua und KERK betraten insofern wissenschaftliches Neuland, als in ihnen Verfahren der empirischen Bildungsforschung erstmals unter Einbeziehung bildungstheoretischer Problemstellungen für eines der sogenannten weichen Fächer eingesetzt wurden. Zu den Dauerproblemen, die es bei der Formulierung fachdidaktisch und theologisch anschlussfähiger Testaufgaben zu meistern galt, gehörte u. a. die Frage, ob sich für den Bereich religiöser Kompetenz überhaupt Aufgaben mit eindeutig richtigen und falschen Antworten konstruieren lassen. Hier musste ein Weg gefunden werden, der Religion weder pauschal dem Bereich eines nicht wahrheitsfähigen Okkulten zuordnet noch den Problemgehalt religiöser Erfahrungen und theologischer Fragen nicht durch simple Eindeutigkeiten zerstört. Die erzielten Ergebnisse belegen, dass für die Bereiche religiöse Grundkenntnisse, Deutungskompetenz und Partizipationskompetenz ebenso anspruchsvolle wie aussagekräftige Aufgaben formulierbar sind und dass religiöse Kompetenz zumindest im Bereich religiöser Deutungen so modelliert werden kann, dass sich für sie mit Hilfe des Rasch-Modells empirisch gesicherte und plausibel aufeinander aufbauende Anspruchsniveaus unterscheiden lassen. Die folgende Tabelle beschreibt solche Anspruchsniveaus für den Bereich der religiösen Deutungskompetenz:

Anforderungsniveaus für „hermeneutische Kompetenz" im Bereich religiöser Deutungskompetenz (aus: Benner et al. 2011, S. 126.)

Niveau I	Schülerinnen und Schüler können religiöse Texte und Rituale interpretieren, die Bezüge zu lebensweltlich bekannten religiösen Konventionen und Erfahrungen aufweisen.
Niveau II	Schülerinnen und Schüler können das religiöse Konzept erfassen, das religiösen Texten und Sachverhalten zugrunde liegt, auch wenn keine unmittelbaren Bezüge zu lebensweltlichen Erfahrungen gegeben sind.
Niveau III	Schülerinnen und Schüler können religiöse Texte und Sachverhalte aus verschiedenen Religionen erfassen, Perspektivwechsel zwischen diesen vollziehen und Deutungsprobleme interreligiös sowie im öffentlichen Raum diskutieren.
Niveau IV	Schülerinnen und Schüler können religiöse Inhalte und Konzepte in religiösen und außerreligiösen Kontexten erfassen, konkurrierende Auslegungen durch Vollzug eines Perspektivwechsels reflektieren und problematisieren sowie zu diesem Zwecke eigene Vorerfahrungen hinterfragen.
Niveau V	Schülerinnen und Schüler können religiöse Inhalte und Sachverhalte von unterschiedlichen Fachlogiken (Ökonomie, Politik, Moral, Recht) her interpretieren und im Lichte solcher Fachlogiken mehrperspektivisch beurteilen.

Auch wenn noch nicht abschließend geklärt ist, ob es ein übergreifendes Modell gibt, das für alle Teilkompetenzen gilt, oder die Teilkompetenzen besser durch spezifische Modelle zu beschreiben sind, kann als ein vorläufiges Ergebnis doch festgehalten werden, dass sich religiöse Kompetenz in allen drei Bereichen als eine bildungstheoretisch, religionspädagogisch und theologisch ausgewiesene Kompetenz beschreiben und empirisch erfassen lässt. Vorläufig ist dieses Ergebnis nicht nur mit Blick auf die Ein- oder Mehrdimensionalität des Modells, sondern auch noch aus anderen Gründen. Einige von ihnen beziehen sich auf Zusammenhänge zwischen Kompetenzmodellierung, didaktischer Forschung und religionspädagogischer Praxis, andere auf weitergehende Fragen im Schnittpunkt von Pädagogik und Theologie.

Für die Beziehungen zwischen bereichsspezifischer Kompetenzforschung und didaktischen Forschungsvorhaben und Innovationen gilt, dass erstere letztere weder bevormunden noch ersetzen kann. Um didaktische Problemstellungen nicht durch falsche Standardisierungen zu strangulieren, muss sich Kompetenzforschung auch im Bereich der religionspädagogischen Grundlagenforschung offen halten für didaktische, religionspädagogische und religionspolitische Innovationen und Kritiken, die diese an Kompetenzmodellierungen üben können. Es ist zu erwarten, dass es nicht nur erwünschte Wirkungen, sondern auch nichterwünschte Nebenwirkungen der Erweiterung der traditionellen Inputorientierung um eine neue Ouputorientierung gibt. Die Neuorientierung wird auch jenseits der irrigen Verabschiedung des Bildungsziels Wissen und der überheblichen Gesamtsteuerungsphantasien, die Teile von Bildungsforschung und Bildungspolitik mit ihr verbinden, sowohl von Zugewinnen als auch von Problemverlusten begleitet sein.

Besonderes Gewicht kommt in diesem Zusammenhang einer theologischen Grundlagenkritik zu, die für kompetenztheoretische Modellierungen und die Konstruktion von Testaufgaben sowie die Evaluation und Bewertung der Resultate öffentlicher religiöser Bildung gleichermaßen bedeutsam ist. Wenn der Abschlussband zu den Projekten RU-Bi-Qua und KERK vorliegen wird, wird eine der Kritiken, denen er zu unterziehen ist, zweifellos aus der Theologie kommen müssen, die Hinweise geben kann, welche Bereiche in den Projekten vernachlässigt wurden und wo Aufgaben differenzierter und anspruchsvoller zu formulieren sind.

Nicht nur für die Praxis des öffentlichen Religionsunterrichts und die bildungstheoretische und religionspädagogische Forschung, auch für ihre theologische Orientierung und Kritik gilt, dass sie nur gelingen können, wenn Religionsunterricht – zwar nicht gleichsinnig, aber doch gleichzeitig – sowohl ein Ort der Pädagogik als auch ein Ort der Theologie ist.

Literaturverzeichnis

Adorno, T. W. (1959/1968): Theorie der Halbbildung. In: Ders.: Gesammelte Schriften. Band 8, S. 93-121.
Adorno, T. W. (1966/1973): Negative Dialektik. In: Ders.: Gesammelte Schriften. Band 6. Frankfurt a. M.
Aebli, H. (1983): Die Wiedergeburt des Bildungsziels Wissen und die Frage nach dem Verhältnis von Weltbild und Schema. In: 18. Beiheft der Zeitschrift für Pädagogik. Weinheim und Basel 1983, S. 33-44.
Anonymus/Trapp, E. Chr. (1792): Von der Notwendigkeit öffentlicher Schulen und von ihrem Verhältnisse zu Staat und Kirche. In: Allgemeine Revision des gesamten Schul- und Erziehungswesens. 16. Theil. Hamburg, S. 1-43.
Aristoteles: Metaphysik. Übers. von H. Bonitz. In Ders.: Philosophische Schriften in 6 Bänden. Band 5. Darmstadt.
– Physik. Übers. von H. G. Zekl. In: Ders.: Philosophische Schriften in 6 Bänden. Band 6. Darmstadt.
– Politik. Übers. von E. Rolfes. In: Ders.: Philosophische Schriften. Band. 4. Darmstadt.
– Politik. Übers. von F. Susemihl. Reinbek 1965.
Assmann, J. (2008): Religion und kulturelles Gedächtnis. München 2008.
Bacon, F. (1620/1974): Novum organon scientiarum. Neues Organ der Wissenschaften (1829). Übers. und hrsg. von A. T. Brück. Darmstadt.
– (1627/1982): Nova Atlantis. Neu-Atlantis. Übers. von G. Bugge. Stuttgart.
Baumert, J./Bos, W. Lehmann, R. (Hrsg.) (2000): TIMSS/III. 2 Bände. Opladen.
Baumert, J./Stanat, P./Demmrich, A. (2001): PISA 2000: Untersuchungsgegenstand, theoretische Grundlagen und Durchführung der Studie. In: PISA 2000, S. 15-68. Opladen.
Beaton, A. E./Allen, N. L. (1992): Interpreting scales through scale anchoring. In: Journal of Educational Statistics 17/2, S. 191-204.
Beck, K. (1982): Die Struktur didaktischer Argumentationen und das Problem der Wissenschaftsorientierung des Unterrichts. In: Zeitschrift für Pädagogik 28, S. 139-154.
– (2007): Metaphern, Ideale, Illusionen? In: Zeitschrift für Berufs- und Wirtschaftspädagogik. Band 103, S. 172-195.
Bellmann, J. (2006): Bildungsforschung und Bildungspolitik im Zeitalter „Neuer Steuerung". In: Zeitschrift für Pädagogik 52, S. 487-504.
– (2007): John Deweys naturalistische Pädagogik. Paderborn.
Benner, D. (1987/2010): Allgemeine Pädagogik. Eine systematisch-problemgeschichtliche Einführung in die Grundstruktur pädagogischen Denkens und Handelns. 1./6. Auflage. Weinheim und München.
– (1999): „Der Andere" und „Das Andere" als Problem und Aufgabe der Bildung. In: Ders. (Hrsg.) (2008), S. 45-57.
– (2002): Die Struktur der Allgemeinbildung im Kerncurriculum moderner Bildungssysteme. In: Zeitschrift für Pädagogik 48, S. 68-90.

- (2003): Kritik und Negativität. Ein Versuch zur Pluralisierung von Kritik in Erziehung, Pädagogik und Erziehungswissenschaft. In: Kritik in der Pädagogik. 46. Beiheft der Zeitschrift für Pädagogik. Weinheim, S. 96-123.
- (2004): Erziehung – Religion, Pädagogik – Theologie, Erziehungswissenschaft – Religionswissenschaft. Systematische Analysen zu pädagogischen, theologischen und religionspädagogischen Reflexionsformen und Forschungsdesideraten. In: E. Groß (Hrsg.): Erziehungswissenschaft, Religion und Religionspädagogik. Münster, S. 9-50.
- (2005): Schulische Allgemeinbildung versus allgemeine Menschenbildung? Von der doppelten Gefahr einer wechselseitigen Beschädigung beider. In: Zeitschrift für Erziehungswissenschaft 8, S. 563-575.
- Benner, D. (2006): Negative Moralisierung und experimentelle Ethik als zeitgemäße Formen der Moralerziehung. Moralisation négative et éthique expérimentale – des formes actuelles de l'éducatiuon morale. In: A.Hügli/U. Thurnherr (Hrsg.): Ethik und Bildung. Ethique et formation. Bern usw. Deutsche Fassung S. 83-106; französische Fassung S. 107-131.
- (2007): Unterricht - Wissen - Kompetenz. Zur Differenz zwischen didaktischen Aufgaben und Testaufgaben. In: Ders. (Hrsg.) (2007), S. 123-138.
Benner, D. (Hrsg.) (2005): Erziehung – Bildung – Negativität. 49. Beiheft der Zeitschrift für Pädagogik. Weinheim.
- (2007): Bildungsstandards. Instrumente zur Qualitätssicherung im Bildungswesen. Chancen und Grenzen – Beispiele und Perspektiven. Paderborn.
- (2008): Bildungstheorie und Bildungsforschung. Grundlagenreflektionen und Anwendungsfelder. Paderborn.
Benner, D./Brüggen, F. (2004): Bildsamkeit/Bildung. In: Historisches Wörterbuch der Pädagogik, hrsg. von D. Benner und J. Oelkers. Weinheim und Basel, S. 174-215.
Benner, D./Brüggen, F. (2011): Geschichte der Pädagogik. Vom Beginn der Neuzeit bis zur Gegenwart. Stuttgart.
Benner, D./Dehghani, S./Nikolova, R./Scharrel, J./Schieder, R./Schluß, H./Weiß, T./Willems, J. (2010): Modellierung und Testung religiöser und ethischer Kompetenzen im Interesse ihrer Vergleichbarkeit. In: Zeitschrift für Pädagogik und Theologie 62, 165-174.
Benner, D./English, A. (2004): Critique and Negativity: Towards the Pluralization of Critique in Educational Practice, Theory and Research. In: Journal of Philosophy of Education. Vol. 38, S. 409-428; deutsche Fassung in: Benner (Hrsg.) (2008), S. 58-75.
Benner, D./Kemper, H. (2001/2009a): Theorie und Geschichte der Reformpädagogik, Teil 1. Die pädagogische Bewegung von der Aufklärung bis zum Neuhumanismus. Weinheim und Basel: Beltz.
Benner, D./Kemper, H. (2003/2009b) Theorie und Geschichte der Reformpädagogik. Teil 2: Die Pädagogische Bewegung von der Jahrhundertwende bis zum Ende der Weimarer Republik 2003. Weinheim und Basel: Beltz.
Benner, D./Kemper, H. (2005/2009c) Theorie und Geschichte der Reformpädagogik. Teil 3.1: Staatliche Schulreform und Schulversuche in der SBZ und DDR. Weinheim und Basel: Beltz.
Benner, D./Kemper, H. (2007/2009d) Theorie und Geschichte der Reformpädagogik. Teil 3.2: Staatliche Schulreform und reformpädagogische Schulversuche in den westlichen Besatzungszonen und in der BRD. Weinheim und Basel: Beltz.
Benner, D./Krause, S./Nikolova, R./Pilger, T./Schieder, R./Schluß, H./Weiß, T./Willems, J. (2007): Ein Modell domänenspezifischer religiöser Kompetenz. Er-

ste Ergebnisse aus dem DFG-Projekt RU-Bi-Qua. In: D. Benner (Hrsg.) (2007), S. 141-156.
Benner, D./Schieder, R./Schluß, H./Willems, J. et al. (2011): Religiöse Kompetenz als Teil öffentlicher Bildung. Paderborn: Schöningh
Berger, K. (2004): Jesus. München.
Blankertz, G. (1967): Leitbild und Unterrichtsziel. Methodische Erwägungen unter dem Aspekt didaktischer Neuorientierung. In: Vierteljahrsschrift für wissenschaftliche Pädagogik 43, S. 104-115.
– (^{1}1969 und ^{9}1975): Theorien und Modelle der Didaktik. München.
Blömeke, S. (2005): Lehrerausbildung – Lehrerhandeln – Schülerleistungen. In: Humboldt-Universität zu Berlin: Öffentliche Vorlesungen Nr. 139.
Blumenberg, H. (1989): Höhlenausgänge. Frankfurt a. M.
Bober, R. (1997): Was gibt's Neues vom Krieg? München.
Borrelli, M. (2003): Utopisierung von Kritik. Pädagogik im Spannungsverhältnis von utopischem Begriff und kontingenter Faktizität. In: Kritik in der Pädagogik. Versuche über das Kritische in der Erziehung und Erziehungswissenschaft. 46. Beiheft der Zeitschrift für Pädagogik. Weinheim usw., S. 142-154.
Brüggen, F. (1986): Freiheit und Intersubjektivität. Ethische Pädagogik bei Kant und Schleiermacher. Münster: Fachbereich Erziehungswissenschaft der Universität Münster.
Buck, G. (1969): Lernen und Erfahrung. Stuttgart.
Cai, J. (1998): Cai Yuanpei: Gelehrter und Mittler zwischen Ost und West. Deutsche Übersetzung von H. Ch. Stichler. Münster.
Cai, Y. (1912a): Über neue Richtungen der Bildung. In: Zhang Shenghua (Hrsg.): Die berühmten Aufsätze von Cai Yuanpei über Bildung. Beijing 2007. S. 1-9.
– (1912b): Rede auf Einladung von Mr. Fan Yuanlian anlässlich der Berufung zum Vize-Erziehungs- und Bildungsminister. In: Gao Shuping (Hrsg.): Gesammelte Werke von Cai Yuanpei. Band 2. Beijing 1984, S. 159-160.
– (1917): Rede in der ‚Patriotischen Frauenschule'. In: Zhang Shenghua (Hrsg.): Die berühmten Aufsätze von Cai Yuanpei über Bildung. Beijing 2007, S. 46-49.
– (1919a): Rede zur Eröffnung des Studienjahres 1919. In: Zhang Shenghua (Hrsg.): Die berühmten Aufsätze von Cai Yuanpei über Bildung. Beijing 2007, S. 99-100.
– (1919b): Rede anlässlich des Rücktritts vom Amt des Präsidenten der Universität Peking. In: Zhang Shenghua (Hrsg.): Die berühmten Aufsätze von Cai Yuanpei über Bildung. Beijing 2007, S. 96-98.
– (1920): Allgemeinbildung und Berufsbildung. Rede an der Chinesischen Sekundarschule in Singapur. In: Zhang Shenghua (Hrsg.): Die berühmten Aufsätze von Cai Yuanpei über Bildung. Beijing 2007, S. 127-133.
– (1922): Über die Autonomie von Erziehung und Bildung. In: Zhang Shenghua (Hrsg.): Die berühmten Aufsätze von Cai Yuanpei über Bildung. Beijing 2007. S.159-161.
– (1928): Vorwort zum Kommuniqué der Großen Akademie. In: Gao Shuping (Hrsg.): Ausgewählte Schriften von Cai Yuanpei zur ästhetischen Bildung. Changsha 1984, S. 191-193.
– Cai, Y. (1934): Meine Erfahrungen an der Universität Peking. In: Zhang Shenghua (Hrsg.): Die berühmten Aufsätze von Cai Yuanpei über Bildung. Beijing 2007, S. 262-272.
– (1935): Interview in ‚Das Bild der Zeit' In: Gao Shuping (Hrsg.), Ausgewählte Schriften von Cai Yuanpei zur ästhetischen Bildung. Changsha 1984, S. 213-215.

- (1937): Meine Erlebnisse im Feld der Bildung. In: Zhang Shenghua (Hrsg.): Die berühmten Aufsätze von Cai Yuanpei über Bildung. Beijing 2007, S. 298-306.
Caruso, M. (2007): Der unterrichtsorganisatorische Übergang zur modernen Elementarschule. Habilitationsschrift an der Philosophischen Fakultät IV der Humboldt-Universität zu Berlin.
Christes, J./Klein, R./Lüth, Ch. (2006): Handbuch der Erziehung und Bildung in der Antike. Darmstadt.
Derbolav, J. (1970): Das Problem einer philosophischen Grundlegung der Pädagogik. In: Ders.: Frage und Anspruch. Wuppertal/Kastellaun, S. 47-63.
Deutsche Schulkonferenzen. Band 3. Die Reichsschulkonferenz 1920. Leipzig.
Deutsches PISA-Konsortium (Hrsg.) (2001): PISA 2000. Opladen.
Dewey, J. (1916): Democracy and Education (1916). In: Ders.: The Middle Works 1899-1924. Vol. 9.
- (1916/1964): Demokratie und Erziehung, übers. von E. Hylla. Braunschweig usw.
- (1927): Die Öffentlichkeit und ihre Probleme. Aus dem Amerikanischen von W.-D. Junghanns, hrsg. und mit einem Nachwort versehen von H.-P. Krüger. Bodenheim 1997.
Dressler, B. (2008): Performanz und Kompetenz. Überlegungen zu einer Didaktik des Perspektivwechsels. In: ZPT 60, S. 74-88.
Ehrhardt, C. (2005): Religion, Bildung und Erziehung bei Schleiermacher. Göttingen.
English, A. (2005): Bildung - Negativität - Moralität. Eine systematisch-vergleichende Analyse zu Herbarts und Deweys Konzepten der Erziehung. Philosophische Fakultät IV der Humboldt-Universität zu Berlin.
- (2008): Interrupted Experiences: reflection, listening and negativity in the practice of teaching. Learning Inquiry vol. 1, Nr. 2, S. 133-142.
English, A./Stengel, B. (2010): Exploring Fear: Rousseau, Dewey, and Freire on Fear and Learning. In: Educational Theory. Vol. 60. Nr. 5, S. 521-542.
Erklärung des Redaktionskollegiums zum Beschluß des Politbüros des Zentralkomitees der Sozialistischen Einheitspartei Deutschlands zur Erhöhung des wissenschaftlichen Niveaus des Unterrichts an den allgemeinbildenden Schulen vom 29. Juli 1952. In: Pädagogik 7, S. 793-813.
Evangelische Kirche in Berlin-Brandenburg: Verhandlungen der 11. Tagung der Elften Landessynode der Evangelischen Kirche in Berlin-Brandenburg vom 13. bis 16. November 2002.
Feige, A./Gennerich, C.: Lebensorientierungen Jugendlicher. Münster 2008.
Fend, H. (1976): Gesamtschule und dreigliedriges Schulsystem – eine Vergleichsstudie über Chancengleichheit und Durchlässigkeit. In: Deutscher Bildungsrat. Gutachten und Studien der Bildungskommission 55. Stuttgart.
Fichte, J.G. (1796): Grundlage des Naturrechts. In: Ders.: Ausgewählte Schriften in 6 Bänden, hrsg. von F. Medicus. Darmstadt 1962. Band 2, S. 1-389.
- (1808/1962): Reden an die deutsche Nation. In: Ders.: Werke in fünf Bänden, hrsg. von F. Medicus. Darmstadt 1962. Band 5.
Fink, E. (1960): Menschenbildung – Schulplanung. In: Material- und Nachrichtendienst der Arbeitsgemeinschaft Deutscher Lehrerverbände. Sondernummer 11 (1960), S. 5-23.
- (1963): Technische Bildung als Selbsterkenntnis. In: Die deutsche Schule 55, S. 165-177.
- (1966): Liquidation der Produkte. In: Praxis II.1/2, S. 33-45.
- (1970): Metaphysik der Erziehung. Frankfurt a. M.

Fischer, W. (1975): Bildung trotz Schule? In: Ders.: Schule als parapädagogische Institution. Kastellaun 1978, S. 158-172.
- (1989): Unterwegs zu einer skeptisch-transzendentalkritischen Pädagogik. Sankt Augustin.
- (2004): Sokrates pädagogisch. Hrsg. von J. Ruhloff und Ch. Schönherr. Würzburg.
Fischer, W./Ruhloff, J. (1993): Skepsis und Widerstreit. Neue Beiträge zur skeptisch-transzendentalkritischen Pädagogik. Sankt Augustin.
Flitner, A./Lenzen, D. (Hrsg.) (1977): Abitur-Normen gefährden die Schule. München.
Foester, H. von (1981): Das Konstruieren einer Wirklichkeit. In: P. Watzlawick (Hrsg.): Die erfundene Wirklichkeit. München. S. 39-60.
Gadamer, H.-G. (1960/1975): Wahrheit und Methode. Grundzüge einer philosophischen Hermeneutik. Tübingen.
Gebauer, G./Wulf, Ch. (1992): Mimesis. Kultur – Kunst – Gesellschaft. Reinbek.
- Gebauer, G./Wulf, Ch. (1998): Spiel – Rituale – Geste. Mimetisches Handeln in der sozialen Welt. Reinbek.
Glasersfeld, E. von (1987): Wissen, Sprache, Wirklichkeit. Braunschweig.
- Glasersfeld, E. von (1996): Der Radikale Konstruktivismus. Ideen, Ergebnisse, Probleme, Frankfurt/M.
Göstemeyer, K.-F. (1989): Pädagogik und gesellschaftliche Synthesis. Frankfurt a. M. und Bern.
- (1993): Pädagogik nach der Moderne? In: Zeitschrift für Pädagogik 39, S. 857-870.
Gruschka, A. (2007): „Was ist guter Unterricht?" Über neue Allgemein-Modellierungen aus dem Geiste der empirischen Unterrichtsforschung. In: Pädagogische Korrespondenz. Heft 36, S. 10-43.
(2009): Erkenntnis in und durch Unterricht. Wetzlar.
Habermas, J./Ratzinger, J. (2005): Dialektik der Säkularisierung. Über Vernunft und Religion. Freiburg i. Br.
Hegel, G.W.F. (1811): Schulrede vom 2. September 1811. In: Glockner, H. (Hrsg.): Sämtliche Werke, Band 3. Stuttgart 1971, S. 264-280.
- (1822): Vorrede zu Hinrichs Religionsphilosophie. In: Ders.: Sämtliche Werke, hrsg. von H. Glockner. Band 20, S. 1-28. Stuttgart 1968.
Heid, H. (1985): Über die Entscheidbarkeit der Annahme erbbedingter Begabungsgrenzen. In. Die Deutsche Schule 77, S. 101-109.
- (2006): Ist die Verwertbarkeit des Gelernten ein Qualitätskriterium der Bildung? In: H. Heid/Ch. Harteis: Verwertbarkeit. Ein Qualitätskriterium (erziehungs-) wissenschaftlichen Wissens? 95-116. Wiesbaden.
- (2007): Was vermag die Standardisierung wünschenswerter Lernoutputs zur Qualitätsverbesserung des Bildungswesens beizutragen? In: D. Benner (Hrsg.) (2007), S. 29-48.
Hentig, H. von (1969): Systemzwang und Selbstbestimmung. Über die Bedingungen der Gesamtschule in der Industriegesellschaft. 2. Auflage. Stuttgart.
- (1983): Als Reformer in Bielefeld. In Neue Sammlung 23, S. 353-365.
- (2001): Wahrheiten oder Wahrheit? Valedictio für Absolventen einer Philosophischen Fakultät. In: Humboldt-Universität zu Berlin. Philosophische Fakultät IV. Exmatrikulationsfeier 11. Juli 2001, S. 10-32. Berlin: Humboldt-Universität.
- (2009): Eine Wahlfreiheit, die in die Irre führt. Ethik oder Religion? Der Schulkampf in Berlin beruht auf einer unglücklichen Polarisierung. In: Süddeutsche Zeitung vom 06.04.2009.

Herbart, J. F. (1804): Über die ästhetische Darstellung der Welt als das Hauptgeschäft der Erziehung. In: Ders.: Pädagogische Schriften in drei Bänden, hrsg. von W. Asmus. Band 1, Düsseldorf 1964, S. 105-121.
- (1806/1965): Allgemeine Pädagogik aus dem Zweck der Erziehung abgeleitet. Göttingen 1806. In: Ders.: Pädagogische Schriften in drei Bänden, hrsg. von W. Asmus. Band 2, Düsseldorf 1965, S. 9-155.
- (1808/1851): Allgemeine praktische Philosophie. In: Ders.: Werke, hrsg. von G. Hartenstein. Band 8. Leipzig.
- (1810): Über Erziehung unter öffentlicher Mitwirkung. In: Ders.: Pädagogische Schriften in drei Bänden, hrsg. von W. Asmus. Band 1, Düsseldorf 1964, S. 143-151.
Herrlitz, H.-G./Hopf, W./Titze, H./Cloer, E. (2005): Deutsche Schulgeschichte von 1800 bis zur Gegenwart. 4. überarbeitete und aktualisierte Auflage. Weinheim und München.
Heynitz, M. von/Krause, S./Remus, C./Swiderski, J./Weiß,T. (2009): Die Entwicklung von Testaufgaben zur Erfassung moralischer Kompetenz im Projekt ETiK. In: Vierteljahrsschrift für wissenschaftliche Pädagogik 85, S. 516-530.
Horkheimer, M. (1937/1988): Traditionelle und kritische Theorie. In: Ders.: Gesammelte Schriften. Band 4, S. 162-216. Frankfurt a. M.
Horkheimer, Max/Adorno, Theodor W. (1947/1971): Dialektik der Aufklärung. Frankfurt a. M.
Huber, W. (2008): Toleranz ist nicht Beliebigkeit – Zum Dialog der Religionen. http://www.ekd.de/vortraege/huber/080208_huber_dialog_religionen.html
Humboldt, W. von (1791): Über die Gesetze der Entwicklung der menschlichen Kräfte. In: Ders.: Werke in 5 Bänden, hrsg. von A. Flitner und K. Giel. Band 1, S. 43-55. Darmstadt.
- (1792): Ideen zu einem Versuch, die Gränzen der Wirksamkeit des Staats zu bestimmen. In: Ders.: Werke in 5 Bänden, hrsg. von A. Flitner und K. Giel. Band 1, S. 56-233. Darmstadt.
- (1808): Ideen zu einer Instruktion für die wissenschaftliche Deputation bei der Sektion des öffentlichen Unterrichts. In: Ders.: Werke in 5 Bänden, hrsg. von A. Flitner und K. Giel. Band 4, S. 201-209. Darmstadt.
Husserl, E. (1936/1992): Die Krisis der europäischen Wissenschaften und die transzendentale Phänomenologie: Eine Einleitung in die phänomenologische Philosophie. In: Ders.: Gesammelte Schriften, hrsg. von E. Ströker. Band 8, S. 165-276. Hamburg.
Ivanov, S./Nikolova, R. (2009): Psychometrische Modellierung des kompetenztheoretischen Ansatzes im DFG-Projekt ETiK. In: Vierteljahrsschrift für wissenschaftliche Pädagogik 85, S. 531-543.
Jachmann, R.B. (1811): Über das Verhältnis der Schule zur Welt. In: Benner, D./Kemper, H.: Quellentexte zur Theorie und Geschichte der Reformpädagogik, Teil 1. Weinheim 2000, S. 343-357.
Kaiser, H.-J. (1972): Erkenntnistheoretische Grundlagen pädagogischer Methodenbegriffe. In: P. Menck/G. Thoma (Hrsg.): Unterrichtsmethode. Intuition, Reflexion, Organisation. München, S. 129-144.
- (1986): Zur politisch-ästhetischen Grundlegung der These von der erzieherischen Funktion der Musik. In: E. Nolte (Hrsg.): Historische Ursprünge der These vom erzieherischen Auftrag des Musikunterrichts. Mainz, S. 54-71.

Kaiser, H.-J./Menck, P. (1972): Methodik und Didaktik. Vorüberlegungen zu einer Ortsbestimmung pädagogischer Methodenlehren. In: P. Menck/G. Thoma (Hrsg.): Unterrichtsmethode. Intuition, Reflexion, Organisation. München, S. 145-157.

Kant, I. ($1781/^{2}1787$): Kritik der reinen Vernunft. In: Ders.: Werke in 6 Bänden, hrsg. von W. Weischedel. Band 5, S. 171-232. Darmstadt.

– (1784): Beantwortung der Frage: Was ist Aufklärung? In: Berlinische Monatsschrift. Dezember 1784, zitiert nach dem Auswahlband mit Beiträgen der Berlinischen Monatsschrift, S. 89-96. Leipzig.

– (1803/1966): Über Pädagogik. In: Ders.: Werke in 6 Bänden, hrsg. von W. Weischedel. Band 6, S. 707-761. Darmstadt.

– (o.J./1966): Erste Fassung der Einleitung in die Kritik der Urteilskraft. In: Ders.: Werke in 6 Bänden, hrsg. von W. Weischedel. Band 2. Darmstadt.

Karmakar, R. (2006/2009): Hamburger Lektionen. Film von R Karmakar mit deutscher Transkription zweier Reden von Mohammed Fazazi vom Januar 2000. Lektion 1: Fazazi liest Zettel 9.

Kerschensteiner, G. (1917a): Die Probleme der Einheitsschule. Handschriftliches Manuskript. In: Quellentexte zur Theorie und Geschichte der Reformpädagogik. Teil 2. Weinheim 2001, S. 241-242.

– (1917b): Das Grundaxiom des Bildungsprozesses und seine Folgerungen für die Schulorganisation. Berlin.

Kirchhöfer, D./Merkens, H. (Hrsg.) (2005): Vergessene Experimente. Schulversuche in der DDR. Hohengehren.

Klieme, E. (2000): Fachleistungen im voruniversitären Mathematik- und Physikunterricht: Theoretische Grundlagen Kompetenzstufen und Unterrichtsschwerpunkte. In: Baumert, J./Bos., W./Lehmann, R. (Hrsg.): TIMSS/III. Band 2, S. 57-128, Opladen.

Klieme, E./Avenarius, H./Blum, W. et al. (2003): Zur Entwicklung nationaler Bildungsstandards. Eine Expertise. Bonn/Berlin.

Klieme, E./Funke, J./Leutner, D./Reimann, P./Wirth, J. (2001): Problemlösen als fächerübergreifende Kompetenz. In: Zeitschrift für Pädagogik 47, S. 179-200.

Knoll, M. (1992): Abschied von einer Fiktion. Ellsworth Collings und das „Typhusprojekt". In: Neue Sammlung 32 (1992), S. 571-587.

Koch, L. (2004): Allgemeinbildung und Grundbildung, Identität oder Alternative? In: Zeitschrift für Erziehungswissenschaft 7, S. 183-191.

Köller, O. (2007): Bildungsstandards, einheitliche Prüfungsanforderungen und Qualitätssicherung in der Sekundarstufe II. In: Benner, D. (Hrsg.) (2007). S. 13-28.

Köpping, K.-P./Schnepel, B./Wulf, Ch. (2009): Handlung und Leidenschaft. Jenseits von actio und passio. Paragrana Band 18, Heft 2. Berlin.

Krause, S./, Nikolova, R./Schluß, H./Weiß, T./Willems, J. (2008): Kompetenzerwerb im evangelischen Religionsunterricht. Ergebnisse der Konstruktvalidierungsstudie der DFG-Projekte RU-Bi-Qua/KERK. In: Zeitschrift für Pädagogik 54 (2008), S.174-188

Kuld, L./Bolle, R./Knauth, T. (Hrsg.): Pädagogik ohne Religion? Münster 2005. Andreas Feige/Carsten Gennerich: Lebensorientierungen Jugendlicher. Münster 2008.

Kultusministerkonferenz (1975/76): Einheitliche Prüfungsanforderungen in der Abiturprüfung. Neuwied.

Ludwig, L./Luckas H./Hamburger, F./Aufenanger, S. (2011): „Bildung in der Demokratie II". Tendenzen – Diskurse – Praktiken. Opladen.

Luhmann, N. (2002): Das Erziehungssystem der Gesellschaft. Frankfurt a. M.: Suhrkamp.

Lundgreen, P. (2000): Schule im 20. Jahrhundert. Institutionelle Differenzierung und expansive Bildungsbeteiligung. In: Bildungsprozesse und Bildungsverhältnisse im 20. Jahrhundert. Zeitschrift für Pädagogik, 42. Beiheft, S. 140-165.
Martens, E. (2006): Ethische Kompetenz als Bildungsziel in Schule und Hochschule. In: Hügli, A./Thurmherr, U. (Hrsg.): Ethik und Bildung. Frankfurt a. M., S. 131-154.
Maturana, H.R. (1985): Erkennen: Die Organisation und Verkörperung von Wirklichkeit. Braunschweig.
Mendelssohn, M. (1784): Über die Frage: Was heißt aufklären? In: Berlinische Monatsschrift. September 1784, zitiert nach dem Auswahlband mit Beiträgen der Berlinischen Monatsschrift, S. 80-84. Leipzig.
Merkens, H. (2006): Bildungsforschung und Erziehungswissenschaft. In: Ders. (Hrsg.): Erziehungswissenschaft und Bildungsforschung, S. 9-20. Wiesbaden.
– (2007): Rückmeldungen von Schülerleistungen als Instrument der Schulentwicklung und Unterrichtsverbesserung. In: D. Benner (Hrsg.) (2007), S. 83-101.
Meyer-Drawe, K. (1999): Herausforderung durch die Dinge. Das Andere im Bildungsprozess. In: Zeitschrift für Pädagogik 45, S. 329-336.
– (2005): Anfänge des Lernens. In: Erziehung - Bildung - Negativität. Zeitschrift für Pädagogik. 49. Beiheft, S. 24-37. Weinheim und Basel.
– (2008): Höhlenqualen. Bildungstheoretische Provokationen durch Sokrates und Platon. In: R. Rehn/Ch. Schües (Hrsg): Bildungsphilosophie. Freiburg/München, S. 36-51.
Mickel, W. (Hrsg.) (1999): Handbuch zur Politischen Bildung. Schwalbach Ts.
Montesquieu, Charles de (1748): Vom Geist der Gesetze (De l'Esprit des Lois). 2 Bände. Tübingen 1992.
Müller, Th. (2005): Pädagogische Implikationen der Hirnforschung. Neurowissenschaftliche Erkenntnisse und ihre Diskussion in der Erziehungswissenschaft. Berlin.
Niehues-Pröbsting, H. (1999): Platonvorlesungen. Eigenschatten – Lächerlichkeiten. In: Wetz/Timm (Hrsg.) (1999): Die Kunst des Überlebens. Nachdenken über Hans Blumenberg. Frankfurt a. M., S. 341-368.
Nikolova, R./Schluß, H./Weiß, T./Willems, J. (2007): Das Berliner Modell religiöser Kompetenz. Fachspezifisch – Testbar – Anschlussfähig. In: Theo-Web. Zeitschrift für Religionspädagogik 6, S. 67-87. (www.theoweb.de/zeitschrift/ausgabe-2007-02/12.pdf).
Nipkow, K. E. (1977): Bildung und Entfremdung. In: Ders.: Pädagogik und Religionspädagogik zum neuen Jahrhundert. Band I, S. 17-48. Gütersloh 2005.
– (1998): Christentum und Islam. In: Ders.: Bildung in einer pluralen Welt. Band 2, S. 397-447. Gütersloh 1998.
– (2005): Das Eigene und das Fremde. In: Pädagogik und Religionspädagogik zum neuen Jahrhundert. Band 2, S. 330-347. Gütersloh 2005.
Nöstlinger, Ch. (1980): Moralisch unterwegs. In: Kursbuch 60, S. 1-6.
Obst, G. (2008): „Die Frau hat mit dem Sauerteig alles verdorben ...". Zum Verhältnis von Kompetenzorientierung und Wissenschaftspropädeutik in der Oberstufe am Beispiel des Religionsunterrichts, in: Keuffer, J./Kublitz-Kramer, M. (Hrsg.): Was braucht die Oberstufe? Basel/Weinheim.
OECD (1999): Measuring Student Knowledge and Skills. A New Framework for Assessment. Paris.
Oelkers, J. (2006): Allgemeine Pädagogik und Erziehung: Eine Annäherung an zwei Welten in pragmatischer Absicht. In Vierteljahrsschrift für wissenschaftliche Pädagogik 82, S. 192-214.

Oser, F. (1998): Negative Moralität und Entwicklung. Ein undurchsichtiges Verhältnis. In: Ethik und Sozialwissenschaften 9, Heft 4. S. 597-608.
– (2007): Willkür als Feind der Spontaneität. Aspekte der Standardisierung des Lehrerhandels. In: D. Benner (Hrsg.) (2007), S. 103-122.
Petzelt, A. (1963): Vom Wissen. In: Ders.: Wissen und Haltung. Freiburg, S. 14-44.
Platon (427-347): Werke in acht Bänden. Griechisch und deutsch. Darmstadt.
– Politeia. In: Ders. (1971): Werke in acht Bänden. Band 4. Darmstadt.
– Protagoras. In: Ders. (1977): Werke in acht Bänden. Band 1. Darmstadt.
Pongratz, L.A. (2009): Untiefen im Mainstream. Zur Kritik konstruktivistisch-systemtheoretischer Pädagogik. Paderborn.
Popper, K.R. (1934/1973): Logik der Forschung. Tübingen.
– (1991): Alles Leben ist Problemlösen. In: Ders.: Alles Leben ist Problemlösen. Über Erkenntnis, Geschichte und Politik. Zürich 1994, S. 255-263.
Prange, K. (2005): Die Zeigestruktur der Erziehung. Grundriss einer operativen Pädagogik. Paderborn.
– (2010): Die Ethik der Pädagogik. Paderborn.
Quellentexte zur Theorie und Geschichte der Reformpädagogik. 4 Bände. Weinheim 2000-2007.
Remus, C. (2009): Von der positiven Moralisierung zu negativer Moralerziehung. Theoretische Konzeption und erste Arbeitsschritte im DFG-Projekt ETiK. Bachelor-Arbeit an der Philosophischen Fakultät IV der Humboldt-Universität zu Berlin. 2009.
Ritter, J. (1963): Die Aufgaben der Geisteswissenschaften in der modernen Welt (1961). Münster.
Robinsohn, S. B. (1967/21969): Bildungsreform als Revision des Curriculum. Berlin.
Roth. H. (Hrsg.) (1968): Begabung und Lernen. Stuttgart.
Rousseau, J.-J. (1755/1984): Diskurs über die Ungleichheit. Discours sur l'inégalité. Übers. und kommentiert von H. Meier. Paderborn.
– (1762a/1979): Emile *oder* Von der Erziehung. In der deutschen Erstübertragung von 1762. München.
– (1762b/1981): Vom Gesellschaftsvertrag oder Grundsätze des Staatsrechts. In der deutschen Erstübertragung. München.
– (1772): Betrachtungen über die Regierung Polens und über deren vorgeschlagene Reform. Considérations sur le gouvernement de Pologne, et sur sa réformation. In: Ders.: Sozialphilosophische und politische Schriften. München 1981.
Ruhloff, J. (1972): Demokratisierung der Schule? In: W. Fischer: Schule und kritische Pädagogik, S. 43-74. Heidelberg.
– (1996): Bildung im problematisierenden Vernunftgebrauch. In: Borrelli M./Ruhloff, J. (Hrsg.): Deutsche Gegenwartspädagogik. Band 2. Hohengehren, S. 148-157.
– (2000): Emanzipation im problematisch-pädagogischen Vernunftgebrauch. In: C. Dietrich/H.-R. Müller (Hrsg.): Bildung und Emanzipation. Klaus Mollenhauer weiterdenken. S. 27-31. Weinheim und München.
– (2007): Die Grenzen von Standards im pädagogischen Kontext. In: Benner, D. (Hrsg.) (2007), S. 49-59.
Rumpf, H. (2006): Was greifen und messen sie wirklich? In Erziehungskunst (70). Sonderheft zu Problemen der Bildungsstandards, S. 14-22.
– (2010): Was hätte Einstein gedacht, wenn er nicht Geige gespielt hätte. Gegen die Verkürzungen des etablierten Lernbegriffs. Weinheim.
Schiller, F. (1793): Über die ästhetische Erziehung des Menschen in einer Reihe von Briefen. In: Ders.: Sämtliche Werke. 3. Band, 7. Teil. S. 166-278. Leipzig o. J.

Schleiermacher, F. (1799/1995): Mowy o religii do wykształconych spośród tych, którzy nią gardzą, tłum. z niem. J. Prokopiuk. Kraków 1995.
- (1799/2001): Über die Religion. Reden an die Gebildeten unter ihren Verächtern. Hrsg. von G. Meckenstock mit der Paginierung der kritischen Gesamtausgabe. Abteilung I, Band 2. Berlin 2001.
- (1821/1822): Der christliche Glaube nach den Grundsätzen der evangelischen Kirche im Zusammenhange dargestellt. Erste Auflage. In: Kritische Gesamtausgabe. Abteilung I. Band 7.1. Berlin/New York 2003.
- (1826): Die Vorlesungen aus dem Jahre 1826. In: Ders.: Ausgewählte pädagogische Schriften, hrsg. von E. Lichtenstein. Paderborn 1959.
Schluß, H. (2003): Lehrplanentwicklung in den neuen Ländern. Nachholende Modernisierung oder reflexive Transformation? Schwalbach/Ts. 2003.
- (o. J.): Geschichte ist machbar – Zur Videoaufzeichnung eines Geschichtsunterrichts in der DDR.
Schmied-Kowarzik, W. (1999): Denken aus geschichtlicher Verantwortung. Wegbahnungen zur praktischen Philosophie. Würzburg.
- (2008): Das dialektische Verhältnis von Theorie und Praxis in der Pädagogik. Kassel. university press.
Schnädelbach, H. (2008): Bemerkungen über Philosophie und Bildung. In: R. Rehn/ Ch. Schües (Hrsg): Bildungsphilosophie. Freiburg/München, S. 52-62.
Spaemann, R./Löw (1981): Die Frage Wozu? München.
Stępkowski, D. (2007): Karać czy kierować? W sprawie herbartowskiej kategorii „Zucht", „Horyzonty Wychowania" 2007, Band. 12, S. 81-94.
- (2010): Pedagogika ogólna i religia. (Re)konstrukcja zapomnianego wątku na podstawie teorii Johanna F. Herbarta i Friedricha D.E. Schleiermachera (Allgemeine Pädagogik und Religion. (Re)konstruktion einer vergessenen Theorielinie im Anschluss an Konzepte von Johann F. Herbart und Friedrich D.E. Schleiermacher). Warszawa.
Tenorth, H.-E. (1994): „Alle alles zu Lehren". Möglichkeiten und Perspektiven allgemeiner Bildung. Darmstadt.
- (2004): Stichwort „Grundbildung" und „Basiskompetenzen". Herkunft, Bedeutung und Probleme im Kontext allgemeiner Bildung. In: Zeitschrift für Erziehungswissenschaft 7 (2004), S. 169-182.
Terhart, E. (2005): Über Traditionen und Innovationen oder: Wie geht es weiter mit der Allgemeinen Didaktik. In: Zeitschrift für Pädagogik 51, S. 1-13.
Terhart, E./Tillmann, K.-J. (Hrsg.) (2007): Schulentwicklung und Lehrerforschung. Das Lehrer-Forscher-Modell der Laborschule auf dem Prüfstand. Bad Heilbrunn.
Thimm, A. (2007): Die Bildung der Moral. Zum Verhältnis von Ethik und Pädagogik, Erziehung und Moral. Paderborn.
Thole, W. (2011): Bildung – theoretische und konzeptionelle Überlegungen. Zur Pädagogik der Ermöglichung von Mündigkeit und Anerkennung. In: Handbuch außerschulischer Jugendbildung, hrsg. von B. Hafeneger. Schwalbach, S. 67-86.
Thompson, Ch. (2009): Bildung und die Grenzen der Erfahrung. Randgänge der Bildungsphilosophie. Paderborn.
Tröhler, D. (2004): Rousseau of conctructies in de pedeagogische historiografie en de recons7ntructie van verdongen pedagogische tradies. In: H. van Crombrugge/W. Meijer (Hrsg.): Pedagogiek en Traditie, Opvoeding en Religie, S. 15-31. Leuven.
Vollstädt, W./Tillmann, K.-J./Rauin, U./Höhmann, K./Tebrügge, A. (1999): Lehrpläne im Schulalltag. Opladen.

Waldenfels, B. (2004): Die Macht der Ereignisse. In: Ästhetik Erfahrung. Interventionen. 13. Zürich usw., S. 155-170.
Walter, P./Leschinsky, A. (2007): Critical thinking und migrationsbedingte Bildungsbenachteiligung: Ein Konzept für die subjektive Auseinandersetzung mit schulstrukturellen Merkmalen? In: Zeitschrift für Pädagogik 53, S. 1-15.
Wang, P. (1996): Wilhelm von Humboldt und Cai Yuanpei. Eine vergleichende Analyse zweier klassischer Bildungskonzepte in der deutschen Aufklärung und in der ersten chinesischen Republik. Münster.
Wei Wei, A. (2011): Ai Wei Wei spricht. München.
Wei-Chih, L. (2006): „Aus deutschen Geistesleben ...": Zur Rezeption der deutschen Pädagogik in China und Taiwan zwischen 1900 und 1960. Leipzig.
Weinert, F. E. (2001a): Concept of Competence: A Conceptual Clarification. In: D. S. Rychen/H. L. Salganik (Hrsg.): Defining an Selecting Key Competencies, S. 45-65. Seattle.
– Vergleichende Leistungsmessung in Schulen – eine umstrittene Selbstverständlichkeit. In: Ders.: Leistungsmessungen in Schulen. Weinheim/Basel.
Weiß, G. (2004): Bildung des Gewissens. Wiesbaden.
Wulf, Ch. (2009): Mimetisches Handeln als Geflecht von actio und passio. In: Köpping, K./Schnepel, B./Wulf, Ch. (2009), S. 23-43.
Xu, B. (2007): Zur Diskussion über Bildungsstandards in China am Beispiel des Mathematikunterrichts. In: Benner, D. (Hrsg.) (2007), S. 187-201.
Xu, X. (2009): Die Konstitution der Pädagogik als Wissenschaft und die Entstehung der Moderne in China. Eine problem- und sozialgeschichtliche Inhaltsanalyse frühere Fachmedien aus später Qing- und früher Republik-Zeit (1901-1920). Frankfurt a. M.
Zedler, P. (2007): Vernachlässigte Dimensionen der Qualitätsentwicklung und Qualitätssicherung von Unterricht und Schule, Erziehung und Bildung. In: D. Benner (Hrsg.) (2007), S. 61-82.
Ziebertz, H.-G. (2006): Religion und Religionsunterricht in postsäkularer Gesellschaft. In: Ders./Günter R. Schmidt (Hrsg.): Religion in der Allgemeinen Pädagogik, S. 9-37.
Zlatkin-Troitschanskaia, O. (2006): Steuerbarkeit von Bildungssystemen mittels politischer Reformstrategien. Frankfurt usw.